WOLDEMAR • FRIEDRICH HEINRICH JACOBI

Hinweis des Verlags

Die Buchbeschreibungen, von denen wir Händlern raten, sie an herausgehobener Stelle zu platzieren, weisen darauf hin, dass es sich um ein historisches Buch mit zahlreichen Druckfehlern oder fehlenden Textstellen handelt; es enthält weder einen Index noch Illustrationen.

Das Buch wurde mit einem Schrifterkennungsprogramm erstellt. Dieses Programm arbeitet mit einer Genauigkeit von 99 Prozent, wenn sich das Buch in gutem Zustand befindet. Doch uns ist bewusst, dass selbst dieses eine Prozent eine ärgerliche Zahl von Druckfehlern bedeuten kann. Und bisweilen kann eine Seite ganz oder teilweise in unserem Exemplar des Buches fehlen. Oder das Papier kann als Folge der Alterung so verfärbt sein, dass das Lesen problematisch ist. Wir bitten um Entschuldigung und danken für die Unterstützung durch Google.

Wenn wir ein Buch neu setzen und gestaltetet, ändern sich die Seitenzahlen, so dass der originale Index und das Inhaltsverzeichnis nicht mehr zutreffend sind. Deshalb entfernen wir sie unter Umständen; falls sie doch vorhanden sind, ignorieren Sie sie bitte.

Jedes Buch, das wir in ausreichend großer Stückzahl verkaufen, um einen Lektor bezahlen zu können, wird sorgfältig korrekturgelesen. Bedauerlicherweise ist das bei den meisten nicht möglich. Daher sind wir bestrebt, unseren Kunden das Herunterladen eines kostenlosen Exemplars des fehlerfreien Originalbuches zu ermöglichen. Geben Sie einfach die Strichcodenummer auf der Rückseite des Taschenbuchs bei www.RareBooksClub.com ins FreeBooks-Formular ein.

Sie sind vielleicht auch berechtigt, eine kostenlose Testmitgliedschaft in unserem Buchclub zu erhalten und vier Bücher kostenfrei herunterzuladen. Geben Sie einfach die Nummer des Strichcodes auf dem hinteren Einband im Mitgliedschaftsformular auf unserer Homepage ein. Der Buchclub gibt Ihnen Zugang zu Millionen von Büchern. Geben Sie einfach nur den Titel, den Verfasser oder das Thema im Suchformular ein.

Sollten Sie Fragen haben, ziehen Sie freundlicherweise unsere FAQ zu Rate, die Sie unter www.RareBooksClub.com/faqs.cfm finden. Sie können dort auch gerne Kontakt zu uns aufnehmen. General Books LLC™, Memphis, USA, 2012. ISBN: 9781235201356.

⁂ ⁂ ⁂ ⁂ ⁂ ⁂ ⁂ ⁂

Eberhard Hornich, ein vornehmer Kaufmann zuB, hatte drey Töchter: die älteste hieß Caroline; die zweyre, Her» xiete; die dritte, Luise.

Zu diesen kam ein wackerer junger Mann, mit Namen Dorenborg. Er hatte Frank« reich durchreist, sich lange Zeit in Italien und England aufgehalten, und wollte jrtzr zuück nach London, wo ein ansehnliches Etablissement ihn erwartete. Bey seiner Durchreise durch B «« besuchte er das Hornichsche Haus, an welches er Empfehlungsschreiben hatte — sah Carolinen, weilte, wurde gesesselt. Er warb um das Mdchen, uns das Mädchen nahm ihrfgern. Mit Freuden willigte der Vater in die Hcyrath mir einem Manne, der von so großem Handelsgeiste, von so beträchtlichem Vermögen, und dabey aus einem schon vom Urgroßvater her berühmten Hause war. Hornich war Wirrwer, hatte keine Söhne, und erhielt von Dorenburgen, daß er zu blieb, und Theil an seiner Handlung nahm.

Dsren burg war em heiterer Mann von gesetztem Wesen, nnd unbcstechbarem Charakter, herzlich und geistreich. Die feineren Vergnügen liebte er mit Einfalt, hatte einen reinen festen Geschmack, und hing sich nie an etwas, was ihm nicht durch wohlgeprüftes eigenes Gefühl empsohlen wurde, und ihm wahren Genuß »erschaffte.

Sem vertrautester Freund in B wurde Viderrhal, ein junger Rechtsgelehrter, und, wie er, dort ein Fremdling. Die Aehn« Kchkeit ihrer Neigungen und Grundsatze, det Viftr, den sie gegenseitig in sich erweckten, die keine frohe Stunde mehr. Da er bey seinem Schwiegervater, dessen Geschäfte unter semer Anführung sich mehr als verdoppelt hatten, in großem Ansehn stand, so war er anfangs nicht ganz ohne Hoffnung gewesen, dieser würde, ihm zu Gefallen, Einmal in seinem Leben nachgiebig seyn, und etwas, das nach Groß« inuth aussähe, an sich kommen lassen. Aber der alte Hornich ließ sich mcht verhören. Er war darauf geübt, der Großmuth und allen nachtheiligen Tugenden dieser Art mit einer bewundernswürdigen Gegenwart des Geistes auszuweichen. Nicht einmal von Billigkeit mochte er gerne hören; er traute ihrem schlüpfrigen Wesen nicht. Nahm man fein Gefühl in Anspruch, so schüttelte er lächelnd den Kopf, als einer der sich nicht zum Besten haben ließe. Sein Stolz war kalte Ueberlegung, mit dem Bewußtseyn, daß so leicht ihm niemand einen Wortheil abgewinnen würde. Sich überall in Vortheil zu setzen, und den'erlangten Vortheil zu behaupten, war ihm höchster Grundsatz. Den Erwerb angehend, hielt er sich sireng und ehrbar in den Schranken einer nur erlaubten Gesetz« und Polizeymastigen Gewinnsucht. Das Nichts der Ehre und alles Brodlose Wesen verachtete er aus dem innersten Grunde seiner Seele. Hiitgegen liebte er beynah uneigens nutz ig — so sehr gesielen sie ihm! — alle Tugenden der Kargheit: er betete sie an. Nach und nach verlor er sich so weit in dicserAndacht, daß man ihn für geitzig halten konnte, welches er im eigentlichsten Verstande doch nicht war. Ihn beherrschte keine bestimmte Leidenschaft; seine Meyn u n g allein beherrschte ihn: Eber« Harb « Hornichsche Vernunft. Irgend «inen Grund wider feine Mcynung gelten zu. lassen, hielt er unter seiner Würde, und er genoß ein eigenes Wohlgefallen an sich, wenn er, seinen Willen als etwas, das allem gewachsen, fty, beweisen konnte.

So war Eberhard Hornich.

Dyre «burgen hatte diesmal die Ge-

duld verlassen. Er erklärte seinem Schwiegervater: mit dem künftigen IalM liefe ihr So«
A Z
«ietäts«Contract zu Ende, er Ware gesonnen alsdann auszuscheiden. Hornich gab die besten Worte, that die einnehmendsten Vorschläge: der Tochtermann war nicht zu bewegen. End, lich wurden sie einig: Biderthal sollte sich der Handlung widmen, und dann das Mädchen nehmen. Voll Entzücken that Biderthal auf eine ansehnliche Bedienung, worauf er die nahe Anwartschaft hatte, Verzicht, und ergriff das Gewerbe seines Freundes. Luise fühlte das im Innersten der Seele. Kein Brautpaar ist jemals glücklicher gewesen.

Nach einem halben Iahre wurde die Heyrath vollzogen, und zugleich der Handlungscontract zwischen Hornich und Dorenb urg, in den Biderthal jetzt einbegriffen wurde, erneuert. Frohlockend boten die zwcy Freunde sich nun als unzertrennliche Gefahrren die Hand, und schmückten sich mit dem schön errungenen Vru«‚H dernamen.

Was sie ehmals, süßem Geschwatz sich überlassend, von frohem Lebensgenusse unter

Caroline und Luise hatten, neben ihren übrigen Vorzügen, auch eine ’„one Bildung. Henriette war nicht, was man schön nennt, vielmehr hatte sie etwas, was von ihr entfernte; besonders im Gesicht jene Wachsamkeit und Klarheit, der wir so übel wollen und so gern einen bösen Namen machen; aber eben diese Süge sagten dem, der sie zu entziffern wußte, daß hier ticfcs Gefühl und eigene Kraft des Geiste s wohne. Der Vater hing an ihr wie bezaubert, und er scheute das Madchen. Wahrer Achtung sind Leute seiner Art nicht fahig. In Dorenburgs und Biderthals Hause wurde sie angebetet. Die jungen Weiber setzten in ihr gleichsam noch ihr jungfräuliches Leben fort; sie stellte ihnen ein so süßes Bild der Vergangenheit dar, erinnerte sie an alles so ledhaft, wußte so angenehm es ihnen zu erneuern, so unvermerkt sie bey allem zu erhalten, daß sie es kaum inne wurden, es sey ihnen etwas schon vergangen. Nie war die Schwester ihnen so theuer, so unentbehrlich gewesen. Henriette nus ihrer Seite kostete in ihren Schwestern die Wonne der Gattinn, der Mutter, der Vorsieherinn eines glücklichen Hauswesens, und harte reichlichen Ersatz. Denn wer auf Erden genießt mehr und besser als ein munteres Weib, das mit zärtlicher Sorgfalt an seinem Manne, mit heisser Liebe an seinen Kindern hängt? — Geist und Herz in ihm bleiben in immerwährendem Triebe; seine süßen Leidenschaften erneuern sich mit jedem Augenblick, und werden in jedem Augenblicke befriedigt. So ward auch Hen« riettens Seele durch Mitgefühl in bestandiger Vebung erhalten; und Mitgefühl schwingt sich in hundert Fällen hoher als eigenes. Mann, Weib und Kinder, jedes in beyden Hausern, wollte Henri ettens Freude seyn; sie sollte jede Lust, nie eine Beschwerde theilen. Aber Henriette wußte sich schon hinzuzudrängen, wo es nm Beysiand galt, und ihr Beystand war voll geheimer Kräfte. Ihre Gegenwart machte jede Arbeit zum Fest; und waren es Wider« wärtigkeiten, so verschlang die Liebe und Dank, barkeit die sie einflößte, die Hälfte des Kummers.

In ihres Vaters Hause bekam sie allmählig fteyere Hand. Da Henriette verschiedene Heyrarhsverschläge abgewiesen und dabey geäussert harte, sie wollte Key ihrem Vater aushalten, so glaubte er für eine so treue Verpflcgerinn nie zu viel thun zu können. ES gicbr wenige Menschen, in denen nicht durch Langmurh und Huld einiger Geschmack an liebenswürdigen Neigungen erregt, und nachher diese Neigungen allmählig verstärkt und vermehrt werden können. Der alte Hornich erfuhr eine solche Verwandlung, ohne daß er weiter etwas davon merkte, als daß seine Henriette so gut mit ihm umzugehen wüßte, daß er nun erst des Lebens froh würde. Meine Bekannten, sagte er zuweilen, wünschen ihre Iugend zu« rück; mir ist mein Alter lieber. Wie sauer habe ichs nicht ehmals gehabt, und wie gut habe ich es jetzt? — Sein ganzes Hauswesen hatte sich nach und nach verändert. Vormals glaubte er auf jede unschuldige Lustbarkeit, wenn er sie auch zugab, doch schmälen zu müssen; — nun wollte er, daß seine Wohnung an Annehme K'chkeittn die Wohnungen seiner Schwiegersöhne überträfe; in nichts durfte feine Henriette zurück bleiben. Auch gelang es ihm, daß die Familie nirgend aufgeräumter war, als in sei« nem Hause: aber vergnügter als vorhin war man überall durch vermehrte Eintracht und Offenheit. Der Ucberfluß dcr sich in Hornichs Hause zeigte, lockre Bedürftige hinzu, und oas liebe Mädchen halte den Triumph, das graue Haupt feines Vaters noch mit Segen und Ehre zu bekränzen.

Henriette hatte eine Freundinn, die ebenfalls noch Mädchen war, und von der sie leidenschaftlich geliebt wurde. Diese Freundinn war früh ihrer Eltern beraubt worden, die ihr ein ansehnliches Vermögen hinterlassen und Hornichen darüber zum Vormund gesetzt hatten. Noch größerer Reichthum siel ihr nach dem Tode zweyer Tanten anheim, bey welchen sie gegenwärtig sich aufhielt. An alle diesen Reichthum dachte sie nie, eben so wenig als an ihre Schönheit, und war ärgerlich auf die Zungen Herren, weil sie mehr um sie als um Henrietten geschäftig waren. Das liebe Mädchen hieß Allwina Clarenau.

Biderthal, als ein naher Anverwanter der Clarenauischen, hatte in ihrem Hause, das einem Pallasie glich, einige Zimmer bewohnt. Nach seiner Heyrath blieben diese seinem junger n Bruder, Woldemar, aufbewahrt, welchem die Anwartschaft, die der altere zurück gegeben harte, war bewilligt worden. Dieser hatte seit, vier Iahren, unter dem selbigen Fürsten, eine andere Stelle zu bekleidet, und mußte dort bleiben, bis die Bedienung zu V "? erledigt wurde. Beynah drey Iahre verstrichen darüber. Nun ereignete sich der Fall; Woldemar sollte kommen.

Biderthal, den unaussprechlich verlangt hatte seinen Bruder wieder zu sehen, war vor Freuden ausser sich. Er konnte von nichts reden, als von Wolde marn und dessen baldiger Erscheinung. — „Sie wissen daß nun ehestensmein-Bruderkommen wird?" Jeder, den er so begrüßen konnte, war ihm willkommen; jeder, den er schon so begrüßt hatte, und bey dem er es nicht geradezu ivie« Verholen durfte, machte ihn verlegen. Seine Frau, seine Schwägerinnen und Dsren burg schienen ihm jetzt mehr als jemals d.ie beste Gesellschaft: sie theilten so aufrichtig seine Freude, sie waren für sich selbst und mit ihm so voll Sehnsucht, sie neigten mit so herzlicher Aufmerksamkeit sich zu ihm; hörten so gern noch einmal, was er schon oft, aber noch nie mit dem Interesse, mit dem Leben von Umstanden erzählt hatte — die ganze Geschichte, wie Woldemar und er mit einander aufgewachsen waren, wie fest sie schon als Kinder an einander gehangen hatten, wie treu sie sich geblieben, was sie alles für einander gethan, alles für einander gelitten.... Wahrhaftig! brach Biderthal einmal in seiner Entzückung ans: es ist doch keine rechte Freundschaft, als nur unter zwey solchen Brüdern! — Dorenburg, der gerade gegen ihm über saß, blickte lächelnd nieder. Das fühlte Biverrhal; er flog auf und hing feinem Freunde am Halse. Dorenburg drückte ihn an die Brust, ergriff dann seine beyden Hande. .. Lieber! sagte er, und lachte ihm offener ins Angesicht — Lieber! indem er ihn trenherzig schüttelte — gehe und erzähle weiter.

Endlich kam die Nachricht, Woldemar sey wirklich abgereist. Sein Brief war aus R, wo er, eines wichtigen Geschäfts wegen, einige Tage verweilen mußte. Biderthal verschwieg den Seinigen die Ankunft dieses Briefes, und bar nur seine Frau, weil das Wetter so ausserordemlich schön wäre und er gern seine Ungeduld über Wolde mars Säumen etwas zerstreuen möchte, ein kleines Fest auf seinem Landsitze für den solgenden Tag anzuordnen. Es sollte aber niemand eingeladen werden, als Dorenburg mit seiner Frau, uud Henriette. — „Wir wollen, sagte er. den Antritt des Frühlings ganz insgeheim unter uns feyern; denn da im Calender heute und morgen noch Februar ist, so würden uns die Leute auslachen."

Früh am Morgen des folgenden Tages «anderten die fünfGlücklichen mit einander aus. Die Sonne kam so warm und doch so sanft her« nieder, daß man dem innerlichen Iauchzen darüber nicht wehren konnte. Man mußte Kufschauen und einmal über das andre ausrufen: O, wie lieblich! wie herrlich! wie schön!

Ab von dem Thor wo hinaus ihr Weg sie führte, schwingt eine fruchtbare Ebene sich allmählig hmunter und wieder aufwarts, weit umher bis zu den Bergen. Sie sahen da die frisch gepflügte Erde vom höchsten Braun bis zum falbesten Gelb mannicyfaltig schattirr, und Felder wie Smaragd, die sie durchstreiften; ein Gemische von Farben und Licht, so süß, so zauberisch, daß ihnen die ganze Seele im entzückten Auge schwamm. Nur wie im Traum wmden sie das lustige Zwitschern der Bögek gewahr — und daß schon der Buchfink schlug, und das Wirbeln der Lerche den blauen Himmel hinan.

Biderrhal fühlte alle Augenblicke an seinen Brief in der Tasche, aber er zog ihn erst hervor, nachdem sie auf stinem Landsitze angelangt, ausgeruht und erfrischt waren. Alle sprangen auf da Biderthal mit dem Briefe herausrückte, und sielen über den Tückischen her. Luise wollte ihm seine Verschwiegenheit nicht verzeihen, bis sie ihm etwas argeres dagegen gethan harte. Es entstand ein lauter Iubel. Diesen ließ B ld e r« thal ousklingeu. Hieraus führte er seine Freunde in das Zimmer, welches Woldemaren bestimmt war, und las ihnen vor.

R den.. Febr. —

Hälfte des Weges ist zurückgelegt! — Es war mir lieb, daß die Post nach B« erst heute abging, denn ich hatte schwerlich vermocht eher an Dich zu schreiben. Ich weiß nicht wie mir geschieht, wie mir ist. Als ich von G« ndreiste, war ich wie ausser mir. Ich saß in meinem Wagen und hörle das Rasseln über das Pflaster hin, und wußte kaum was es war, „ Wir erreichten die Landstraße — Knall auf Knall des Schwagers Peitsche, und die Pferde in vollem Trabe... Ich schlug die Augen auf, sah Hecke, Baum und Land an mir vorvey schwins den — an mir vorbey zurück. Ich streckte maschienenmaßig den Kopf hinaus, dem allen nach. Die Sonne war am Aufgehen. — G « war schon fern, aber noch deutlich genug zu unterscheiden; auch erreichte noch das Gelaute von seinen Thürmen mein Ohr, und zuweilen kams mit einem Windstoße schnell in hellerem Klange — und wieder weg, wie der Laut eine?

tiefen Seufzers. Dazwischen wirbelten oben die Lerchen, und klirrten die Ketten am Pferdegeschirr; und hallte das Treiben des Posiknechts...

„ Unversehens gieng es mit einer Drehung dir Anhöhe schnell hinunter. Alles, was da war, mir auf einmal entrückt!

„Ich stürzte zurück in den Wagen, preßte «nein Gesicht aus allen Kräften zwischen die Lehnküssen, und meinte das Herz würde mir die Brust entzwey schlagen...Weg! so immer weg —einst weg von allem! — soscholls dumpf in meinem Innern. Endlich brachen die Thranen Ks — und Du, Lieber! — Du standest vor meiner Seele. Ich fühlte das: Hin zu ihm,zu meinem Biderthal! — Aber ich weinte noch lange—weine noch heute...

„ Bedenke, Lieber! ich war nun volle sechs Iahre zu gewesen; hatte unter guten Menschen viel Gutes dort genossen; manches Gute auch gethan; das meiste nur angefangen; meine Geschäfte, meine Verhältnisse gesielen mir; ich halte mich gewöhnt, mich angehangen — vor Deiner Heyrath schon zum immer bleiben angehangen. Ich glaubte damals, es würde so seyn, wünschte es. Nun reiste ich weg, und sah das alles vor mir untergehen.

„Ach so bin ich. Etwas vergehen zu ehen, wär' es noch so gering; zu fühlen, es ist damit zu Ende — es ist aus: bis zur Ohnmacht kann es mich erschüttern.

„Nun gehe ich nach B'"', da werde ich bleiben! —SieKe, davor schaudert mir wieder! — Ich bin kaum über drcyßig Iahre alt, und mag nur so weniges noch vom Leben. Was ich nun erhalte, ist die Erfüllung meiner Wünsche! — Ich werde glücklich seyn, endlich zu« frieden; — aber das muß ich nun auch seyn, muß, ooer... Lieber! — Bcster, Einziger, verzeih! Du wirst mich ja nicht mißverstehen. Wie könntest Du? Ist es doch Fülle der Wonne was mich ängstiget! — Es war gut, daß ich mich hier einige Tage aufzuhalten hatte; weniger, um mich von meinem Abschiede von G zu erholen, als auf Dein Wiedersehen mich vorzubereiten. Da ich die Kiesige Gegend erreichte, diese Stadt erblickte, wo wir in verschiedenen Zeitpunkten so manche Tage mit einander zugebracht hatten: — es ist nicht auszusprechen wie mir wurde! Beym Eintritt in die Krone kam mir der eil» Kellner, der gute Johann, der von fn'ih an auf mich gelauert hatte, mit Deinem Briefe entgegen. Er war noch der alte, und so alles im Hause noch beym Alten. Die Leute hatten eine große Herrlichkeit mich wiederzusehen. Das Gerausch ihrer Freude stillte auf eine angenehme Weift meine Fantasie.. Es dauerte an eine Stunde bis ich in mein Zimmer kam und allein blieb. Da erbrach ich Deinen Brief. Aber mein Herz gerieth gleich bei den ersten Zeilen in eine so starke Bewegung, daß ich ihn wieder zusammen legen und einstecken mußte. Ich gieng hinaus unter die Eichen. Es war Wetter wie im May. Vor sieben Iahren hatten wir eben so schöne Februar « Tage, mid Du warst mit mir hier. Weißt Du, wie wir über die Höhe giengen, au der Seite, weither, den Fluß schlängeln sahen, so schön blau zwischen den sonnigen Ufern! Wir schlugen einen Weg ein, den wir nicht kannten, der uns an einen waldigen Hügel leitete. Erinnere Dich, wie wir hinan stiegen; bey jeder sich ofnenden Aussicht weilten, aber ungeduldig; dann mit verdoppelten Schritten eilten die herrliche Gegend immer weiter vor uns auszudehnen; athemlos endlich hinauf kamen, da standen —auf der mühsam erstrebten nackten Felsen«Glätte. Damals dachte ich weiter nichts dabey; jetzt, bey der Wiedererinnerung, siel es mir ans. Wir blieben eine Weile, genossen das Eroberte, merkten,, voll Entzücken, nicht auf die öde Stelle, die uns den Genuß verlieh, doch räumten wir bald den Platz. Schnell himb giengs den steilen Pfad, und wir suchten über Accker und Wiesen den Weg zum Thale unserer lieben Eichen. Wir fanden ihn. Es war am Kreuz bey Hilde rn. Da setzten wir uns hin und ruhten aus. Ich B Z wüßte nicht daß ich einen Frühling erlebt, einen Frühling empfunden harte, wie jenen damals. Won seinem lieblichen Hauch schien die Erde sichtbar sich zu öffnen, schien zu beben vor Wonne im Hervorbringen des ersten Grüns, des Entfaltens der Keime. Hecken und Bäume — noch ohne Blatt; aber wie herrlich überglänzt vom Durchschein ihrer Fülle; alle Zweige mit hochgeschwellten Knospen bedeckt.—Da wünschte ich mir nur so lange zu leben, bis die Knospen aufbrächen, bis der Segen sich löste — nur bis zum nahen May. Ich sagte Dir das, und es drang in Dich. Uns wurde so wohl.

„Diese Unbefangenheit, diese heiligen Gefühle suchte ich jetzt wieder — und fand sie im Eichenthal. Ich lagerte mich in die Tieft, und las mm Deinen Brief.

„Wie mir wurde unter dem Lesen — wenn ich Dir das sagen könnte, so wäre es des Sa« gens nicht Werth.

„Jetzt, in diesem Augenblick las ich ihn wieder. — Eine Stelle ist mir rief in die Seele gedrungen, wo flu schreibst: „Ich fühlte mich „ bisher in meinem schönen Familienkreise so „ glücklich, und glaubte bcy dem immerwahren« „ den Verlangen Dich hier zu sehen hanptsachlich „ nur den Wunsch zu haben, daß es Dir eben „ so gut werden möchte als mir. Welche Täuschung! Iezt empfinde ich klar paß es „vielmehr nur die Aussicht war. Dich hier „an mich zu ketten, warum ich meine Lage so „ beneidenswürdig fand. Ich habe deß keinen „ Hehl, habe es Dorenburgen und meinen an« „ der n Lieben gestanden, und sie tadeln mich „ nicht. Nach allem was ich ihnen von Dir „erzahlte, nach Deinen Briefen"... Aber « was fange ich an, daß ich dieß hier abschreibe?— O Du Bester, o Ihr Them en, Trefflichen alle — um Gottes willen! hofft doch nicht so viel von mir! Ach, ich bin der Mensch nicht, auf den man ein Glück bauen kann! Hast Du das vergessen, Biederthal — alles vergessen: den Gram, den Kummer, die bitteren Sorgen die ich so häusig Dir verursachte? Wie ich mehrmals Deinen zarten, treuen, edlen Busen ver« ließ, um mein Herz an Felsen zu zermalmen — seine Wärme Dir entzog, um damit über Basilisken zu brüten? — Ich liebte Dich immer von Grund der Seele, das ist wahr, und wenn Du mich brauchtest war ich nicht fern, war Dir immer daheim; besann mich auch nie, wenn von Aufopferung die Rede war; fragte nie, was es gölte, nichts oder alles. Aber was ist das — was ist alle mein Thun für Dich, gegen das, was Du für mich gelitten; gegen Dein Schonen, Dein Dulden? — Du hast doch nicht Einmal über mich gemurrt, nie einen Augenblick Dich von mir abgewendet, — hieltest standhaft Deinen Blick auf mein besseres Selbst geheftet, dachtest nie von fern nur daß ich die Bruder « Treue verletzen, den Bund unserer Freundschaft brechen könnte —

Einziger! Ia, so muß es seyn wenn Liebe zu Freundschaft empor kommen soll. Lieben —bis zur Leidenschast, kann man jemand in der ersten Stunde da man ihn kennen lernt; aber eines Freund werden — das ist bey weitem eine andere Sache, Dg muß Mensch mir Mensch in dringenden Angelegenheiten erst oft und lange verwickelt werden, der Eine an, Andern vielfältig sich erproben, Denkungsart und Handlungsweise zu einem unauflöslichen Gewebe sich in einander schlingen, und jene Anhanglichkeit an den ganzen Menschen entstehen, die nach nichts mehr fragt, und von sich nicht weiß — weder woher noch wohin.

„Du wirst mich verandert sinden, lieber Biederthal. Iwar habe ich Dir von allem was sich mit mir zutrug jedesmal trene Rechenschaft gegeben: aber was ist es mit dem Schreiben? Viele und große Erfahrungen habe ich wahrend der sechs Iahre unserer Trennung gemacht. Da ich Dir überhaupt etwas kälter vorkommen werde, so will ich Dir von meinen veranderten Gesinnungen nur dies im voraus sagen, daß ich vom Menschen im allgemeinen, von seiner Natur — theils einen viel höhern, theils einen viel geringern Begriff habe, als ehmals. Es kann nichts so Schönes, so Großes gedieht« werden, das nicht im Menschen läge, das man mich hie und da Himmelrein aus ihm hervorgehen sähe; nur ist er in allem seinem Thun — Ach! so wandelbar, so hin und her, so nnzuverläßig — ein durch und durch zwey« dcuriges, armes, nichtiges Wesen. Er vermag überall zu viel und zu wenig: darum nichts

Ganzes, nichts durchaus Bleibendes... Seiroem ich dieses anschauend erkenne, bin ich viel gelassener, viel stiller; ich hoffe weniger, und suche mehr zu gemessen. — Da wäre ja wohl Gewinn!...

„ Genug und schon zu viel! Erst konnte ich nicht anfangen zuschreiben; nun kann ich nicht aufhören.

„Lebe wohl! Sey gutes Murhes! freue Dich, liebe mich! Von hier komme ich vor Frey« tag nicht weg. Den 8ten Marz bin ich bey Dir; also in vierzehn Tagen. — Wie ich mich nach Deinem Anblick sehne, nach Deiner Rede, nach Deinem Kuß! — Und doch zittre ich vor dem Moment da mein Auge Dich erreichen wird. O daß ich gleich in Deinen Armen wäre, sähe und hörte schon nicht mehr! — Lebewohl, Lieber! ich schwebe in Deiner Gegenwart. — Lebe wohl!"

W oldemar.

Diese Vorlesung hatte anfalle Zuhörer einen sichtbaren Eindruck gemacht, aber auf keinen so ausgezeichnet, wie ans Henrietten. Die ThrZnen die ihr wahrend dem Anhören von Zeit zu Zeit in die Augen traten, einzeln herab stürzten; ihre Farbe die sich mehrmals veranderte; eine eigene Biasse die zuletzt auf ihrem Angesichte ruhen blieb: dies zusammen hatte nach und nach jeden bis zur Zerstreuung aufmerksam auf sie gemacht. Das störte sie nicht, machte sie nicht im mindesten verlegen.

O, sagte sie, da Biderthal geendigt hatte — O, daß ihm wohl würde unter uns, dem gnten Woldemar — dem armen Betroffenen, in sich Gescheuchten! Daß ihm hier das Rathsel seiner Schwermut) schön sich loste — seine Wehmurl) von ihm genommen würde! Ich meine ich sehe ihn wie er mir gesenktem Ange und wiegendem Tritte immer stiller, leiser, sinnender ins Leben hinein wankt!

Biderthal sprang ans, faßte Henrietten nu't Lebhaftigkeit in seine Arme — Schwester! rief er aus — Henriette! — Schwester!... Er stotterte, wurde roth.

Henriette verstand ihn.

Das nicht, Biderthal! sagte sie, und drück« liebevoll ihm die Hand — das nicht!... AUwina, raunte sie ihm vertraulich ins Ohr — meine Allwina soll die Braut seyn.

Biderthal blickte ihr zärtlich ins Auge, lachelte, schüttelte den Kopf: — Nein, nein, Henriette Du! Du!

Woldemar traf am bestimmten Tage ein.

Es geschah was in dergleichen Fällen zu geschehen pflegt: jeder hatte den Mann sich nnderZ vorgestellt als er war. Caroline, Luise, Dorenburg vertauschten mit Gewinn das Bild ihrer Einbildungskraft gegen die Wirklichkeit. Henriette fühlte anders. Etwas an Woldemar war ihr fremd, störte, entfernte sie.

Es war die Zierde, die feine Sitte an dem Manne, was auf Henrietten diefe Wirkung machte.

Und diese Wirkung war nicht blos vorübergehend. Ueberlegung, einsames Nachdenken vermehrten den Eindruck.

Woher, fragte sie, dies Aeusserliche eineö abgeglätteten Weltmannes, alle diese zur größten Fertigkeit gediehenen Künste des Scheins, die man nicht ohne anhaltenden Fleiß, mühsame Aufmerksamkeit, vielen Zeitverlust, lange Anstrengung und Uebung erwirbt; zumal wenn man nicht von Kindesbeinen an dazu angelernt, darin erzogen wurde — woher dies alles an dem Hasser des Nichtigen, an dem Hochgesinnten?

Wie konnte er in kleinen Dingen so groß werden? — Ist sein Herz gerheilt? — Welche Theilung wäre dics? Es schauderte Henrietten bey diesen, Gedanken.

Sie fand bald Gelegenheit, oder vielmehr, sie wuroe Kalo genörhigt Biderthalen, der schlechterdings ein umständliches Unheil über seinen Bruder von ihr haben wollte, ihre Zweifel zu entdecken. Er schalt Henrietten und warf ihr Spitzsindigkeit vor. Schon als Kind, versicherte er, hätte sich Woldemar durch äuf« serliches Geschick und einen natürlichen Trieb das Gefällige überall nachzuahmen ausgezeichnet, jeder hätte über den Knaben sich wundern müssen, und so wäre er durch das sichtbare Wohlgefallen das man an ihm gehabt hätte angetrieben wor» den, sich immer mehr hervor zu thun; heimlich auch wohl erwas eitel geworden. — Woldemar, fügre Biderrhal hinzu, ist im höchsten Grade reitzbar; was ihm gefällt bewegt ihn auch, fetzt ihn in Handlung. A,, dergleichen reitzbaren Menfchen habe ich immer bemerkt, daß sie auch selbst gern gefallen mochten. Sie verachten den Schleichhandel gemeiner Eitelkeit, und verfallen in eine ungemeine, die sehr züchtig seyn will, aber gewöhnlich von Nachgiebigkeiten zu Nachgiebigkeiten führt, bis das Verlangen überall zu glanzen und hervor zu glanzen alle Jucht vertilgt hat. So weit ist es nie mit Woldemarn gekommen, und ich darf sagen, daß «r nicht einmal auf dem Wege dahin gewesen ist. Was ihn antrieb sich in den Künsten des Scheins zu üben, alle die Mühseligkeiten und lange Prüfungen auszustehen, die man sich gefallen lassen muß wenn man im Umgange mir der großen Welt vollkommen werden will, das war der Verdruß des Mannes von Verstande, auf solche Dinge einen so ausserordentlichen Werth gelegt zu sehen. Sind diese Künste so erhaben, so göttlich, dachte er, daß sie in dem, der sie besitzt von einer höhern Würde zeugen — daß man ans einem besseren Stoffe gemacht, von einem edleren Blure durchströmt seyn muß um sie erwerben zu können — ist alles andere nur knechtisches Gewerbe? — Wohlan! es gilt einen Versuch der uns das Wahre der Sache an uns selbst erfahren lasse. So begann der Wettstreit, in dem Woldemar kein Gut erringen, sondern nur siegen wollte. Nicht gekrankte Eitelkeit: empörte Vernunft, beleidigtes Menschengefühl, gerechter Stolz setzten ihn in Bewegung. Edel aufgebracht war der Mann. Er drang überall durch, erreichte feine Zwecke; aber sein Triumph war ohne Freude. Jeder neue Erfolg hatte sein von Natur schon etwas heftiges Gemüth nur mehr erbittert: es lohnte der Mühe nicht! Mit dem vollen Gewinn eines tiefen unver« gänglichen Ekels an allem Flitterwefen, zog er sich in die einfachste stillste Lebensart zurück, und verschwor auf immer ein Spiel das ihm «ie Lust gewahrt hatte, und ihm nun anch weiter keinen Vortheil bringen konnte.

Diefe Erläuterungen über Woldemars glanzende Aussenfeite wurden von Henrietten mit 'dem lebhaftesten Interesse angehört. Sie dankte Biderthalen lächelnd für das grüne Glas wider die Blendung, welches sie nur um ein weniges zu zu dunkel fand. Sie meinte, wenn Woldemar nicht eitel wäre, so schien er doch etwas von Eroberungssucht und zwar von einer ziemlich allgemeinen und unbestimmten an sich zu haben, etwas über die Nolhdurft stolz zu sinn, und geneigt über Weigerung und gegen Widerstand sich zu erbittern. Daß er des Herumtreibens in der großen Welt nach gehabtem Erfolg, überdrüßig geworden wäre, könne sie nicht be« wundern: eigentlicher Genuß wäre da für ihn nicht gewefen. Aber befriedigte Eitelkeit, meinte sie, wäre weit entfernt, überwundene, oder gar vertilgte Eitelkeit zu seyn. Dieser oder jener besondere Gegenstand einer Begierde könnte allen Reitz für uns verlohren haben, ohne daß unsere Reitzbarkeit, unsere Schwach« heir selbst, die wir nur alsdann nicht fühl« ten, abgenommen hätte. Freylich wären die Menschen sehr aufgelegt sich das Gegentheil einzubilden — und wer stünde dafür daß» eben dieses nicht auch der Fall mit Woldemarn' wäre.

Biderthal mar bereit sich für seinen Bruder zu verbürgen, und redete ihm mit schönem Feuer, Such mir Glück, das Wort. Aber Woldemars hester Anwald bey Henrietten war er selbst im täglichen Leben, wo der ganze Mann zum Vorschein kam. Er war so unverstellt, so offen« herzig, so gutmüthig — war so willig, nicht gllein die Fehler die er hatte zu gestehen, sondern auch andre, die er nicht hatte, sich aufbürden zu lassen — so verdachtvoll gegen sich selbst — daß man unmöglich im Ernst ihm mißrrauen, piit ihm hadern konnte. Doch hatte ihn bat einigermaßen verdrossen, ihn gekränkt, ihm «eh gethan, was ihm von Hemiettens Beschuldi, gung, daß er heimlich eitel und anmaßend sey, zu Ohren gekommen war. Er konnte es lange dicht vergessen.

In seinen öffentliche« Verhältnissen zeichne» sich Woldemar mit vieler Würde aus. Seine Geschicklichkeit, sein Fleiß, seine Rechtschaffen« heit, der Nachdruck womit er zu reden und zu handeln wußte, seine gute Art sich in schwierigen

Fallen zu benehmen, verschafften ihm bald ein überwiegendes unbestrittenes Ansehen. Das Einnehmende seines Wesens vermehrte den Ein« druck und machte ihn allgemeiner; man bewarb sich mit Eifersucht um seine nähere Bekanntschaft, um seinen Umgang. Aber von dieser Seite waren alle Versuche, alle Künste an ihm vergeblich, und dies stimmte bald die gute Meinung die man sich von ihm gemacht hatte, sehr herab. Man fand nun daß er im Grunde von einer verdrießlichen Gemüthsart, abgeschmackt hoch« müthig, ungenießbar, ohne wahre Lebensart «in Grillenfänger sep.

Ueber Woldemars Eingezogenheit wurde bald auch im Inneren der Familie geklagt. Dorenburg und Biderthal, die mancherleu Um« gang inB"" hatten, einen Theil davon auch wohl haben mochten, und des Lästigen sich nicht entschlagen konnten, dabcu von vielen Reisenden besucht wurden, fanden daß Woldemar doch "allzu ungefällig, zu umheilnehmend fey. Sich in dem Grade abzusondern, nicht ein wenig sich nafopsin n zli wollen, ware, glaubten sie, mehr als unfreundlich, ware beleidigend; es lasse auf Geringschätzung, auf Verachtung schliessen. Man dürfe um die Gunst, um das Wohlwollen seiner Nebenmenschen nicht so unbekümmttt seyn.

Dergleichen Vorstellungen blieb«, nicht ohne alle Wirkung auf Woldemarn. Er war von Natur nachgiebig; aber er hätte bis zur Sinnes« änderung, bis zur Ausopferung feiner Lieblings-Neigungen gefallig seyn müssen, wenn er feine Freunde hätte ganz befriedigen, ihrem Murren ein Ende machen wollen.

Henriette, wegen ihres vertrauten Ums ganges mit Allwinen, sich Woldemarn dfter, nnd lebte mehr mit ihm, als die übrigen der Fa« milie. Wvldemar fand ein großes Vergnügen in Allwinens und ihrer Tckntnen Gesellschaft. Beyde Tanten waren Personen von Verstand und sehr vorzüglichen Eigenschaften; besonders zeichnete sich die jüngere, eine Wittwe zwischen dreißig und vierzig Jahren durch eine Lebhafttigkeit, eine Schnelligkeit des Geistes aus, welche zu Woldemars Laune ausnehmnid paßte. Da fand ihn benn Hen-

riette oft bcy ihnen sitzen, und ihr Kommen pflegte ihn nicht zum Weggehen zu bewegen. Manchmal weilte er ganze Nach« mittags und bis in die Nacht, schwatzte, las vor, machte Musik mit den bevdem Madchen, zeichnete mit ihnen, ließ sich so hingehen in immer wärmerer Neiguug zu allerhand Mitthei« lungen, und ihm war sehr wohl dabey; den Madchen nicht minder. Wenn es ihm aber einsiel sie mwersehens zu verlassen, so entstand darüber keine Verwunderung, kein Aufsehen. Dies begegnete ihm wohl mitten im feurigsten, Anschlage, oder wenn sie wirklich schon im besten Wesen waren. — „Da läuft er nun fort!" — dies war das ärgste, was je die lieben Geschöpfe sagten; und sie sahen dabey so von Grund der Seele gut und freundlich aus, daß Woldemar es sich schwer ans dem Sinne schlagen konnte, und manchmal, wenn er kaum auf seinem Zimmer war, wieder herunter zu ihnen mußte. Aber dann litte Henriette schlech« terdings nicht dasi er angenommen wnrde. — „Er sollte nicht so wankelmurhig seyn, sagte sie zu ihm, das zieme keinem Manne; sie — oder Allwii«, oder die Tanten hätten jetzt etwas vorgenommen, was sie um uichts fahren ließen, und woben seine Gegenwart sie störte;" — und damit die Thüre auf, und fort mit Woldemarn! Zuweilen that er hartnäckig: das half nicht; er mußte abziehen. Merkte sie aber daß er wirk« lich seinen Sinn geändert hatte, und daß es ihm nun ftey darum zu thun war, wieder zugelassen zu werden, so wußte sie den Streit so zu lenken, daß er zuletzt die Oberhand behielt. Er mußte gestehen, daß er ein Kindskopf wäre; dann bekam er seinen Willen.,

Allwina hatte nie vorher das Leben so schon gefunden. Es war ihr neu nnd von ungemeinem Behagen, mit einem Manne umzugehen, der sie lebhaft interessirte, ohne sie in irgend eine Art von Verlegenheit zu setzen. — Ja, sagte sie, wenn aber auch Wvldemar so albern mit einem thäte, wie dle andern

Herren, so merkte man gleich daß et einen nur zum Besten hätte, und man könnte ihn nicht ausstehen. Auf Ansprüche an ihn dachte sie so wenig, daß er vielmehr durch den Vorzug, den er gleich von Anfang Henrietten gegeben hatte, bey ihr Haupt« sachlich in Ansehen gekommen war. —. „DU mußt den lieben Menschen heyrathen, sagte sie Zu ihrer Freundinn. Ich schenke ihm mein hals bes Vermögen, so bald ich Meister davon bin, und wohne bey euch; das übrige bekommen eure Kinder, denn ich heyrathe gewiß nie." — Henriette lachelte. — Du liebes gutes Wesen, sagte sie, und küßte den Engel: bekümmere Dich nicht, laß mich nur machen; ich habe etwaS anders vor; aber beysammen wollen wir bleiben

Wenige Menschen wissen, was das für eine Stille und Stetigkeit in die Seele bringt, wenn man vor allen andern die eigentlichen Gefühle des Herzens zu schärfen und sie empor zu brin« gen weiß; wie sehr das allein schon heitert, wenn kräftigere Regungen den Meutreyen dtt Eitelkeit ein Ende machen, und man nur erst anfängt in sich einen Mittelpunkt zu sinden, bey welchem Stand zu halten ist. Henriette wußte dieses schon: daher war ihr Geist so hell, so fassend, ihr Gemüth so milde, ihr Sinn so ftill und heiter. Woldemar der nach und nach sie erforschte, fühlte mit Entzücken», was ihm das Schicksal in ihr darbot. Beyder Einver« ständniß wurde von Tage zu Tage leiser und inniger. Das schüchterne bescheidene Mädchen, welches zu seinem eigensten Daseyn bisher nicht hatte gelangen können, erwarb es nun im fort« gesetzten vertraulichen Umgänge mit einem er« fahrnen, in sich schon bestimmten Freunde, der ihren besten Ideen und Empsindungen — den einsamen, verschlossenen — Ausflucht, lebendige Kraft und unüberwindliche Gewißheit zu ver« schaffen wußte.

Wessen Seele mit himmlischer Liebe befruchtet wurde, wer gefühlt hat in seinem Inwendi« gen das unsägliche Weben, das mit dem AufKimen des herrlichen Saamens beginnt, und zunimmt mit seinem Gedeihen zu Freundschaft/ der wird von der Wonne, welche Henriette und Woldemar in diesem Zeitpunkt erfuhren, keine Beschreibung erwarten.

Freund und Freundinn kamen selten zusammen, ohne bey irgend einem Ereignisse sich noch besser zu erkennen, irgend eine Erwartung, die sie von einander harten, erfüllt, und Empfin« dung die Stelle, welche durch Ahndung schon bereitet war, einnehmen zu sehen. Daß dergleichen Vorfalle oft an sich höchst unbedeutend waren, benahm ihrem Eindrucke nichts.

So waren sie einst mit ihren Geschwistern ans ein nahgelegenes Iagdhaus gefahren, wo ein künstliches Reiten von Engländern zu sehen war. Das schöne Wetter hatte eine Menge Leute hinang gelockt. Die meisten von denen, welche in Wagen gekommen waren, wollten, da die Sonne sich zum Untergange neigte, den Rückweg nun in der Kühlung lieber zu Fuß machen. Woldemar, der seine Freundinn Mrte, sah, als sie zwischen dieTKore kamen, einige Schritte vor ihnen ein kleines Mädchen mir einem Korbe ans dem Kopfe, das einem Phaeron ausweichen wollte, und darüber seine Bürde fallen ließ. Er nnd Henriette hemmten zugleich den Schritt. Unterdessen das arme Ding seine Sachen wieder in den Korb packte, kam ein Knabe mir einem schweren Bündel Holz deladen, der vernimhlich des Madchens Bruoer war. Es bat ihn um Hülfe. De? Kimbe warf auf die Mauer des Glacis zürnend sein Bündel ab und griff den Korb an. Da er aber noch kleiner als das Madchen war, uns beide zu nenig Starke harten, so schwankte ihnen der Korb auf die Seite, und alles was drinn war I.ig von neuem auf den Bsden. Von den Vorübergehenden lachten die Geringen über den Spaß, und die Vornehmen lächelten oder schieb ten gravitätisch hin und wieder weg. Woldemar ließ Hennerrens Arm. — „ Machen Sie Sich fd lange zu Oorenburg," sagte er, und sprang hmzu. Aber Henriette sprang mit. Sie pack« Kn gememschaftlich das Herumliegende wieder in den Korb, und wollten ihn eben dem Madchen aufsetzen, als zwey Soldaten von der Wache herbey gelaufen waren, die es ihnen freundlich wehrten. — „ Das freut mich, sagte Henriette beym Weggehen und indem sie noch einmal um« guckte, daß die Soldaten uns gesehen haben; wenn nun einmal wieder ein armer Tropf da in Noth kommt, so lassen sie ihn schwerlich so lange zappeln.'' — Und erzählen auch ihren Camera'' den wohl noch die Geschichte, fügte Woldemar hinzu... Indessen... Aber haben Sie bemerkt, was da gleich für ein Haufen Menschen um uns stand? — „ Ich gab nicht Achtung, erwiederre Henriette; die glaubten wohl, es gäbe da ein großes sehenswürdiges Unglück zum Besten!" Nicht anders, antwortete Woldemar. Wenn ich denke, fuhr er sort, es ist doch wunderbar, wie die Leute im Angewöhnten sich so verlieren können, daß sie zu nichts Natürlichem mehr den Weg finden, und ihnen immer am verkehrtesten dünkt, was es am wenigsten ist. Dawar doch keiner der sich nicht vorSchande gefürchtet hatte, wenn er durch eine Handreichung dem Gequak der armen Kinder ein Ende gemacht hätte; und nun, da wir es drauf wagten, nun werden sie es uns zur Eitelkeit deuten. — „ Am Eitelkeit?" stutzte Henriette. — Ia, sagte Woldemar, sie werden es für Liebe des Sonderbaren halten, was weiß ich? — allemal füf Fratze. „ Eben fallt mir ein, unterbrach ihn Henriette, daß Sie zu mir sagten: Machen Sie Sich ss lange zu Dvrenburgen! Wie, wenn ich es gethan hatte?" Es wäre mir nie eingefal« len Sie deswegen zu tadeln, antwortete Woldemar. Sie sind ein Frauenzimmer, Sie haben einen Putz an, der Sie ins Auge stellt; ich hatte ihrer Hülfe nicht nöthig, also konnten Sie umhin. Sich dem Begaffen auszusetzen. „ Und also tadeln Sie mich, daß ich mitgieng?— Sie haben Recht! Hätte ich mich erst besonnen... Aber ich hing so an Ihrem Arm, sah nur auf das Madchen lmd den Buben, und auf das was Woldemar that:und wie der gieng, gieng's eben hinten drein mit mir, ich weiß nicht wie; — und was soll es denn auch!"—Henriette! sagte Woldemar, nnd wendete sich auf Henriet« teuS rechte Seite, und drückte ihren Arm fest an sein Herz; — Engel! und er bebte davon da er es leiser noch einmal aussprach. „ Wol« demar! sag« Henriette; Woldemar! was ist Ihnen, was bewegt Sie st, sonderbar?" Und doch war sie selbstbis zu Thranen gen'ihrk — Was mich bewegt, erwiederle Woldemar. Be ſte '. — es ist nicht von heute, nicht von jetzt; es ist. Gottlob! schon von lange: aber den jedem neuen Vorfalle durchdringt es mich gewaltiger, und alles wieder, und alles aufeinmal! — Liebe! — das: daß dn da bist —wirklich da — daß ich dich endlich habe — ein Wesen dessen Herz, wie das meinige, sich von jedem Moment der Schöpfung ganz erfüllen läßt — das sich nicht scheut allein zu thun, was unter lausenden keins möchte und auch keinS dürfte — das eine That, die in tausend Fällen nicht schicklich, nicht schön und gut wäre, in dem Einzigen, wo sie schön und gut ist, schnell dafür erkennt und da muthig sie ausübt; das immer seinen eigensten Willen thur, und doch, mit hellem Blick gen Himmel, sagen darf: „Vater, deinen Willen!"— — O Du Eine! Du Meine!

Awey Iahre waren verstrichen, und Wol« demar war mit jedem Tage froher und heiterer geworden. Er fühlte sich wie neugeboren. Alle Menschen waren ihm lieber, und er war es allen Menschen und sich selbst. Es konnte nicht ausbleiben, nachdem er einmal in ein menschliches Wefen ein unumschranktes Zutrauen gesetzt hatte, daß die ganze Gattung bey ihm gewinnen mußte. Wie viel mehr seine nähern Bekannten und Freunde. Iedermann pries die mit ihm vorgegangene Veränderung; daß er so merklich offener, mittheilender, duldsamer, gleichmülhiger und geselliger geworden wäre; daß man jetzt so viel mehr als sonst von ihm hätte. Es war ihm eben durch und durch wohl; und der Zufriedene, wie leicht wird dem nicht jedes Opfer? — Er hat so vul zu missen!

Einnehmend schön war es, Henrietten über Woldemarn zu hören; wie sie alles Treffliche an ihm ins Auge zu stellen, und seine Fehler und mancherley) Unarten damit zu reimen wußte. Dieser war sie überall geständig, und neckte ihn selbst bey jeder Gelegenheit damit. Sie mochte dieses mit dem scharfsten Witze thun, es verdroß Woldemarn nie, vielmehr hatte er eine wahre herzliche Freude darüber; nur zuweilen, wenn sie ihn an einer Seite traf, die er selbst noch nie so recht wahrgenommen hatte, wurde er ernsthaft und brach dann auf die herbesie Weise und manchmal mir un- gemeiner Hitze wider sich selbst ans; aber ihre Laune wußte dieses Feuer noch geschwinder zu löschen, als sie es angefacht hatte. Auch in jedem andern Falle, wenn Woldemars Enthusiasmus in Schwarmerey ausarten wollte, war sie gleich da, um ihn beym Aermel zu zupfen. Sie konnte seinen Ideen und Empfindungen in ihrem höchsten Schwunge nach; und er war nicht weniger aufgelegt, ihre feinsten Bemerkungen und scharffinnigsten Raisonnements in ihrem ganzen Umfange zu erwagen, und sie für das, was sie waren, Hey sich gelten zu lassen. Daher die Herzlichsie Gattung von Uevereinstimmung unter ihnen, jencs Gleichgewicht — jenes Zusammen« fließen in Glauben — oder in Zweifel — jenes — wo man die Gegenwart des Freundes so lebhaft suhlt, und mit einer Rührung ilm umschlingt, die nichrs andres so erwecken kann.

Nur vorübergehend ist vorhin des Mißver, gnSgens gedacht worden, welches Woldemars eingezogene Lebensart allgemein zu erregt harre, und der Vorwürfe welche bald auch seine vertrauteren Freunde ihm darüber zu machen Ursache fanden. Von den hieraus entstandenen Spaltungen, die zwar in Absicht des guten Vernehmens zwischen Woldemarn und seinen Freunden ungefährlich blieben, aber doch merkwürdige Engvickelungen, und im Verlauf der eben erwähnten zwey Iahre eine Reihe von Auftritten nach sich zogen, die einen wesentlichen Theil unserer Geschichte ausmachen, muß hier eine umständliche Rechenschaft gegeben werden.

Wir fangen bey dem natürlichen Anlage dieser Spaltungen, und mir der allgemeinen Bemerkung an: — daß es kein Land, keinen Ort und Stand, keine Familie auf Erden gebe, worin nicht eigenthümliche Sitten, Gebräuche Angewöhnungen, die einzelnen Glieder der Gesellschaft minder oder mehr einschränken, und eine Art von Gewaltthärigkeit an ihnen ausüben. Vielen Menschen fließt allein aus dieser Quelle, was sie ihre Grundsatze und Gesinnungen nennen, und es ist zu bewundern, welche Tugend sie von dieser Seite oft beweisen Die Pflichten, die Bande, die ihnen daher kommen, sind ihnen heiliger als heilig: sie ahnden hier, gedankenlos und demüthig, ich weiß nicht was für ein mächtiges Interesse, dem sie jedes andere, auch ihr liebstes, aufzuopfern im Stande sind.

Dorenburg und Biderthal gehörten, wie wir wissen, nicht zu diesem blinden Haufen. Aber Sitte und Gebrauch standen bey ihnen in sehr großem Ansehen. Iede Form der nur etwas Gutes noch anklebte, war ihnen ehrwürdig,

D sie wollten auch nicht den Schatten einer Tugend beleidigen. Diese Bidermannische Den« kungsart verleitete sie, nicht nur jedem übertriebenen Gesetze des Wohlstandes, sondern auch manchem eillen Gesetze der Mode sich zn unterwerfen, und überhaupt sich zu sehr von Meinungen beherrschen zu lassen. Nichts desto? weniger waren sie zu B« als Sonderlinge verschrieen. Da sie bey allem ihrem Nachbequemen dennoch ihren eigenen Sinn behielten, eigene selbstgewählte Freuden hatten, die sie große Sorge trugen nicht dahinten zu lassen; so konnte bles nicht fehlen.

Woldemar fand daß sie des Zwanges sich noch viel zu viel anthaten; enthielt sich aber anfänglich ihnen Vorstellungen darüber zu thun, weil es seine Art nicht war jemanden in den Weg zutreten. Da sie aber von ihm verlangten, wie vorhin beyläufig schon erzählt worden ist, daß er sich den ihrigen sollte gefallen lassen, und öfter dringend wurden, so kam es nach und nach zu Erklärungen, wo ihnen denn, bald bey diesem, bald bey jenem Anlasse das Eitle in ihrem Thun, das Unnütze in ihrer Mühe nachdrücklich vor Augen legre.

„Bey allen den Besuchen, die ihr gebt und annehmet, fragte Woldemar, bey allen den Zusammenkünften die ihr haltet; bey euren kostbaren Schmausen; wird da wohl irgend ein gefelliges Band fester angezogen, nur ein Funken ächter Zuneigung je hervorgeschlagen? Ist wohl jemals von da eine Freundschaft ausgegangen?

„Und wißt ihr irgend ein namhaftes Gutes, von welcher Art es sey, das ihr durch eure Gewissenhaftigkeit in Besolgung der Regeln des Wohlstandes und der Geheisse der Mode bewirkt hattet?

„Es ist elende Spiegelsechrerey damit! Ihr verschleudert eure Zeit, und setzt euch allerhand Verirrungen der Sinne, des Geistes und des Herzens, — «iner zunehmenden Verblendung aus.

„ Glaubt es einem wohlversuchten Manne: je weiter und mannichfaltiger sich hie Verbin« dungen mrter Menschen ausbreiten, desto loser und flacher werden sie; und je loser und flacher, desto beunruhigender. Wer in einen weitläusigen ununterbrochenen Umgang tritt, der muß sich um die Gegenstände aller der Menschen die ihn umgeben, unaufhörlich bekümmern, in ihre Leidenschaften sich einlassen, und ähnlichen Leidenschaften seine eigene Seele öffnen: denn was sienge er sonst unter diesen Menschen «n? da wäre ihm eine einsame Langeweile wenigstens bequemlicher Was aber das für Gegenstände sind, um welche das unselige Getümmel sich walzt und wirrt, das ist bcknannt genng. Und die muß er nun doch schlechterdings als wichtig ansehen, als wichtig empsinden lernen. Stille des Geistes, Ruhe des Gemüths können damit nicht bestehen. Wie diese abnehmen, so verschwinden alle herzlichen Gefühle, verschwindet alle gründliche Theilnehmung. Die Seele ermattet unter endlosen kleinen Bestrebungen, unter endlosen kleinen Widerwärtigkeiten; wird so lange gezerrt und getrillt, bis alles mit ihr herumläuft und sie von sich selbst nichts mehr weiß.

„ Mit Euch, das erkenne ich, kann es dahin nicht kommen; dafür ist lange gesorgt. Unterdessen: wie viel Glückseligkeit, wie viel Daseyn opfert ihr nicht auf?

„Mir kommt das vor, als verkleideten lebendige Personen sich in Puppen um unter Marionetten eine Rolle, ein Chor oder ein kopol« auszufüllen, weil das Puppenspiel sonst Gefahr liefe nicht so gut von Statten z« gehen.

„ Da ihr an dem losen eitel Wesen jener Leute kein Gefallen habt, mir euren Neigungen und Begriffen da nicht eingehen könnt, uno nun doch einmal beständig mit ihnen zu schaffen habt: so scyd ihr in so fern schlimmer daran als sie selbst. Ihr zerstückt durch das alberne Mitmachen eure ganze Eristenz, macht sie voll Iwisi und Mißhelligkeiteu. — Und ist es nicht wahr, daß ihr das Volk, von dem ihr euch tyrannisiren laßt, nicht allein verachtet, sondern daß ihr auch, wegen der Störungen die es euch allemhalben verursacht, dagegen aufgebracht, erbittert und nicht felten voll wahres Hasses DZ seyd? — Und glaubt ihr das merkten diese Leute nicht, ihr könntet ihnen das verbergen? — Ob« gleich in dem ganzen Haufen keiner dem andern recht gut seyn kann, so fühlen sie doch gegen einander einen gewissen Zug der sie einigt, der sie zu einer Gemeine macht, und —der euch absondert. Sie haben wider euch, was ihr wider sie habt; sie können euch nicht leiden, wie ihr sie nicht leiden könnt: das geht richtig gegen einander ans. — Ihr aber beharrt nicht destoweniger, wollt nicht ablassen von der Freundschaft, wollt das gute Vernehmen nicht zerstören, und — seyd überall die Betrogenen.

„Gewiß, ihr Guteu! es klingt nicht lächerlicher als es ist. Und wenn es nur lächerlich wäre! Aber man kommt bey diesen wie bey allen Arten von Nachäffnngen auf so mancherley Weise zu Schaden, und sollte daher nie als im ausserten Nothfall sich zu etwas verstehen, woben es einem nicht ums Herz wäre. Ein großer, vielleicht der größte Theil des Uebels in der Welt würde mit einem Male daraus weggeschafft, wenn ein jeder nur das und nichts anders begehren, verfolgen und ms Werk rlch, ten wollte, als was ihm wirklich Freude macht. Aber wenige haben so viel Sinn, recht zu wissen was sie wollen, und noch wenigere den, Much sich daran zu halten. Dumpfheit des Gefühls, Verworrenheit deä Heizens ist die allgemeine Krankheit. Was einmal mit einer angenehmen oder unangenehmen Vorstellung in wiederholte Beziehung gekommen ist, darnach rennen die meisten, oder fliehen es von nun an, ohne weiter zu sehen: und da diese Verknüpfungen größtentheils bloß zufällig gewesen, oder, un« willkührlicher Weise, nur zu dem Ende veranlasset worden sind, um gewisse, oft höchst uns gereimte naturwidrige Meinungen im Gehirne fest zu setzen, daß sie Bestimmungsgründe zu, Handlungen würden, wozu sie denn mich ge, deyen: so kann man von diesen Leuten mit allem Fug sagen, daß sie thun was sie nicht wollen;, zumal wenn das seit verschiedenen Generationen schon so fortgegangen und alle erste Absicht, jeder anfängliche Trieb längst verschwunden und Vertilgt ist. — Solche Menschen sind innrer

Gattung, was unter den Früchten der Tann« npfel ist: lauter Schale ohne Fleisch und Saft, Hülse bis ins Herz. Und wer sich daran macht und sie genießt, der wird es an seinem eigenen Leibe erfahren, an den Verwandlungen in seinen festen, flüßigen und geistigen Theilen."

Woldemar zeigte seinen Frennden wo ihr Fleisch sich wirklich schon in Schale verwandelt hatte, und wie das Uebel, obgleich unmerklich, immer weiter nm sich greifen müsse. Der Mensch, behauptete er, wäre so gemacht, daß er sich mehr im Andern als in sich selbst fühlte. Er könnte sich der Gesinnungen und Neigungen derer, mit denen er nmgienge nicht erwehren, und gabe unwillkührlich ihren Ur, theilen und Meinungen nach. Im Grunde wäre dies eine Folge der besten und liebenswürdigsten Eigenschaften seiner Natur, aber darum nicht minder gefahrlich. Denn mit eben jenen Eigenschafren, mit Sympathie, Gefälligkeit und Ehrliebe hiengen Nachäffung, Menschenfurcht und Eitelkeit zusammen; es waren ihre natürlichen Kinder, die sich oft gegen ihre Mütter auflehnten und ihre Mörder würden.

„Wo ist der Mensch, rief er ans, der sich vor der Ansteckung des Beyspiels bewahren kann? Wo ist Einer, der sich nicht von Men« schenfurcht in die Enge treiben läßt? Männer, welche tausendmal ihr Leben gewagt haben, werden tausendmal zurückbeben, wenn sie mit ihren Grundsätzen einem Nichtswürdigen, der an keine Tugend glaubt und dessen spöttelnde Bc« fremdung sie voraussehen, unter die Augen treten sollen. Heilige sind zu Sündern, geworden in solchen Fallen.

„ Was das ist im Ange des Menschen, dies Gewaltige, welches schrecknder ist als die Hölle, lockender als der Himmel? — Ich kann es nicht erklären; aber es ist!

Noch einmal, sagte Woldemar: — „Der Mensch fühlt sich mehr im Andern als in sich selbst. Unsere körperlich« Gestalt können wir DZ nicht gewahr werden, als in einem andern Körper, der sie vor uns abspiegelt; unsere Seele Kinn sich nicht empfinden als mittelst eines andern Geistes, der ihren Eindruck auf sie zurück wirft. Dies ist der lebendige Odem in die Nase des Erdenkloses. Darum erlragen wir lieber jedes Elend, als eine ganzliche Einsamkeit; darum würden wir aus den herrlichsten Zander« garten entfliehen, wo wir alles hatten, nur keinen Gefahrten; — entgegen jedem Mangel, jedem Schrecknisse, um Menschen anzutreffen.

„Und hieraus solgt nun gerades Weges: daß uns das Daseyn unerträglich fallen müsse, wenn wir denen Menschen unerträglich sind, die wir um uns haben. Ihre Achtlosigkeit ist Vernichtung, ihre Verachtung Hölle.

„So offenbar richtig und so allgemein anerkannt ist dieses, daß wir einmüthig es für das größte Unglück schätzen, wenn jemand um Ehre oder seinen guten Namen kommt; — daß wir von einem Menschen, der über die Achtung seiner Mitbürger sich hinaus zu setzen im Stande ist, auch das ärgste vermuthen; wir sagen von ihm: er mache sich ans nichts etwas, und fühlen daß wir ihn damit in den Koch treten.

„Auch im niedrigsten Pöbel lebt diese Em, pfindung und beherrscht ihn; auch er dehnt sie, instinktmäßig, sogar über die Person des einzelnen Menschen hinaus, weiß in dem was auch nicht mehr er selbst, sondern was nur zu ihm gehorig ist, ihn zu ehren und zu beschimpfen. Wenn ein Holunke den andern auf das empfindlichste kranken will, so schreyt er ihm nach: dein Vater, dein Bruder hängt am Galgen; deine Mutter, deine Schwester sitzt im Zuchthause; du hast kein Hemd auf dem Leibe, deine Kinder gehen betteln.

„Also, diesem unüberwindlichen Naturtriebe zusolge, können wir nicht umhin, so bald wir mit jemanden in Verbindung treten, auf seine Meynung von uns zu achten, irgend eine Seite sn ihm aufzusuchen, an der wir uns mit ihm messen und uns von ihm schätzen lassen können. — Nun ist aber leicht abzunehmen, wohin das im Umgange mit der Gattung Menschen führen muß, wovon wir eben redeten.

„Aber gesetzt auch, es waren nicht gerade diese Menschen, sondern andere, die, jeder in seiner Art, unter die vorzüglichen gehörten: dennoch, meine Freunde, littet ihr durch Zerstreuung eurer Kräfte, durch Entflammung eurer Fantasie zu eiteln Bestrebungen, und durch Mißleitnng eurer Triebe einen unersetzlichen, taglich zunehmenden Verlust.

„Immer und in alle Wege entsernt eine so vielfältige Bespiegclung in andern uns vom besseren Selbst. Die Menge der täuschenden Schatten die wir umher werfen, berückt uns, daß wir sie für mehr achten als nnsre einzelne wesenhafte Gestalt, und damit schreiten wir aus dem Gebiet der Wirklichkeit in den endlosen Raum der Einbildung; werden dem Winde ähnlich, dessen Sausen man wohl hört, aber nicht weiß von wannen er kommt noch wohin er fahrt. Der edelste Trieb in der menschlichen Natur, der Trieb der Ehre, die Begierde vortreflich zu seyn an sich nnd in Vergleichung mit andern, ist alsdenn verfälscht und verirrt; denn diese Begierde, in ihrer Lauterkeit, quillt aus dem edlen Bestreben, die Kraft unsers Dascyns zu vergrößern, eigenmachtiger, in und durch uns selbst besser und glücklicher zu werden. Hingegen der Eitle vergißt seiner selbst zu achten, er will lieber viel scheinen als etwas wirklich seyn. Um sein geliehenes Daseyn zu erhalten muß er voll Unruhe sich kümmern und schleppen, unter tausend Mühseligkeiten schmachten, und kann nie eine bleibende Statte haben.

„Zuverlässig ist allemal das Beste für uns und für unsere Freunde, Anverwandten, Mitbürger, Genossen, ja für das gescnnmte Universum: — daß ein jeder thue sein eigenes Werk, gehe seinen eigenen Weg, besorge sein eigenes liebstes Glück.

„War' es nicht Narrheit von einer Sopranstimme, mit einer Trompete sich in ein Duo einzulassen: oder von einer Trompete, zu der Aria 8e msi tenti oder einer ähnlichen, die erste Violine oder die zweyte Flaute machen zu wollen? Beyde würden sich verderben und mit ihrer Kunst zu Schanden werden. — Dennoch machen wir es so, treiben überall was wir weder können, noch was am Ende unser Zweck ist; gerathen darüber in rausenberlev Verwirrungen, verfallen in Unglauben an uns selbst und andere, und richten eine so ohnmächtige und jammervolle Wirrhschast an, daß es zum Erbarmen ist."

Woldemar war nnerschöpflich über diese Gegenstande, und wußre sie bey jeder Gelegenheit in ein neues Licht zu stellen. Seine Reden machten desto mehr Eindruck, da sie die wahren Neigungen seiner Juhörer heimlich auf ihrer Seite harren. Dennoch wollte es mit ihrer Bekehrung nicht von statten gchen, und sie bestätigten die Bemerkung des geplagten großen Sülly: daß eV das Schicksal der Vernunft zu seyn schiene, weder dann gehört zu werden, wenn sie den Leidenschaften widerspreche, noch auch dann, wenn sie mit ihnen einerley an rat he. — Anschläge zu Reformationen wurden öfter gemacht, auch wurde hie und da ein Versuch angestellt: aber Angewöhnung und Zaghaftigkeic behielten die Oberhand. Man fand, was Woldemar vorbrachte, liesie sich wohl gut sagen und auch «nhören, aber es ware nicht so leicht gerhan. Hatte man sich einmal auf einen gewissen Fuß gesetzt, so fanden sich tausend Schwierigkeiten wenn man wieder da« von abgehn wollte; man zöge sich die Feindschaft und den Spott der Leute anf den Hals, und müßte am Ende noch dazu sich selbst auslachen.

Woldemar hatte, fürs erste, nicht mehr erwartet. Auch gestand er seinen Freunden zu, die ihm unter andern entgegen setzten, in seinen Vorstellungen wäre vieles übertrieben, sie beschuldigten ihn nicht ohne Grund; cs ware eine Unbilligkeit von ihm, sie mehr in sich, als sich in sie hinein zu denken; er wüßte daß ihn seine reizbare Gemülhsart peinlich, in gewissem Verstande (wenn man es so nennen wollte) schwach« lich, oder zu moralischen Krankheiten geneigter machte, daher erdenn Ungemach und Gefahren erblickte, wo andre dergleichen nicht wahrnahmen, und auch, in dem, Maasse nicht zu befürchten hätten.

Indem er also gelassen zusah und nur seinen Weg gieng, gleich entfernt jemand zu stören, wie von ihm sich stören zu lassen, griff seine Lehre von selbst allmahlig tiefer ein. Es war unmöglich daß Woldemars Freunde sich seiner Reden nicht bcy hundert Vorfallen erinnerten; und da ihre Gesinnungen im Grunde mit den seinigen übereinstimmten, so mußte, was ihnen bisher in ihrer Lebensart zuwider gewesen war, nunmehr ihnen vollenos unerträglich scheinen, und jede Thorhcit die sie eingienqen sie doppelt und zehnfach mir Ekel und Verwirrung züchtigen. Etwas von ihrem Verdruß unterliessen sie nicht auf Woldemarn zu werfen, weil sie sich einbildeten er lache heimlich darüber sie unter dem Joche reichen zu sehen. Aber so wie die Ungeduld dasselbe langer zu tragen ihren Muth es abzmverfen stärkte; so verschwand auch dieser Llerger; sie fühlten sich mehr als jemals zu ihrem Freunde hingezogen.

Henriette harte nicht wenig beygetragen, diese Wirkungen zu beschleunigen, mehr der

Sache Sache selbst und ihrer Geschwister wegen, als aus Anhänglichkeit an Woldemarn, welcher dem allen mit einer wunderbaren — soll ich sagen Gleichgültigkeit? zusah. Ich weiß kein Wort, den Anschein und selbst die Sache besser auszudrücken; dennoch war es erwaS andres,

Woldemar wnrde jetzt fast täglich um aller« ley Rath angegangen. Anfangs nur durch Auftrage an Henrietten, hernach auch gerade zu und immer frcymüthiger, bis dahin, daß man zuletzt sich nicht mehr scheute jede Schwachheit, wodurch man sich gedrückt und aufgehalten fühlte, ihn ungeheuchelt sehen zu lassen. Woldemars ganzes Herz wurde hiedurch gewonnen, denn Einfalt und Offenheit galten ihm über alles. An ihnen, pflegte er zu sagen, hatte man den wahren Stein der Weisen; sie setzten jede andre Tugend voraus oder verschafften sie doch bald; auch läge in ihnen das Geheimniß der größten Glückseligkeit, die sich von Menschen erringen ließ. — Einfalt! Mehr und E lmmer mehr Einfalt und Wahrheit! war demnach sein unaufhörlicher Zuruf.

Es hatte sich in die häusliche Verfassung der Hornichfchen eine Gattung von Prahlerey ein« geschlichen, die aber nicht aus Hochmnth, fondern nur zufälliger Weife, ch möchte sagen aus Unachtsamkeit und Versehen, entstanden war. Als vornehmt Handelsleute in einer der be« rühmtesten Städte 'von Deutschland, bekamen sie eine Menge Menschen aus allen Gegenden 'von 'Europa, von verschiedenen Ständen und Klassen zu sehen die Empfehlungsschreiben an sie hatten. Die besten darunter und die sich auf Menschen verstanden, suchten ihre nähere Bekmmtschaft und erhielten sie ohne Mühe. So wurden ihre Kenntnisse immer neu belebt und vermehrt; ihr Witz, ihr Geschmack, ihre Sitten verfeinert; — ihre Lebensart aber auch unvermerkt etwas geschraubt und in die Höhe gewunden. Das gieng so sachte, die Verführung war ft fein, der Veranlassungen waren so viele—— Dieser oder jener Fremde hatte ihnen ernxr eine neue Erfindung der Kunst oder des Lurus ange« priesen, — war wieder nach Hause gekommen, und besorgte ihnen nun irgend ein auserlesenes Muster. Das Stück mußte angebracht, auf« gestellt werden. Wo das? Es sollte passen. Man bedachte sich, überlegte, bis der Dishar« monie durch kostbare Zubussen abgeholfen war. So hatte man vor kurzem in Dorenburgs Haufe, zwey prächtigen Torscharen zu Gefallen, einige Jimmer verändert: denn sein Saal mußte an« ders eingerichtet werden wenn er Torschären ndthig haben sollte; und wenn er so eingerichtet wurde, so mußte er, um anderer Gründe wil« len, auch erweitert werden; hätte von Rechts« wegen auch erhöhet werden sollen. Aber noch war die Veranlassung nicht dringend genug um das Dach abzuwerfen und ein neues Stockwerk aufzuführen.

Diese Begebenheit gehörte unter Woldemars Hieblingsanekdoten, die er öfter zum Text einer E s scherzhaften Predigt, zuweilen aber auch ein« sehr ernsthaften machte.

Er nahm ihren Fortgang im Wohlleben Stückweise vor, ihre mcmcherley Anschläge für die Zukunft, von den neulich angelangten Torscharen an bis zu den Chinesischen Luftschlösser« chen und Brücken, den Englischen Reitpferden, und den Postzügen von Harttrabern, die sie nur erst im Geiste sahen: dann fragte er sie ans ihr Gewissen, vb sie durch alles was sie von dergleichen Dingen bereits erlangt hatten, um ein Haar glücklicher —ob ihrer heitern, frohen, ungetrübten Stunden seitdem mehr geworden wären; ob sie der Zufriedenheit sich jetzt näher als vorher fühlten?... «Ist das aber nicht," fuhr er sort, „wozu soll es denn? —Wenn ihr leere, eitle Leute wäret, ich wollte selbst euch rathen daß ihr es euch sauer darum werden ließet: denn es ist leichter daß eitle, leere Leute gewissermaßen Befriedigung erhalten, als daß sie ihren Sinn ändern. Bedenkt, was ihr lange wißt, und prägt es euch tief ein: — daß der Mensch mir cm bestimmtes sehr eingeschraikktes Vermögen zu geniessen hat; daß wenn er Mit, tel des Genusses in zu großer Menge sucht, er nur Mühe und Ungemach erbeutet. Ein Gefaß dem man mehr zugießt als es halten, kann, muß, um dem Ueberflusse Raum zu geben, von seiner ersten Fülle in gleichem Maasse von sich lassen. So der Mensch der sich alles zu verschlingen sehnt: um Neues zu gewinnen muß er Altes daran geben. Auch soll der noch kom, men, der sich rühme aufdiesem Wege sein Glück gemacht zu haben! Im Gegentheil fühlen alle die ihn wandeln sich je länger je elender; könnens aber nicht begreifen; ihr Taumel verhindert sie zu sehen daß jene Freuden,, die da« hinten blieben, die besserem waren. Aber« und abermals reimen sie nur wieder schneller voran, streben aber«und abermals nach mehr, meinen immer es liege nur daran, daß ihnen dies und jenes noch fehle, und werden so taglich unfähiger zu erkennen, daß sie immer mehr und Besseres zurück lassen, von allem wahren Genusse sich taglich weiter entfernen daß sie er« E z künstelte, elende, von Gott und der Natur verlassene Undinge werden..."

Ein andermal drang Woldemar t einer sehr ernsthaften Miene in seine Frennde, sie sollten sich Köche, Haushofmeister, Kellermei«ster, — vor allen Dingen, mehr Bediente an, schaffen, und zwar keine solche Allerhalter, wie die Bursche, die sie hätten, welche beständig Kopf und Hände so voll nehmen müßten, daß es einen dauerte; sondern Laqualen im eigentlichen Verstande. — „In Wahrheit," sagte Woldemar, „es gebricht euch noch an allen Ecken. Zum Beyspiel: eure Tafel bey festlichen Gelegenheiten hat herrliche Parthien, sublime Details; aber im Ganzen sieht man Arr und Einheit mangeln. Neulich, da Lord W. und Graf V. bey euch speisten, wurde, als Gemüse, ein gefüllter Krautkopf aufgetragen, welches an sich schon fehr lächerlich war; aber es stand zugleich eine bombe z Ig Sarclunspsle auf der Tasel, wodurch das Ding zur frechsten Parodie wurde die man sich denken kaun. Ich fthopfte Luft als dieser Auftrag abgehoben wurde; allein wie wurde mir, da ich nun gar — einen Gänsebraten erscheinen sah! Das wißt ihr bis auf diese Stunde nicht, was das für «in ungebührliches Zumuthrn an einen ehrlichen Menschen ist, daß er einen Magen für Gansebraten habe. Und dergleichen Schnitzer fallen tausende vor. — Hernach beym Auftragen — da sieht man eure Lümmel zittern und beben, ob sie jede Schüssel an die rechte Stelle bringen; sich einander mit den Ellenbogen anstossen, in die Ohren flüstern, die Wirthinn ihnen mir den Augen winken; und am Ende die Sache doch nicht gelingen, bis ihr, voll Verwirrung., euch entschließt, durch eigenes Zurechtweisen dem Unheil abzuhelfen. — Ferner können die Teller nie hurtig genug gewechselt; Wein, Wasser, Brod, und das sonst Erforderliche nach Verlangen dargereicht werden. Zuweilen wird mit größter Zuversicht etwas begehrt, als müßte es bey der Hand seyn, und es ist nicht einmal im Hause; oder eilends soll wohin geschickt werden» und niemand darf aus der Stelle. — Mir bricht über diesen Verlegenheiten allemal der Angst« schweiß aus; ich sehe was ihr leidet, und begreife es. Natürlicher Weise, je mehr an der einen Seite Ueberfluß mW Pracht zu Tage liegt, desto auffallender wird an der andern Seite Spärlichkeit und Mangel. Ihr müßt in dergleichen Augenblicken euch so klein, so nichtswürdig fühlen! denn ihr habt nach etwas Geringschatzigem mühsam gestrebt, und es über eure Kräfte gefunden. Die vornehmen Herren und Damen die ihr bewirthet, sind nun in der That so viel mehr als ihr, wirklich über euch erhaben: sie müssen auf euch, als Geringere herabsehen, die sie durch ihre Gegenwart beehren und demüthigen.

„ Daß ihr euch so wegwerfen mögt! so im niedrigsten Wettstreit Beschimpfung erndtet, da ihr in jedem edleren Ruhm zu erwerben gewohnt seyd."

Dorenburg mit seiner Frau siengen zuerst an eine aufrichtige Sinnesänderung durch die That zu beweisen. Biderthal und Luise folgten mit verdoppelten Schritten, und setzten durch ih« ren schnellen Fortgang Woldemarn in Erstaunen.

Ie mehr sie sich losrissen, desto größer wnrde ihr Eifer. Nie hatten sie so tief empfunden, daß ein unzerstrentes, gefaßtes, friedliches Le, den das einzige fey, was den Menschen recht eigentlich feine Lust am Menschen haben lasse; daß im Gedrange der Gesellschaften, wo der Mensch den Menschen nur als Hinderniß oder kahles Werkzeug betrachtet, das Herz todt bleiben müsse für Angelegenheiten des Herzens. Ue« berhaupt fanden sie ihre Erwartungen bey der Probe eines eingezogenen Lebens so weit übertroffen, daß sie jetzt noch mehr versaumt, noch mehr verlohren zu haben meinten, als wirklich geschehen war.

Wohl jeder gute Mensch hat sich einmal in einem ahnlichen Falle befunden, und ihm wird ohngefahr eben so zu Muthe gewesen feyn. Wir selbst, als wir aus jenem Rausche — aus irgend Einem! gesund erwachten, wie segneten wir nicht die stille Morgendämmerung, das sanft anbrechende Licht? An Gerausch und Schwarm konnten wir nur mit Eckel denken. Die Einsamkeit sogen wir an uns, wie die Wiese erfrischenden Thau. — Ich weiß nicht ob Ein Zustand an Süßigkeit einer solchen Erholung der Seele zu vergleichen ist. Gelagert in die Mitte ihres Daseyns, ganz Besinnung, bey sich, bev allen ihren Kraften, fühlt sie sich mach, tig und frey, alles was sie ist, und fühlt es ohne Stolz. — Iede Tugend scheint ihr so natürlich und leicht, jede Gabe des Lasters so verachtlich! Sie hat ihre Lust an der Welt im Geiste des Schöpfers. — Hier, um diese Höhe wölbet und schließt sich der Gesichtskreis des Wahren. Iedes Ding steht in seiner eigenen Gestalt vor dem Menschen da — vor ihm da wie es ist, gut oder böse, Wesen oder Dunst, Werth oder nnwerth seiner Seufzer oder Thränen. — Fälschlich soll ihn von nun au nichts mehr weder reizen noch schrecken; er sieht eine Straße des Friedens sich vor ihm hinziehen, der will er nachwandeln — sieht die höchste irdische Glück, ftigkeit, sieht das Ziel der Weisheit — ihm so nah!

Aber dieses Ziel, wer hat es je erreicht? Alles kam, der Mensch eher, als Maaß halten, als in der Mitte bleiben. «

Doppelt schwer war es Key dieser Gelegenheit für die Hornichschen, da sie dem Beyspiel eines Mannes folgten, der, wenn er auch für seine Person mit Weisheit handelte, andern leicht ein Irrlicht wurde. Noldemar sah hievon häusige Wirkungen, ohne sich die Ursache klar zu machen; fühlte sich ewig getauscht! — Und dies vermehrte in ihm jene Schwei muth, die an MenschenKaß zu grenzen schien, ohne darin Übergehn zu können. Anstatt in Bitterkeit, lösten seine schmerzlichen Gefühle gewöhnlich sich in Wehmuth, in allgemeines Mitlei» den auf. Er jammerte am meisten, seufzte am tiefsten darüber, daß Gutes und Schönes die Menschen überall so reizte, ohne sich ihnen wahrhaft mitzutheilen; daß was sie davon au« nahmen, sie gewöhnlich nur zu Mißgeburten machte, zu Wcchfelbälgen, — und an. ihnen das angelcnvtc Gute und Schöne zu Gegenstanden der Verachtung und des Ekels. — Wie das zugieng, begriff er genug; war darum auch so geneigt, jedem seinen Gang zu lassen, und nur Einfalt, Wahrheit — Selbsth eit zu em« pfehlen. — „Es ist wie mit den Blumen," sagte Woldemar, „die beym Fortpflanzen ihre Arr verlieren. Man senkt die herrlichste Brut in die Erde, und anstatt einer gloris rubroruin kommt ein falbes unkenntliches Ding zum Vor« schein, ein Ding ohne Namen, dadurch be« zeichnet, daß Schönheit in ihm enr, stellt ist.

Bey der Verwandlung die in dem Innern seiner Familie gegenwartig vorgieng etwas ahnliches zu besorgen, war ihm nicht in den Sinn gekommen; er dachte nur an Rückfall, etwa an Ausschweifung auf Nebenwege; nicht an Uebertreibung.

Genau und Schritt vor Schritt die Wir« klmgen die er hervorbrachte zu beobachten, sie zu wagen und zu schätzen, war nicht in seiner Art; und in seiner gegenwärtigen Stnnmung, bey so ganz geöfneter Seele weniger als jemals von ihm zu erwarten: es konnte ihn nicht be« fremden seine Freunde endlich zu seinen Gesinnungen übergehen zu sehen. Sie selbst fanden eben so wenig ausserordentliches dabey und wunderten sich nur und begriffen nicht, wie sie je hatten anders denken, empsinden und wah« len können.

Indem sie ihr Erstaunen hierüber sich ein, «Inder mittheilten, wurde ihr Enthusiasmus immer feuriger. Sie giengen weiter. Das System ihres Borbildes that ihnen nicht mehr Genüge; es deuchte ihnen, Woldemar blieb auf halbem Wege stehen. Sie wollten ans Ende, tvollten eine höchste, allerhöchste Sim« plieität jetzt überall sich anschaffen; eine durchaus reine ungezwungene — blos natürliche Natur, Kurz, sie liefen jetzt hinter sich vhngefähr auf eben die Art, wie sie ehmalö waren vor sich gelaufen.

Hievon wurde Woldemar lange nichts ge« wahr; esentgieng ihm, erachtete nicht daraus, bis es zu Abenrcuerlichkeiren kam. Hie und da ein wenig Affectation hatte er mit Fleiß übersehen, weil er wohl wußte daß nichrs in der Welt sogleich ganz und rein werden kann. Henriette, die viel ftüher gesehen hatte wo es hinaus wollte, begnügte sich seine Aufmerksamkeit nur durch zufällige Anmerkungen zu reizen. Mir ihren Schwestern und Schwägern aber wurde sie desto deutlicher. Es käme ihr so vor, sagte sie, als führten sie den guten Woldemar und sich selbst nur hinter das Licht. Ihr nicht mehr eitel seyn wollen machte sie eitler als vor« her, da sie es geradezu gewesen wären. Schlimmer als ehmals mit der gesuchtesten Pracht, prunkten sie jetzt mit einer gewissen angenommenen Simplicität; prahlten mit freywilliger Beschränkung; trügen Verborgenheit zur Schau, und böten Innigkeit durch die Gassen. Ihr Mtnrbetrieb ware die argste aller Ziererenen; Slffectation der Unaffectation; ein ausgesucht verkehrtes Wesen. Diese Tkorheit könnte sich ubrigens auf keine Weise erhalten, sie harre geschwinder ausgeschwärmt als irgend eine andre; aber, leider! bereitete sie den Uebergang zu ei« nem Zustande voll Gefahren.

Es wurden diese Vorwürfe — welche nur nicht ganz so trocken, wie sie hier auf dem Blatte stehen, vorgetragen wurden — ohne alle Entrüstung angekört, und in Gelassenheit mit wenigen Worten abgewiesen.

Henriette beschloß hierauf, still eine weitere Entwickelung abzuwarten. Die andern meine ten nun, sie käme allmählig ihnen näher, und voll Freude darüber gaben sie ihr häufig nach, liessen öfter ihre Meinung gelten, und bequemten sich nach ihr. So unterblieb manche Thor« heit, und wurden viele Verbindungen noch erhalten; doch fieng es an höchst nörhig zu werden daß Woldemar selbst auf die Weise wie jetzt erzählt werden soll, noch eben zu rechter Zeit, ins Mittel trat.

Wir haben von Dorenburgs und Biderthals Landgütern gehört. Ans dem Dorenburgischen hatte das Gebäude mitten einen großen Saal der in den Garten vorsprang und den Haupt«ingang dazu machte: sechs Abstuffungen längst den vorspringenden Seiten, eine Terrasse mit Pomeranzenbäumen besetzt, die sich zu beyden Seiten an den Flügeln hinzog: so giengs hinab. Unten verbreitete sich ein großes Parterr mit einem Springbrunnen, und Sitzen und Gängen von Bindwerk, welches die feinsien Gewächse durchflochten, — Flor an Flor auf Beeten von grünen Gewölben beschattet, — aus großen Körben von Latten ein Wald von Blumengewächsen, — lieblich beschirmte Amphitheater von Aurickeln und Nelken, — prächtige Stauden, — Urnen und Bildsaulen — und von allerhand fremdem Gehölz die niedlichsten Arten. Es war ein entzückender Platz, sinnreich angelegt, um das Auge zu öfnen, und ihm von dem hohen Buschwerk und den Alleen des Gartens den rechten Abstand zu geben, — Nun sollte dieses herrliche Stück ausgerottet werden. — Woldemar, da er an einem schönen Herbsttage mir seinen Freunden draussen war, erfuhr es zufällig vom Gärtner, und lief hastig zu Do« renburgen, um ihn darüber zur Rede zu stellen. Dorenburg gestand herzhaft die Wahrheit: Ia, das wäre sein Wille; er wollte nachher bey der Collation, die seine Frau in den Wald hatte bringen lassen, seine Gründe angeben.

Die Gesellschaft machte sich auf. Es war nur eine halbe Stunde Wegs. Man wandelte einen großen fruchtbaren Hügel hinan; dann giengs unmerklich hinab; — uns nun ein sanftes weites Thal, von den mannichfaltigen Eingängen in den Wald auf das herrlichsie gebildet! — Wie ein Vorhof lag an der einen Seite ein grüner Platz mit zerstreuten himmelhohen Eicken, der bald so, bald anders die schauenden Blicke verschlang; für jede Eiche ein kleiner Hügel oder ein kleines Thal, und die Hügel und Thaler F

«llmählig in einander laufend und auf und ab; dazwischen kurzstämmige, dicht und hoch hinauf gekrönte Buchen, — hier einzeln, dort in Hau» fen und engen Reihen; — Eschen, Pappeln und Weiden; — und um und um ein Zauber von tausendfältigem Licht und tausendfältigem Dun, Kl. Schwebend in diesem Zauber kleine Heer« den von Rühen und Lämmern, und eine Schaar dahlender Knaben und Mädchen. Nahe bey in dickem Gebüsch, zwischen erhabenen Ulmnv wänden, die lustigen Häuserchen, wohinein dies alles gehdrte,init ihren GZrren und Acckern.

Woldemar hatte oft ganze Tage hier zugebracht. Besonders war eine Stelle von schauervoller Majestät, dicht an einem der Eingänge des Waldes, sein bekannter Lieblingsplatz. — Sie kamen an diese Stelle, und Dorenburg hub an: Lieber Woldemar! ich bitte, laß Dir doch jetzt einmal mein schönes Parterr einfallen, mit dem seinen Bindmerk und den Körben von Latten, und den mancherlen Blumen und Bäumchen; und sage mir — sage mir hier einmal: es sey schön! Ich bin gewiß, der Gedanke muß Dir widrig und ekelhaft sepn!

Wvldemar stutzte, antwortete aber den Augenblick, und gab Doienburgen Recht, Nur fügte er hinzu: Dorenburgs Ulmen«Alleen, seine schönsten Linoen, Platanusse, Liriodender; sein gesammtes Baum« Vusch« und Gartenwerk, wäre ihm in diesem Augenblick nicht minder ekelhaft als das Parterr: „Ist Dir nun be« standig so, fuhr er sort, wie mir in diesem Augenblick; so muß ich Dir rachen, daß Du ganz und gar Deinen Garten abschaffest. — Lieber Bruder Dorenburg, das läßt sich nicht in Mauern ziehen oder mit Zaunen einschliessen, was uns hier so mächtig ergreift. Die fünf Eichen dort allein, mit ihrem erhabenen Gewölbe, würoen Deinen halben Garten zu nichts schatten. Und überhaupt, auf einem solchen Platze, was war' es? Dergleichen Scene will die offene weite Welt zum Gerüst. Ich kenne nichts armseligeres als die nachgemachte, in tausend Fesseln sich windende freye Natur. Gewiß weiß der gar nicht was er will, wer so etwas auf die Welt setzt. Wo Nachahmung ist, da muß sich Kunst zeigen, schaffende Menschenhsnd:,da muß wenigstens von Einer Seite gtthan seyn, was kunstlose Natur nicht vermag; denn was kunstlose Natur ganz und allem vermag, daran wird alle Nachahmung zu Schanden. Also verlange ch von einem Garten, daß er ein ausgemachter Garten, Garten in einem hohen Grade sey; er soll mir an Zierde und Anmuth ersetzen, was er an Fülle und Majestät nicht haben kann, und gewiß dann am wenigsten hatte, wenn er in abgeschmackter Zwergsgestalt den Riesen nach, machen wollte. Die freyen Naturalisten, wenn ich zu befehlen hatte, sollten es mir einmal in vollem Ernste seyn, und ihr System in seinem ganzen Umfange erfahren. Erst wollte ich sie nur mit Kleinigkeiten plagen; sie bekamen z.B. keine Pfirsich zu kosten, keine Aprikose, nicht einmal Kirschen, Pflaumen und Birnen; aber Wurzeln, Holzapfel und wilde Kastanien so viel ihnen beliebte. Ich würde ihnen vorstellen, wie so gmlz ausser aller Narur in unserem Himmelsstrich ein Pfirsichbaum sey. Wie weit hergeholt! Wie erkünstelt! Stamm und Aeste zersagt und zerschnitten; alle Glieder verrenkt, in hundert Banden, wie ein armer Sünder, wie ein Schocher am Kreuz! Andre Fruchtbmnne nicht viel lveniger, wenn schon nicht an Mauer und Latten gezogen; denn was muß nicht dennoch alles an ihnen gethan werden, wenn sie gute Früchte und in Menge bringen sollen?"

Henriette die an Woldemars Eifer genugsam merkte daß er mehr als das Parrerr im Sinne hatte, wollte ihm Gelegenheit verschaffen sein Herz noch besser auszuschütten, und machte ihm daher! den Einwurf: — Aber — er hatte ja vormals Biderthalen und Dorenburgen den Aufwand den sie in ihren Gärreu gemacht verwiesen, und sie fast über jede Anlage zn derselben Verschönerung zum Besten gehabt. Nun redete er so ganz anders und widerspräche sich.

Woldemar antwortete: Damals scy von Puppensachen die Rede gewesen für vornehme Kinder, von Aufwand zum Staat, nicht von Aufwand zu eigener Lust, nicht von Gartenbau.

Z Z
Mit Erlanbnisi! fiel Caroline ein, Sie haben sehr allgemein allen Aufwand zu sogenann« ter Vermehrung des Lebensgenusses getadelt; Sie haben unaufhorlich zu beweisen gesucht, daß es mit dergleichen Vermehrungen leeres Blendwerk scy, bey deren?rhaschung nichts gewonnen, wohl aber beträchtlich verlvhren zu werden pflege.

Ganz recht, erwiederte Woldemar. Wenn Sie keinen Garten hatten, und fragten mich, ob Sie viel an Glückseligkeit gewinnen würden, wenn Sie einen anschafften; so antwortete ich Ihnen wahrscheinlich: „Ich weiß nicht!" Haben Sie aber einen Garten, und Sie fragen mich, wie er am besten sey, schön oder häßlich; oder gar: ob Sie ihn schön lassen, oder häßlich machen sollen; so werde ich mich, ohne alles Bedenken, für das Schöne erklären."

Nein, sagte Dvrenburg, wer so albern fragen könnte, dem solltest Du rachen: häßlich! — Ich weiß mcbt, wie Du mit Dir selbst zurecht kommst. Gewiß war es ehmals Deine ernstliche Meinung, daß je naher der Natur, je einfältiger, je beschränkter Menschen lebten, desto glücklicher wären sie. — Mit welchem Entzücken priesest Du nicht die Sitten der Patriarchen, der Homerischen Helden? Hingegen mit welcher Verachtung, mit welchem Grimm....

Sachte, sachte! rief Wolhemar. Es kommt gar sehr ans die Beziehung an worin etwas gesagt wird, auf den bestimmten eigentlichen Sinn den es dadurch erhalt. Nie war ich so unbesonnen, schlechterdings im allgemeinen festzusetzen, diese oder jene ausserliche Verfassung mache nothwendig glücklich oder unglücklich; ich getraue mir dies nicht einmal von innerlichen Verfassungen und von Charakteren auszumachen — O, der Mensch ist ein unermeßlicher Abgrund — ein unendliches Labyrinth! — Nur habe ich immer Euch gerathen, zu lassen was Euch im Grunde plagte, und allein zu thun was Euch wirklich Freude machte; nur mit Euch selber einig zu werden, für eigene Rechnung zu leben, kurz, Menschen zu seyn, und keine Schimären. — Aber Ihr waret zu lange gewohnt in fremder Rücksicht zu handeln, euer Wesen in der Einbildung zu haben, zu reprä, sentire n. Meine Absicht war gut, aber der Erfolg ist mißrathen... — Ihr wollt nun zu einer ganz einfachen Lebensart durchaus herabsteigen, und seht nicht, daß Ihr noch weit mehr aus Eurer Sphäre hinaus schweift als da Ihr Euch zu hoch hinauf zu winden bemüht waret. Lieben Freunde, man muß sich dem Stande und dem Iahrhunderte in dem man sich besindet, gemäß verhalten. Wenn Ihr gegenwärtig die Lebensart der Patriarchen annehmen wolltet, so würdet Ihr nur eine Comödie spielen, ein Schattenspiel an der Wand machen; und das war ja vor allen Dingen was wir nicht wollten; geniesfen wollten wir was ist und was wir haben können; nie was nicht ist und uns nicht werden kann; unserer und der gegenwärtigen Zeit wollten wir uns mächtig machen, ohne nach Vergangenem und Zukünftigem vergeblich zu schnappen. —„ Verwender Euren Neichthum,sagte ich Euch hundertmal, „nach bestem Gfallen, habt schöne Zimmer, zierliche „nd gemachliche Kleider, Kunstwerke, Glanz und Pracht, — nur hütet Euch vor Pralerey nnd Hoffart, weil Ihr Euch dadurch von Eurem Zweck entfernen und Euch unzahlige Krankun« gen bereiten wurdet; spielt nicht den Ueber, fluß; macht nicht daher was nicht da ist; sucht nicht zu scheinen was Ihr nicht sciid; habt vor allen Dingen für Euch selbst was Ihr habt, und laßt andre blos mit Euch gemessen!-Eigene Sinne, eigenen Verstand, eigenen Willen — Wahrheit, Harmonie — nur das!"

Sophist über alle Sophisten! fuhr Biderthal auf. — O ja, dergleichen Ermahnungen zur Ueppigkeit haben wir mehrmals von Dir er« halten: Und das war also im eigentlichsten Ver« stande zu nehmen?

Woldemar. Im allereigentlichsten!

Caroline. Nein, das ist unerträglich! — Luise! was hat er uns nicht für Predigten ge« halten? — Man hätte nur mögen geschwinde allen Ueberfluß zum Fenster hinaus werfen.

Luise. Ich weiß noch wie mir das einleuchtete, als er die Frage an uns that: ob wir durch alles was wir uns angeschafft, an Glückseligkeit, oder nur an Bequemlichkeit gewonnen hätten; ob wir der Zufriedenheit uns jetzt näher fühlten? Es fiel mir ganz erstaunlich auf, dies und was er weiter sagte. Ich schämte mich fast, daß ich Tische und Stühleim Hause hatte.

Henriette. Das kann Woldemar unmöglich läugnen, daß er vor kurzem noch ein ganz unerbittlicher Widersacher aller Ueppigkeit gewesen ist. Er trieb es nicht allein so weit, wie eben meine Schwester erinnerte, daß er auch die eigentlichsten Bequemlichkeiten des Lebens ansocht, sondern sein Haß erstreckte sich bis auf jedes Mittel, jede Veranlassung dazu, bis auf Reichthum und Handel. Hundertmal hat er den Spruch angeführt: Es ist leichter daß ein Kameel durch ein Nadelöhr gehe, als daß ein Reicher ins Himmelreich komme. Das Kameel war ihm oft nicht einmal groß genug, und er gab uns einen Elephanten einzufädeln.

Biderthal. (lachend mit den Uebrigen) Ja! und aus dem Sencka der?ieblingsspruch: Reichthümer höben die Mühseligkeiten des Lebens nicht auf, sondern veränderten sie nur. Er nahm die Gefchichte alter und neuer Zeiten zu Hülfe

Woldemar. Und erzählte vom Teufel, wie er einmal vor einer Kirche, aus welcher eine Menge Leute mit ihrem schönsten Putz herausgingen, stand und einen andern Zuschauer neben ihm fragte: Wer, nach seiner Meinung, wohl der hoffartigste von allen diesen Leuten wäre? — Ihr wißt: der gute Freund ließ sich die Zumuthung gefallen, rieth und rieth fein Meiftes und Bestes — immer fehl! Endlich kam ein Bauerkerl mit einem elenden abgetragenen Rock und — einem paar blanken gelben ledernen Beinkleidern; der war es. — Der gute Freund, ein gortesfürchtiger Mann, lief dem Vauerkerl nach und erzählte ihm seinen Vorfall mit dem Teufel, den er zuletzt erkannt hatte; sprach hierauf dem armen Sünder so kräftig zu, daß er auf der Stelle seine ledernen Hosen auszog und sie in den nächsten Graben warf. Als der Bekehrte nun, mit dem bloßen zerrissenen Hemde bedeckt, feine Straße zog, und die Leute große Augen über ihn machten, wurde er ein wenig verlegen. Cr erholte sich aber bald; die gegen ihn gekehrten großen Augen siengen an ihm zu behagen, und er verlangte seine gelben Hosen gar nicht wieder. — Nicht weit davon stand der Teufel; lachte in sein Fäustchen, und bohrte dem frommen Manne, welcher gieng und Gott dankte, einen Esel.

Werthe Herren und Damen, ich finde dies noch immer eine sehr lehrreiche Geschichte!

Setzen wir den Fall, ein solcher Bauerkerl, dessen Herz von einer ledernen Hose bestrickt wird, ist arm und dient um geringen Lohn. Die lederne Hose liegt ihm Tag und Nacht in Gedanken; er kann das Verlangen nach ihr nicht los werden, sinnt und sinnt auf Mittel, bis ihm endlich der böse Feind den Rath in die Ohren flüstert, seinen Herrn zu bemausen. Er unterliegt der Versuchung. Moncire, vielleicht Iahre gehen darüber hin, daß er allerhand Ranke schmieden, immerwährend mit List, Betrug und Lügen umgehen, Gott und Menschen sein Heiz verschliessen muß. Endlich ist das Geld bcy« sammen, die Hosen sind gekauft und sitzen ihm «m Leibe. Wie froh! Es verlohnte sich doch alles was er dafür gethan hatte, — Wem er von seinen Bekannte!, in den Weg kommt, der staunt ihn an, und hat sein Wunder an der Pracht. Das erhöht ihm den Geist, befriedigt ihn aber nicht. Um die Wirkungen seiner Herrlichkeit in einer großen Sphäre zu versuchen, eilt er nach der Kirche ins Wirthshaus. Er spielt, er tanzt, — er verführt. — Zu Hause fällt ihm ein, was er an andern Bauerker? Kn bemerkt hat, das so schön zu ihren ledernen Hosen stand und ihm noch alles abgeht; an diesem ein Wamms von feinen, Jitz; a« jenem ein seidenes Halstuch — und dergleichen. Seine liebe Hose wird ihm ein Ekel; seine Cameraden werden ihm verhaßt; seindselige Empsindungen und tobende Begierden kehren sein Herz um und um — der arme Iunge ist unwie« derbringlich verlohren.

„Seht, ihr Leute, das kommt von ledernen Beinkleidern; es ist eine ge« fährliche, abscheuliche Sache darum!" — Welcher nicht ganz unsinnige Mensch wird so urtheilen? Freylich war es so bey diesem Kerl. Aber so mancher andre Bursche seines Standes, dem etwa von Geburt ein paar lederne Hosen angestammt sind, oder der zu harren weiß bis er das Erforderliche zu ihrem Ankause rechtmäßig erworben hat; wird der nicht ohne alle Gefahr und Sünde sich dam t bekleiden? An sich hatten die ledernen Hosen keine Schuld, das Uebel steckte allein in dem Kerl selbst, der ihren Besitz so hoch, jedes andre dagegen so gering achten konnte: dessen ganze Seele mit einer solchen nichtswürdigen Idee zu füllen war.

Und so ist es mit allem Lurus, von welchem, seiner durchaus relativen Narur wegen, nie ein fester Begriff statt finden kann. In der armsten Bauerhürre, in dem Winkel eines Bettlers, kann mehr Ueppigkeit im Schwange seun, mehr Unmaßigkeit, mehr Verschwendung und böse Lust, als oft in dem reichsten Pallast voll Glanz und Schimmer. Mein seidener Rock, den ich gewiß mit Unschuld trage, würde an dem Leibe jenes andern von Thorheit oder gar von Laster zeugen. Person und Umstände machen hier die Sache aus.

Was den Lurus und mich insbesondre angeht, so stehen wir auf einem sehr gleichgültigen Fuße zusammen. Ich mag keine Pracht, weil ich, anderer Neigungen wegen, sie nicht abwarten kann; weil sie müßig bey mir seyn uns lange Weile haben würde. Ungefähr eben so geht es mir mit dem, was man im eigentlichen Verstande Bequemlichkeiten und Annehmlichkeiten des Lebens nennt: ich bin zu zerstreut, zu beschäftigt um viel darauf zu merken, — vielleicht im G uß der Dinge, woran ich hange, zu sehr verlohren, überhaupt in meinen Neigungen zu heftig. — Von der andern Seite steht mir ben allem dergleichen eine gewisse Trägheit im Wege, oder kommt mir doch bald dazwischen. Es fallt mir fo manches ein in diesem Augenblick, fuhr er fort, wie es mir gegangen ist und wie es nur noch geht. — Zum Beyspiel, mit meinen Reitpferden. — Was ich für eine Herrlichkeit hatte, da der lang gehegte Wunsch mm endlich erfüllt war — und wie geschwinde die Herrlichkeit ein Ende hatte! Anfangs ritt ich, bey halb erträglichem Wetter, richtig alle Tage aus, und wäre mit Freuden zweymal ausgelitten; — hernach giengen Wochen hin, ohne daß ich Lust bekam ailfzusttzen. Der Gedanke daß die Pferde aus dem Stalle müßten, siel mir gemeiniglich wie ein Stein aufs Herz. Ich sieng an mich vor meinem Reitknecht zu scheuen und ihm aus dem Wege zn Zu gehen. Kam er denn endlich doch um mich zu erinnern, und setzte mir zu, und wies meine Entschuldigungen ab, und beunruhigte mein Gewissen: dann wurde ich ungeduldig, verdrieß« lich. — Und es kam dahin daß ich keinen Fug mehr in den Stall setzte. Das nahm mein Bursche auf, als läge mir nichts an meinen Pferden; er verlohr den Respekt und wurde nachläßig. Wollte ich nun unversehens einmal Ausreiten, so war der Kerl nicht bey der Hand; oder das Geschirr war nicht in Ordnung; und ich bekam allerhand zu sehen und zu hören das mich ärgerte. Vieh und Mensch verdarben durch meine schlechte Regierung. Ich schwur hundertmal das Ding zu endigen. Aber dann erschienen, leider! wieder Augenblicke, wo es mir so gelegen kam die Pferde zu haben, daß mir däuchte, ich möchte sie um alles in der Welt nicht missen. So schleppte ich mich über ein ganzes Iahr. Meine samtlichen Freunde, Anverwandten und Bekannten giengen zur Partep meiner Pferde und meines Stallknechts über, »nd lagen mir beständig damit in den Ohren- /, warum reiten Sie so selten " — „wozch haben Sie nur sie Pferde Ls ist zum La, chen I" — „ wenigstens Ihrer Gesundheit zu Ciebe reiten Sie doch!"--„Ich hole Dich morgen ab!" — „Da bin ich; wo sind die Stiefels hurtig, angezogen und aufgesessen!" — nnd dergleichen. Zum Glück waren die Pferde bald hin; ich sollte neue nebst «mein Ändern StaUknecht anschaffen. Da er« wog ich reiflicher; berechnete gegen einander; verglich: — und fand die Gründe für die Ab« schaffung meines Stalls, wie hundert gegen Eins. Mir war unaussprechlich wohl da ich diese Last abgeworfen hatte. — Und, o! könnt« ich mir nur eben so noch manches andre vom Hals« schaffen! Iu allererst meine Bedienten. Ich habe so wenig für einen Bedienten zu thun, Änd da muß ich nun die entsetzliche Langeweile denken die der Kerl hat, wenn er da sitzt bloK nm auf meine Befehle zu lauern, — oder, ich Muß leioen daß er herum läuft. Lasse ich ihn herum laufen, so fehlt er mir gerade wenn ich ihn am ndthigsten brauche, wird liederlich, b««« lögt und betrögt mich, und ich bin gezwungen ihn wegzujagen. Das ist nun immer ein uner, traglicher Zeitraum für mich, von dem Augen? blick an wo ich sehe, es ist nicht anders, ich muß den Kerl abschaffen, bis dahin daß er weg ist. Jedesmal, wenn ich einen neuen anuehme, erzahle ich ihm die Geschichte seiner Vorganger, sage ihm, wie ich bin und wie es mir die Leute zu machen pflegen, und wir philosophiren mit einander ein langes nnd breites darüber. Fangt der Kerl an nicht mehr zu taugen, so ermahne ich'ihn brüderlich, bitte, warne; welches denn immer so viel hilft, daß den Schlingeln sie Thrä« nen in die Augen kommen, daß sie mich erstau« lich lieb haben, daß sie ans den Tod sich für mich herum schlügen; aber denn doch nicht lassen kön« nen was mich schiert. — Und, ach! das ist so natürlich I — Nun bin ich aber fest entschlossen, wenn mir der Bursche den ich jetzt habe auch verdirbt, keinen wieder anzunehmen.

Aus ähnlichen Ursachen mag ich keinen eigenen Garten haben, wie süß es mir in hundert Absichten wäre. — Und so dnrch5 gängig!

Alles dieses aber gereicht mit Nichten zu mei« nem Lobe. Es giebt viele wackere, geschäftige, vorzüglich nützliche Menschen, die einen gewissen ihrem Stande gemässen Aufwand ohne Mühe besorgen., denen das Erholung ist, und die da« bey auf eine so vernünftig« und edle Weise ver« fahren, daß ich gegen sie mit meinen einsamen Liebhabereyen und mit n«iner Peinlichkeit nicht auftreten darf. Dieft Peinlichkeit, welche mich genügsam zu seyn nöthiget, hangt zwar mit ei« nigen guten, zugleich aber mir hundert schlim« men Eigenschaften zusammen, und läßt mir, wie sehr ich mich verwahre, dennoch das Leben sauer genug werden, Aber ich bin nun einmal so; und da ich mich nicht verwandeln kann, so däucht es mir am besten, mich nach meiner Gemüthsart zu bequemen, diejenige Lage inder Welt zu suchen, welche, nach dieser Gemüthss art, die vortheilhafteste für mich selbst und für meine Mitmenschen die unschaslichste ist. — Von niemandem begehre ich daß er mehr rhue; ich vermesse mich nicht besser als der andre selbst zu wissen was ihm sein Herz gebietet und wor« auf es ihm am meisten ankommt. Nnr wün, sche ich, daß er weise sey in seinem Theil, ein kluger Hanshalter, und zu seinen Zwecken die tauglichsten Mittel ergreife.

Wenn ich gegen denLurus vor Euch gepre« digt und die Vortheile des Reichthums herunter gesetzt habe; so war ich auf irgend eine Weise dazu vou Euch aufgefddert worden, nnd es geschah in freundschaftlicher Ergiegung des Herzens. Da mußte ich denn, nach meiner Cmp findung, behaupten 5 daß die Bequemlichkeiten dcS Lebens in derThat wenig Bequemlichkeit verschaffen; daß über der Arbeit, Mühe und Sorge Vergnügen und Ansehen zu erwerben; über der Arbeit, Mühe und Sorge eine Menge von Lust« und Pracht» Maschinen zu lenken, sie im Gange und wechselseiligem Spiele zu erhakten, und ein großes Vermögen auf diese Weise zu geniesten, leicht alle herzliche Freude, G z und, mit ihr, zuletzt aller Adel der Seele ver, lohren gehe.

Damit aber habe ich nie zu sagen gedacht, daß man sich wirklich vorhandener, lange angewöhnter Bequemlichkeiten mühsam entschlagen, und den Reichthnm, dadurch daß man ihn nur verwalte und nicht gebrauche, sich zur Last machen solle. Weder die Patriarchen noch die Homerischen Helden haben den Reichthum und was mit ihm verwandt ist von sich gewiesen; sie weideten sich in ihrem Ueberflusse, assen und tranken so gut sie es nur haben konnten, und hielten nicht wenig auf Schmuck und köstliche Dinge. Noch unendlich mehr aber hielten sie auf persönliche Eigenschaften, Tugend, Ehre, Religion, auf Geschlecht, Eltt rn und Geburtsland, auf Kinder, Garten und Freund: und so hatte alles gute Wege; wird es eben so überall haben, wo nur jedes Ding in seinem Werths bleibt und in gehörigem Umlauf. Nicht was in den Menschen hinein geht verunreinigt den Menschen, sondern was aus ihm herausgeht. An sich ist das Aeusserliche gleichgültig; und mW däucht die Einfalt des Herzens und der Sitten zeige sich eben darin, wenn man das Aeusserliche läßt wie es sich machen will, ohne weder auf die eine noch auf die andre Weise etwas darin zu suchen oder zu setzen. Unter Zwcyen, wovon der Eine etwas darin sucht daß er einen leinenen Kittel anlegt, und der Andre, daß er mit Sechsen daher rollt; ist jener (alles übrige gleich!) unstrcitig der verkehrteste, auege« wandtesie, eitelste, leerste — tief in die Seelö hinab unthatigste.,!

Während dieser Unterredung, wovon nur das wesentlichste hat n-itgethcilr werden können, war die Collation eingenommen, und der Wald ziemlich durchgekreuzt worden. Die etwas er, müderen Wanderer lagerten sich an einem Platz, der, von niederm Gebüsche leer, ihnen rund um eine weite Aussicht in den Wald verstattete. Wie ein schöner Himmel zog und wölkte sich dnK Grün um sie her. Dorenburg hatte daS Wort genommen, und philosophirte mit unge« meinem Scharfsinn wider Woldemarn über den wesentlichen Zusammenhang zwischen Aeusserli, chem und Innerlichem. Er zeigte, wie fast alle Veränderungen, sowohl zlnn Guten als zum Schlimmen, von Aeusserlichem ihren An, fang nähmen; daß man, um eine schädliche Neigung zu vertilgen, nicht eine gure daneben pflanzen, sondern an jene selbst Hand anlegen müsse, wo denn allemal das erste sey, ihren Ausbrüchen Einhalt zu thun. Er erinnerte an die Jucht der Alten, die sich so sehr mit dem Aeusserlichen beschäftiget hätten; deren erstes Augenmerk gewesen wäre, niedrigen Leidenschaften zu begegnen; durch strenge Angewöh« «ungen Tugenden — nicht zu erwecken, sondern ihnen nur den Weg aufzuräumen; nur die Seele frey, log und heiter zu machen. Diese Zöglinge wären die edelsten Menschen geworden — ohne Wunder; denn das unbethorre Herz ergebe dem Schönen und Guten sich von selbst; und der lautere abgehartete Sinn lasse es unbeweglich seyn in dieser edeln Liebe: Ueppigkeit «ber bethöre und zertheile das Herz, mache es unfZhig zu allem Guten.

Iust daran liegt es, sagte Viderthal. Nicht darum sind wir schlecht, weil wir nicht gut sind; sondern wir sind nicht gut, darum weil wir schlecht sind. Die Niedern Gegenstande sind uns so nah vor das Gesicht gerückt, daß wir darum die höheren, auch mit den besten Augen, nicht sehen können; wir sind voll Zweifel iu Absicht ihrer; läugneti wohl gar daß sie je an« ders als im hitzigen Fieber gesehen wurden, und glauben deswegen uns treflich bemthen, indem wir eine sehr künstliche Zubereitung wissen — von Herzhaftigkeit aus Furcht, von Tugend aus Unmäßigkeit und Habsucht — von allgemeiner Menschenliebe aus kahlem persönlichen Interesse, ja aus purer platter Sinnes « und Fleisches«Lust; — indem wir, — ohne Vater« lands«und Freiheits«Gefühl, ohne alles herzliche Interesse, ohne Muth und ohne Liebe — Verachtung von Tod und Wunden — mit Stock prügeln hervorzubringen — Gefan, gene zu unserer Wache und Beschirmung an, zustellen missen; — und glücklich und zufrieden zu seyn, ohne Tugend, ohne Unsterblichkeit und ohne Sott.- Also sind uusre Augen aufgethan; das tausendjährige Reich ist uns nahe, und wir verkündigen es mit einer Begeisterung, die auch neuer Art ist, — mir der abenteuerlichen Be« geisterung des Materialismus, mir dem Enthusiasmus der Gleichgültigkeit.

Woher dieser Verfall? Dieser lächerliche, ich darf sagen — gräftliche Unsinn? Allein. von überhand genommener Ueppigkcit! Von der Meinung, die im Gesolge dieser Ueppigkeit sich nach und nach gebildet hat, „ daß die Glück'„ seligkeit eines Menschen im Besitz des möglich „größten Antheils an Reichtümern, Befdr«„ derungen und Ehrenstellen bestehe. — Was „ könnten wir nicht im Gegentheil vom mensch, „ lichen Herzen, unter Umständen die diesem „Begriff von der Glückseligkeit in den Weg„ träten; oder unter dem Einfluß einer entgegen gesetzten Meinung erwarten, die eben so „ fest und allgemein ware; unter den, Einflusse „der Meinung, dag die menschliche Glückselig« „keit nicht im sinnlichen Wohl'eben, sondern in „den freuen Aeusserungen eines wohlthatigcn „ Herzens bestünde; nicht in Reichthum oder „nichtigen Vortheilen, sondern selbst in der „Verachtung dieser Dinge, in der Herzhaftig, „keit und dem freuen Muthe, die aus dieser „ Verachtung entspringen "). —

Es ist mehrmals angemerkt und, besonders von Rousseau, ins hellest« Licht gestellt worden, dag diejenigen Bande der Gesellschaft, die aus

Diese Stelle befindet sich in kei. Auldn'8 ksssv on kkc K!stor of civil 8ncietv; rke 2 ä. eäilion. 1.«nclon, ?68. p. 5Z.—

So wie das Anschn der Rcichthümer zunimmt, sagt Plato im vniten Buche der Republick, so muß das Anschn der Tugend sich vermindern. Gold und Tugend sind die zmey Gewichte in einer Wage; das eine kann nicht steigen /

aus Wohlwollen und gegenseitiger Hochachtung bestehen, unter uns nachgelassen; diejenigen Bande hingegen, welche Wollust und Eitelkeit zusammen weben, und welche durch persönliches Interesse angezogen werden, sich desto fester ge« macht haben: wie denn in jedem Falle die An« sirengung der einen dieser Bande, die Nachlas« sung der andern unausbleiblich nach sich zieht.

Mir fällt hier, aus eben diesem Rousse t u, eine Stelle ein, die in etwa auf dasjenige paßt, was Woldemar vorhin sagte: man müsse sich dem Stande und dem Jahrhundert wsrin man sich befinde gemäß verhalten und nicht die Csmödie spielen. Einer von Rousseau's Gegnern hatte gesagt: Große Staaten zu den kleinen Tugenden der Republicken zurückzurufen, Hiesse einen ausgewachsenen starken Mann zwin« gen wollen, in der Wiege zu stammeln. Dies scy Cato's Narrheit gewesen. Mir angeerb« ter übler Laune und angeerbten Vorurtheilen, habe er sein ganzes Leben hindurch geschwatzt, habe gestritten und sey gestorben, ohne etwas nLtzliches für sein Vaterland gethan zu haben.— Hierauf antwortete Rousseau: — „Ich weiß »ichr ob Earo nichts für sein Vaterland gethan hat, aber ich weiß daß er für das menschliche Geschlecht sehr viel gethan hat, indem er ihm das Schauspiel und das Muster der reinsten Tugend gab: diejenigen, welche aufrichtig die wahre Ehre lieben, hat er gelehrt, wie man den Lastern seines Iahrhunderts widerstehen könne; sie gelehrt, den greulichen Lehrspruch der Leute nach der Mode zu verabscheuen: man müsse thun wie die andern; ein Lehrspruch der einen weit führen könnte, wenn man unglöckli« cher Weise in eine Gesellschaft von Cartuschen geriethe. Unsere Nachkommen werden dereinst erfahren, daß in diesem Iahrhundert der Weisen nnd Philosophen, der tugendhafteste unter den Menschen lächerlich gemacht und für einen Narren gehalten worden ist, weil er seine große Seele nicht mit den Lastern seiner Zeitgenossen besudeln wollte, weil er kein Bösewicht seyn wollte mit Casarn und den andern Verheerern seiner Zeit."

Ich bin kein Cato, sondern Bürger und Kaufmann zu B'', und gedenke niemanden zum Beyspiel zu leben. Dorenburg eben so wenig. Wir wissen auch daß wir die Tugenden voriger Zeiten nicht einmal in uns selbst erneuern können; daß sogar unser Sehnen nach ihnen nicht viel mehr ist als das Sehnen eines Blinden von Mutterleibe an nach Licht. Ienes Schöne und Große, das wir umfassen, an dem wir uns halten möchten: es ist zu weit von uns weg! wir können nur in trüber Ahndung uns ihm nahern, nur schweben um den schwankenden Schimmer. — Die Erhebung unserer Seele ist nur ein Traum, den das erste zufällige Gerausch verjagt! — Sich, die Empfinoungen, die Gedanken, die nicht aus That hervor gegangen sind und gleich wieder hinzielen auf That, nicht im alltäglichen Leben unaufhörlich wiederkommen, wie Hunger und Speise, Müdigkeit und Ruhe, Arbeit und Genuß — mit diesen Gedanken, mit diesen Empfindungen ist der Seele wenig geholfen. — Und so kann wohl niemand dem Verderbnisse seines Zeitalters ganzlich ent« rinnen, wie sehr er dies Verderbniß auch erkennen und.verabschenen mag; denn allein in seinem Zeitalter leibt und lebt er nun einmal. — Wie viel hiemit gesagt ist, muß jeder, der über Menschheit nachgedacht, Menschheit in seinem eigenen Bilsen ersorscht hat, fühlen. Unsere herrlichsten Erkenntnisse dienen am Ende uns nur zur müßigen Betrachtung; unsere erhabensten Gefühle nur zur einsamen unfruchtbaren Ergözlichkeit! in unfern Handlungen aber wer« den wir von andringendem Bcdüifiiiß und von andringender Leidenschaft geführt. Und das ist der Natur der Dinge gemäß. Begierde kann nur durch Begierden vertilgt, Leidenfchafr nur durch Leidenschaft überwunden werden: der Charakter fitzt nicht im Verstande sondern im Herzen. — Will man nun dennoch der allgemeinen Verderbtheit einigermaßen ausweichen, und etwas anders seyn als was der alltägliche Weltlauf gegenwärtig aus den Lcuren macdt; so muß man aus dem Strom heraus und sich in andre Umstände versetzen. Ich baue mehr auf den Charakter eines gemeinen Handwerkers dem ftin Beruf seine Lebensart bestimmt, der fleißig, mäßig und ordentlich seyn muß um das liebe Brod zu haben, als auf den Charakter des Mo« ralisten von Profession, der in beständiger Er« wägung des Guren und Schönen willkührlich einher geht, und die ganze Summa tugendhaf« ter Ideen und Gefühle in sich und andern auf« zujücken weißaufder obern Haut. — Wahrhas«' tig!.jede gute Eigenschaft die mir nicht aus dem Herzen werden kann, will ich denn noch eher aus dem Magen erwarten und herbey« schaffen, als allein aus dem Kopf. Ich suche also weiter nichts mit den Veränderungen in meiner Lebensart, als eine Lage, die mich derjenige Mensch seyn lasse der ich zu seyn wün« fthe; eine Lage worin, nach Sokratischer An« Weisung, meine Sinne gesund, mein Verstand heiter, und mein Wille frey erhalten werde. Ohne Form, wie du weißt, kann nichts bestehen; und da sich mir in unfern Tagen keine Form anbietet, worin — meine besten Kräfte nufgesodert, erweckt und angewandt — ich zum höchsten Genusse der Menschheit gelangen könnte; s so bilde ich mir selbst eine andre, die mich wenigstens vor all zu tiefem Sinken bewahren wird z oder vielmehr ich ziehe mich in die älteste lauterste Form der Menschheit zurück, indem ich allen eiteln beunruhigenden Freuden den Paß verHacke, den Zerstreuungen ausweiche, meine Seele stiller mache, und so jede einfache Naturneigung in mir empor bringe und starke.

Biderthal hörte auf zu reden und alles schwieg. Woldemar hatte sich enrfärbr; die Augen stunven ihm voll Wasser. Er raffte sich auf und fiel seinem Bruder um den Hals. „ Lieber!" sagte er zu ihm mit beklommener Stimme —„ Lieber!.. Du hast mir aus dem Lieve meiner tiefsten Schwermurh vorgesungen.".... Sein Gesicht senkte sich gegen Biderthals Brust, die Wehmuth überwältigte ihn.

Freunde! hub er an, indem er sich wieder in die Höhe richtete — Es ist wahr, nur all zu wahr, daß unser Leben in einen der trübsten

H

Zeitpunkte gefallen ist. Die edelsten

Formen der Menschheit sehen wir zertrümmert; und wenn wir nun auch Vieh werden wollen, wie vns die Weisen rachen: so sind wir, aus Man« gel an Leibeskraften, auch das zu seyn nicht ein, mal im Stande.

Wir müssen dennoch, fuhr er fort, indem er Biderthals und Dorenburgs Hand ergriff— wir müssen dennoch Much behalten, nnd, anstatt unter schönen Schwarmereyen zu erliegen, uns empor schwingen zu Wirklichkeit und Wahrheit; — wir müssen aufdem Wege der Vorsehung, wenn er uns auch noch so dunkel scheint, de« müthig sortwandeln; thätig feyn auf der Stelle wohin sie uns gefetzt hat; die große Weltmasse voran walzen helfen: denn zurück walzen werden wir sie nie. — Die Zeit ist vielleicht nahe wo aus jenen zertrümmerten Formen eine neue zusammen fliesten wird, — eine reinere und bessere. — Was wollen wir uns mit eitlem Flickwerke aufhalten? Der unsichtbare Geist, der einmal entwichen ist, wird in die verlassene

Hülle nie zurück kehren; er hatte sie ausge« braucht; im Gebrauch sie zerstört. Nachbilden — ja, das können wir in etwa: aber was ist diese Nachbildung? — Eine hohe Wachspuppe, in, welcher auch nicht einmal die innere tobte Gestalt zu finden ist; — geschweige bewegender Orga« nismus; — und geschweige die Seele! — Wir irren überhaupt, wenn wir glauben, ein gewisser Geist müsse nothwendig in eine gewisse Form, und in eine gewisse Form norhwendig ein gewisser Geist gebannt seyn. Man nenne mir irgend Eine, und gebe an, was man als ihre notwendigen Folgen ansieht; und ich will zeigen, daß, unter verschiedenen Umstanden, an mehr als einem Orte diese Form da gewesen ist — ohne dergleichen Folgen hervor zu bringen. Ich will Gesellschaften aufweisen in unseren Tagen, von denen sich beweisen läßt, daß sie die Hauprcharaktere an sich haben, über deren Abgang, als die einzige Quelle unseres Elendes, so sehr gejammert wird; und ich will darthun, daß diese Gesellschaften demohngeachtet aus den nichtswürdigsten Menschen bestehen.

Domibutg bat um ein ausdrückliches besonderes Beyspiel.

Ihr dürft Euch nur an die Stadt und ihren Bezirk erinnern, antwortete Woldemar. Ihr wißt, die Einwohner dieser volkreichen Gegend sind die emsigsten und ordentlichsten Leute von der Welt; sie hangen mit Leidenschaft an ihrem Beruf, an ihrer Familie, an ihrer Verfassung, an ihrer Religion, an ihren Wohn« plätzen: und dennoch, was für elende unglückliche Menschen? Wie voll Neid und Bosheit gegen einanoer; wie voll Mißtrauen, Unge« rechtigkeit und Frevel? Ihre tückischen Herzen sind dem Wohlwollen, der Freundschaft — sind jeder frohen und edlen Empfindung verschlossen; ihre Stirnen mit dem gehäßigsten Eigensinn bezeichnet, mit Feindseligkeit gegen alles was den menschlichen Geist z« erheben dient.

Dorenburg wollte dies Beyspiel naher untersucht haben.

Rem, unterbrach ihn Woldemar, wir gehen kürzer m die Zeiten der Patriarchen selbst, Eurer besten Originale, zurück. — Sagt, war es nicht in Abrahams Tagen, da Sodom und Gomorrha untergiengen, und bewohnte nicht eine von diesen Städten der Erzvater Lot? — War es nicht Abrahams Sohn, der dem Hunger, dem Rauhe, der Gewaltthätigkeit, bald hierhin, bald dorthin entlaufen mußte? — Waren es nicht die Söhne des noch angstlicher hernmgetriebenen, kummervollen, geplagten Erzvaters Iacob, welche ihren Bruder Joseph, aus Mißgunst wegen eines bunten Rocks ermorden wollten, und hernach aus Barmherzigkeit an Sclavenhandler verkauften? — Und die andern Thaten dieser Söhi«?... Verfolgt in diesem Sinne die Iahrbücher der Welt, die ganze Reihe von Denkmalen in gebundener und ungebundener Rede: Ihr werdet überall etwas sinden, was Eure Formen« Systeme ziemlich erschüttern, auch Enern Unwillen gegen die Tage worin wir leben ein wenig mäßigen wird

Schwerlich! erwiederte Bidetthal; denn was ist das alles gegen den scheußlichen Unglauben der heutigen Welt an Tugend und bessere Menschheit, gegen ikre Verachtung alles Ue« berirrvischen und allein die Seele Be« glücken« den? — Ich fürchte mich dar'zu denken.

Freylich, antwortete Woldemar, ist hier ein Abgrund des Verderbnisses; eine schreckliche, aber unvermeidliche Kluft, die, wie Tod und Verwesung, zum Uebergang in ein neues, vielleicht besseres Leben vor uns liegt. Der von uns betretene Weg brachte dieser Kluft uns immer naher und naher. Wir haben sie erreicht, und müssen nun hinüber. Lange genug fuhren wir sort persönliche Eigenfchaften, Tugenden, Umstände und Zustande anzupreisen, für die wir keinen Sinn mehr hatten, oder vielmehr, die unfern Sinnen ganz entrückt waren. — Wir sollten und wollten unsere Glückseligkeit mit Verachtung — mit Hintansetzung wenigstens, der Wollust und der Reichthümer suchen; und es war doch nichts mehr da wofür wir etwas thun konnten, als — Wollust und Reichthümer. Keine der Bedürfnisse, welche die Seele mit Gewalt erheben, waren mehr vorhanden; keine Gegenstande mehr, bessere und freywillige Be« sirebungen zu erwecken.

Und nun? sagte Biderthal vor sich.

Und nun, fuhr Woldemar fort, stand ein Mann auf, der es frey heraus sagte: Wir schätzten nur die Wollust, hatten nur unsere Sinne, gerade si'mse an der Zahl, und kein Herz und keinen Geist; nur Begierden, und kein unmittelbares Gefallen am Menschen, keine L.iebe: die Tugend die sich selbst lohne, sey ein Hirngespinnst.

Wer Ohren hatte zu hören, der hörte. Ganz Europa siel der neuen hehre bey. Man wußte ihren Urheber nicht genug zu rühmen und nicht genug ihm zu danken.

Und in der That war es ein großes, den Geist seiner M so zu fassen wie Helvetius rs gethan hatte; die leeren Schatten vollends zu verjagen; alle bloße Dnnsigestalten zu zerstreuen; und aus den einzig wirklich vorhandenen Materialien ein neues System von Tugend und Glückftigkeit aufzuführen, das so schön und bündig war, als es ans dergleichen Materialien nur immer werden konnte. — Daß er aber diese Materialien durchaus und überall für die einzigen hielt, und nun glaubte und zu behaupten wagte, Sokrates und Epiktet, und Curius, Metellus, Sülly, Alfred — Helden, Heilige und Weise, alle, groß und klein, hatten im Grunde nichts anders vor Augen gehabt, als was auch Er, Generalpachter von Frankreich, vor Angen hatte, und waren nur nicht klug genug gewesen, um, wie er, genug zu wissen was sie wollten, (wodurch sie denn in den mancherley Irrgarten der Tugend bey der Nase waren herum geführt worden, und darüber das Eins das Noth ist, den bessern Theil wirklich zu erhaschet? versäumt hätten): — dies zeugte von einer Taubheit des Herzens, und einer Versunkenheir der Lebens, geister, welche in jeder gesunderen Seele die wi‹drigste Mischung von Mitleiden, Unwillen und Ekel erregen mußte.

Allein dieser gesunderen Seelen waren nicht viele unter denen, vor welchen die Stimme des Propheten der Sinnlichkeit erscholl; weit, die meisten fanden. daß er wunderbar ihr eigenes Herz ihnen offen gelegt hatte, und sie riefen laut: dies wäre die reine volle Stimme der Natur. — Das hörttn die Iünglinge — und sie wurden weise wie ihre Vater; lernten die Vorschriften der alten Sittenlehre verspotten; den blinden Enthusiasmus für Tugend und Ehre in ihrem Herzen verlachen; alle das unnütze Zeug von sich wcgthun, „was „doch keine Freuden verschaffen konnte, die sich „ nicht auf eine weit vollkommenere Art aus „dem Rosenvekranzten Becher, und von den „Lippen einer schönen Cyane saugen liesten." Jeder eiferte demnach die kahlen Umschweife zu vermeiden und gerade auf das Ziel loszugehen; niemand wollte des andern Narr seyn und sich durch Alfanzereyen von Tugend und Ehre hinter das Licht führen lassen, Spiel«Marken anstatt des Geldes einsZckeln. Und so verschwanden vollends Tngend und Ehre, wie auch das Geld verschwinden würde, wenn die Metalle ihren eigenthümlichen inneren Werth bey uns verlören. Die Folgen dieser Vernichtung des Edelsten und Bcsten haben wir gesehen, und sehen sie, leider! noch. Aber die Menge der Hinabgesunkenen wird, hoffe ich, die Kluft bald gefüllt haben. Zu umgehen war sie nicht; alles nahm zu gewaltsam die Richtung nach ihr hin. Unsre Herzen waren durchaus eitel geworden, und da der Mensch den Trieben des Herzens allein doch am Ende solgt; wozu hatte es genützt daß diese länger geläugnet, langer verstellt geblieben waren? Daß sie offenbar wurden, daß sie eine Zeitlang allein herrschten, ungehindert alle ihre Wirkungen hervorbrachten, war unendlich besser. Denn so tief konnte bey dem allen der Mensch nicht sinken, daß er irgend eine Eigenschaft seiner Gattung ganz verloren hatte. Eben so wenig konnten alle und jede Veranlassungen aufhören, diejenigen Kräfte in ihm aufzurufen, in deren Anwendnng er den besten Genuß seines Daseyns von jeher gefühlt hat und ferner zu allen Zeiten fühlen wird. Er mußte also bey seinem unseligen Versuch der Dürftigkeit des Zustandcs bald inne werden, auf den er sich so treuherzig einschranken wollte. Aus dem wiederholten, obgleich nur dunkeln Gefühl dieser Dürftigkeit mußte all«mahlig eine deutlichere Erkenntniß hervorgehn; aus dieser Erkenntniß (so lauge der einmal gefaßte Unglaube an ein Besseres sortdauerte) Verzweiflung; und aus dieser Verzweiflung, eine betrübte, niederschlagende Resignation. Wir kennen diese philosophische Resignation, dieses höchste Gut, oder vielmehr dieses Ende der Weisheit unserer Helden und Heiligen der Sinnlichkeit, der zusolge sie über die Nichtswürdigkeit, über den unerträglichen Ekel der sie verzehrt, durch die Wissenschaft dieses Ekels und dieser Nichtswürdigkeit sich zu trösten suchen. Eine dürre fürchterliche Wüste!

Aber sie hat einen Ausgang. Er ist schwer zu finden; doch wird er gefunden. Ich selbst kenne einige Zurückgekommene, die min mlt voller Seele an der Tugend höchstes Wesen glauben. — „Damich, sagte einer von diesen zu mir, ein guter Geist durch tausend Kr»mmungen an einen Ausgang des Labyrinths ge« leitet hatte, und ich nun einen Pfad, der sich in gerader Richtung vor mir hinzog, betrat, gelangte ich bald in Gegenden wo mir wurde als erwachte ich aus einer tiefen Ohnmacht. Warmes Blut trat mir ans Herz, und mein Herz sieng an hoch zu schlagen. Mein inner« sies Bewußtscyn erwachte. Ich erblickte eine neue Welt, empsieng ein neues Daseyn. Uner« schütterlich wurde nun meine Ueberzcugung, daß die thierischen Triebe nicht nnsre ganze Na« tur ausmachen; daß der beste Genuß unseres Wesens uns nicht von unten herauf, sondern von oben herab kommt, — der Mensch nicht allein vom Brodte lebt; — und daß die höchste Glückseligkeit nicht eine gewisse Art des äusser« lichen Zustandes, sondern eine Beschaffenheit des Gemüths, eine Eigenschaft der Person ist."

'Gewiß, mm« Freunde, wird die Anzahl der Zurückkommenden sich vermehren. Ie weiter diese Unglücklichen von der Tugend entfernt wa« ren; je unschuldiger — oder je gewissenloser durch eine gänzliche Verblendung ihres Ver« standes und Herzens: desto tiefere Wurzeln wird der wieder erlangte bessere Glaube in ihre Herzen schlagen. Sie haben empfunden wie dem Menschen bald zu Muthe wird, der, ohne Widerhalt, endlich jedem, endlich auch dem kleinsten Reiz zur Lust unterliegen muß; welche Schwache, welche Niederträchtigkeit den Abgöttischen umfaßt und gefangen nimmt, dem auf jedem Schritt ein elender Gegenstand voll Allmacht entgegen kommt; welcher Umgang in einer Gesellschaft lauter solcher Götzensclaven ist, die, ohne Selbstständigkeit, ohne Zuversicht und ohne Liebe, wie Gespenster durch einander schwinden, — in dringendem Momenten ihre Sehnerven fast zerreissen, um einen Zug der Wahrheit von einander zu erhaschen; einen Blick, um sich mit Vertrauen hineinzuhacken; — sie haben empfunden wie schwer die Errettung aus diesem jammervollen Zustande ist; wie es demjenigen, welcher lange jedem seiner Triebe nachgegangen und nicht einmal die Vorschriften seines Eigennutzes zu besolgen gewußt hat, wie es demjenigen so schwer, ja beynah unmöglich werde, sich den unwandelbaren Gesetzen der Rechlschaffenheit treulich zu unterwerfen, und wie dennoch eine solche Unterwerfung ohne Ausnahme und nachherige Klügeley, Tugend und Charakter allein zu sichern vermöge.

Einen Augenblick! so ungern ich Sie unterbreche; fieng Henriette an. — Sollte das wahr seyn, daß die Erfahrung des Lasters den, der glücklich durchkommt, zu einem desto besseren und weiseren Menschen mache? Ich glaube beobachtet zu haben, daß der volle Abscheu, welchen die Unschuld vor dem Laster fühlt, mir dieser Unschuld unwiederbringlich verlohren gehe. Eben so die volle Liebe zum Guten und Schönen. — Die bezaubernden Reize des Lasters verderben die Einbildung, verwirren, durch die Einbildung, den Verstand; und lasten in dem Herzen das sich ihnen hingab eine unheilbare Schwäche zurück. Die reinste Seele, wenn übrigens keine zu große Verschiedenheit der Kräfte vorhanden ist, wird sich immer auch als die stärkste beweisen. Ich weiß auch kein Bey, spiel, daß ein Lasterhafter, durch Erfahrung belehrt, blos aus sich selbst anderes Sinnes geworden wäre: immer hatte er seine Veränderung einer glücklichen Begebenheit zu verdanken, wo ihm Unschuld in den Weg trat, ihn anblickte, oder ihren unbefleckten Mund gegen ihn aufthat.

Zuverläßig, mein Freund, liebt derjenige

«m meisten das Gute als gut, der es nie ver» ließ I Die andern unterwersen sich blos der Tu«. gend, oder liebkosen ihr; dieser ist der Tugend Freund l

Vortreflich! rief Woldemar aus. — Es ist wahr; kein Licht leuchtet so hell, als das Licht einer Seele voll Unschuld, und der Friede aus der Höhe übertrift alle Vernunft und Erfahrung. Ich denke mit Schaudern an den Wetterstral, der aus einer einfältigen Rede oft in mein Herz fuhr und mich zu Schanden machte.— Aber, liebe Henriette, ich glaube nicht wider diese Wahrheit geredet zu haben. — Hören Sie mich ganz!

So weit die Geschichte reicht, sehen wir Tu, gend und Laster in wunderlicher Vermischung, in einer Vermischung, die wie ein Vergleich aussieht; beyde überall mit gewissen äusserlichen Formen der Lebensart, der Gesetzgebung und der Religion gleich unzertrennlich verknüpft; nirgend Tugend in eigener Gestalt.— Die bloßen Triebe zum Guten und Edeln, ungeläu» tert und sich selbst überlassen, diese Triebe mit ihren unmittelbaren zufälligen Acusserungen, sind noch nicht die Tugend; sie machen nur ihren Stoff aus. Diesen Stoff hat die Zeit analy« sirt, eine Menge Scheidungen damit vorgenommen, mit dem Geschiedenen allerhand Mischungen versucht. Iede dieser Mischungen erhielt ihr eigenes Gefäß und Siegel. Einige läuterten sich schön. Zerbrach nun aber das Gefäß, oder bekam es eine Oefnnug; fo verflog der der Geist, und hinterließ wenig mehr, als Geruch. Mit allen bisherigen Formen der Mensch« heit ist es so ergangen. Sie zertrümmerten sich unter einander; entbildeten sich in Unwesen; sind ein ungeheueres Chaos geworden: die Oberfläche eine scheusliche Lache; die vermischte Ausdünstung, Gestank!

Einige Form—muß jedem Dinge bleiben; und so behält auch der Mensch auf alle Fälle wenigstens die Form seiner besondern Thierheir. Diese war es nun wohinein er alles flüchtete was er noch zu retten gewußt hatte, und er wendete an ihre Ausbildung seine gesammten Kräfte. Der Ersolg war zum Erstaunen; nichts war ihm noch in dem Grade gelungen. Verfeinerte, ausgearbeitete Thierheir, dachte er, müßte also wohl seine eigentliche wahre Bestimmung seyn; und er verdoppelte die Schritte. — Nicht lange, so wähnte er sich nahe an der höchsten Vollkommenheit seiner Natur. Er jubelte, taumelte vor Stolz. Das . Thier, und das Thier allein sollte und wollte sich nun alles in allem seyn; sollte und wollte von keinem Geiste mehr wissen, weder in ihm, noch über ihm. Und damit entfloh der letzte Funken achter und alter Tugend.

Aber auch ohne Tugend kann der Mensch nicht dauern, so wenig als ohne Speise und Trank. Er mußte also — oder vielmehr er muß, denn in diesem Zeitpunkte befinden wir uns eben, — er muß — er wird, durch seinen menschlichen Instinkt gezwungen, aus den Tiefen seines Wesens sich eine Tugend wieder hervorschaffen.

Und diese Tugend, da sie, allen nur ersinnlichen Hindernissen zuwider, aus seinen noth? wendigsten und dringendsten Trieben, wie von selbst hervor gegangen ist, muß und wird ihm die Geheimnisse seiner Natur und seiner Glückseligkeit heller offenbaren, als es noch keine Form bisher zu thun vermögend war»).

Plato sagt im zweyten Buche der Republick: «Wie aber beyde (Gerechtigkeit und Ungerechtigkeit) mit eigenem Wesen und eigener Kraft, den Göttern und Menschen verborge»

Ich weiß nicht, erwiderte Biderthal, ob Du wirklich neue Ideen in mir erweckest, ob Du meinem Verstande eine wahrhaft neue Erleuchtung mittheilst, oder ob Du meinen Geist nur blendest. — Ich finde doch am Ende immer den Gedanken wieder, daß Tugend aus Begriffen nicht viel mehr als ein Fantom scyn kann. Die erste gute Handlung (wenn ich so reden mag) die verrichtet wurde, geschah ohne Vorschrift, ohne Gesetz, ohne Absicht auf ihre Güte; ihren Lohn hatte sie bey sich in der Befriedigung des Triebes der sie soderte; und so wurde sie jedes« in der Seele da sind, dies hat keiner jemals/ weder in Gedichten noch in gewöhnlicher Sprache kund gettzan. Daß nemlich die Ungerechtigkeit von allen Uebeln der Seele das größte; Gerechtigkeit aber/ das größte Gut sey. Hättet ihr alle, von Anfang an / so gelehrt, und diesen Glauben in uns gebracht, 'so würden wir nicht einer den andern davor hüten, Unrecht zu thun; sondern ein jeder würde sein eigener vornehmster Wächter sevn, aus Furcht, wenn er Unrecht thäte, dem größten Uebel in sich Raum zu geben. mal wiederholt, wenn eine ähnliche Gelegenheit sich hervor rhal. Wo Tugend lebendig ist, da besteht sie auf diese Weise. Es ist damit wie mit der Freundschaft, die sich nicht machen, nicht zusammen setzen läßt, sondern durch gegenseitiges Verhältniß, wie aus Einem Stücke, etttweder da ist, oder nie da seyn wird; ohne unmittelbaren Geschmack ist sie eitel Heuchelen. — Alles was sich von den Vortheilen der Tugend, von den Freuden die sie begleiten, in Gedanken aufbewahren» gleichsam (verzeihe mir ein niedriges Gleichniß) — einsalzen und in Rauch aufhangen läßt — ist so weit hergeholt, so schwach und so schwindend! — Und dergleichen Gedanken sollen denn doch sinnliche Bc, gierden überwiegen; mir ihrer Vereinigung soll eine Form sich bilden, worin unsere Krafte koaguliert, zu einem undurchdringlichen Ganzen höchster Vortreflichkeit werden! —Ich begreife davon nichts — Begreife noch weniger von einer Tugend in eigener Gestalt, die auS unseren dringendsten Trieben wie von selbst hervor gehen könnte. Denn es giebt doch wohl kein innerliches Bestreben im Menschen, das nicht durch den Reiz eines Gegenstandes ausser ihm zuerst ware in Bewegung gesetzt worden. So wenig unser Angesicht sich in sich selbst beschauen kann: so wenig kann es unsere Seele. Sie wird ihres inneren Wesens nur durch Anstoß und Gegenwirkung gewahr. Zur Entdeckung unserer besten, reinsten, unsinnlichsten Freuden gelangten wir indem wir sinnlich handelten. Und obschon wir dergleichen Empsindungen nachher abzusondern, einigermaßen in uns aufzubehalten vermögen; so können sie doch in dieser Abgezogenheit nur auf eine sehr düstoe und hinfällige Weise bestehen; sie gleichen, wie ich schon vorhin bemerkte, einem Traumgcsicht, und bedürfen einer immerwährenden Erfrischung durch wiederholte Thar. Tugend also muß mit Bedürfniß und Leidenschaft zusammen fliesseu, wenn sie zuverläßig scyn soll; Lage und Umstä«, de müssen ihre Thaten zum bürgerlichen Gewerbe, zu einem zünftigen Haudwerksgeschästs macheu! — Wenn mm diese Lage, diese Umstände,.,

Du verfällst in Wiederholungen, sagte Wol« demar: so kommen wir nicht weiter. Was Du vorbringst ist mir so wenig entgegen und fremd, daß ich meine eigenen Wendungen und Worte in Deiner Rede wieder finde; nur gehst Du in« Verbinden und Folgern ziemlich einseitig und flüchtig zu Werk.

So viel ist gewiß, daß sich Tugend nicht erklügeln läßt, und daß gute und edle Gesinnungen nur aus guten und edlen Neigungen und Trieben hervorgehen können.

Auch das mag wahr seyn, daß unsre Seele, eben so wenig als unser Angesicht, sich in sich selbst zu beschauen im Stande ist, und daß sie ihres Wesens nur durch Anstoß und Gegenwirkung inne wird.

Aber sie wird es denn doch inne, und sie gelangt zur Beschauung ihrer selbst. Sie, ihr inneres Wesen, ihr wunderbares Ich, wird und ist in allen Menschen sich selbst ein Gegenstand der Empfindung, der Betrachtung, der Freude und des Schmerzes, des Wohlgefallens und des Abscheus, und zwar der nächste, wirklichste, fruchtbarste und interessanteste von allen. Da wir den Werth der Dinge ausser uns nach ihren Wirkungen auf uns bestimmen, so muß unsere eigene innerliche Beschaffenheit, weil sie uns unmittelbar angeht, uns vnendlich über alles andre wichtig seyn. Die Quaalen des Gewissens und der heimlichen Schaam, die Freuden der Tugend und die Gewalt der Ehre nehmen daher ihren Ursprung, und geben, in ihren wunderbaren Erscheinungen, tausend Beweise für mich an die Hand. Freylich muß, wie Du erinnertest und wie ich zugegeben habe, unser Bewußtscyn durch Einwirkung von aussen zuerst gewecket werden; bestehen aber und fortdauern kann es nur in sich selbst durch deutliche Erkenntniß, die dem Menschen Persönlichkeit, Freyheit, inniges Gefühl der Seele, eigentliches Leben giebt. Also ist der Begriff, wenn gleich sinnliche Empsindung unmittelbarer und früher ist, dennoch wichtiger, fruchtbarer, höher und besser. Wir sehen auch die Menschen viel weniger durch wirkliche, angenehme und unangenehme, Em, psindungen, als durch Meinungen und aufMe!« nungen gegründete Vorurtheile regiert. Und was am merkwürdigsten ist, und eine tiefe Erwägung verdient: wir werden jeder sinnlichen Vorstellung und ihres Gegenstandes überdrüßig, so bald sich die innere Vorstellung, der Begriff vollkommen gebildet hat. Der Kern ist alsdann genossen, die Hülse leer, und wir lassen sie liegen. Unser Leben hienieden ist nichts anders als eine solche fortgesetzte Vergeistigung der Körper« weit, und eine Verwandlung von Seele in Seele durch gesellschaftliche Bewegung. Wir würden unseres liebsten Freundes, wir würden unserer selbst überdrüßig werden, wenn in seinem oder unserem Daseyn sich ein Stillstand ereignete. Willkührlich und unwillkührlich aus Instinkt und aus Vernunft streben wir demnach insgesammt, unsere Empsindungen in Begriffe zu verwandeln, Seele mit Seele zu durchdringen, und in dem Gefühl eigener, unabhängiger, sich immer weiter ausdehnender Vorrreflichkeit den. hschsten Grad unseres Daseyns z» erhalten.

Worin aber menschliche Vorrreflichkeit bestehe, darüber ist nuter Menschen von gesundem Verstande nie ein Zweifel gewesen. Die Gaben sind mancherlei; aber jeder ist vortreflich in seinem Maß, dessen Vernunft seine Empsindungen, Begierden und Leidenschaften überschaut und beherrscht.

Ich sage beherrscht! denn Empsindungen, Begierden und Leidenschaften müssen da seyn, wenn menschliche Vernunft da seyn soll. Aus stumpfen Sinnen werden nie helle Begriffe hervorgehen; und wo Schwache der Triebe und Begierden ist, da kann weder Tugend noch Weisheit eine Stelle sinden. Kein Volk; keine Obrigkeit! Keine Obrigkeit; keine Gemeine! Ie zahlteicher aber und je rüstiger die Menge, desto großer das Fürstenthum!

Und gleich einem Fürstenrhum ist die Vernunft, wovon ich rede. Ihr gehört jenes herr, schende Gefühl, jene herrschende Idee, wodurch allen übrigen Ideen und Gefühlen ihre Stelle angewiesen wird, und ein hschster unvera u« derlicher Wille in die Seele kommt; von ihr kommt jener auf unüberwindliche Liebe gegründete un überwi ndli che Glaube, und, mit diesem Glauben, jener heilige Gehorsam, welcher besser ist denn Opfer.

Unter allen Völkern und zu allen Zeiten ist hierüber nur Eine Stimme gewesen. Nicht den scurigen Sinn und das glühende Herz für sich allein, sondern den starken Geist, der Herz und Sinn nach Gesetzen zu lenken wußte, haben sie über alles bewundert: einen Agesilans, wenn er den Preis der sauersten Arbeit, die Erfüllung feiner heißesten Wünsche, den Ruhm Asien erobert und den Thron des großen Königs umgestürzt zu haben, auf den ersten Wink der Ephoren dahin giebt, und nach Sparta zurück eilt, indem er, wie Xenophon sagt, dem Gehorsam gegen die Befehle feines Landes und einem durch die Gesetze eingeschränkten Ansehen, vor jenen großen Ve« sitzthümern in Asien und vor der unumschränkten Gewalt die sich ihm anbot, den Vorzug ertheilte. — Eben diesen Agesilaus. wenn er sich dem Kusse der Liebe entzieht; seiner Leidenschaft, der Betr'ibniß ihres Gegenstandes, und dem gefälligen Rache seiner Freunde widersteht, und endlich zu diesen sagt, nachdem er eine Zeitlang uachdenkend und ganz in sich gekehrt da gestanden hatte: — „Laßt mich; denn ich kann euch versichern, daß ich eine größere Wonne geniesse, indem ich von neuem diesem Kuß entsage, als wenn ich in diesem Augenblicke die Gewalt erhielte, alle meine Wünsche zu befriedigen." — Einen Lysander, wenn er von seinem Freunde den er zum Könige gemacht hatte, und, was in den Augen dieses Freundes noch mehr war, zum Heerführer der verbundenen Griechen wider die Perser; wenn er auf die schandlichste Weise von diesem Freunde gekrankt, seine andern Freunde ermahnt von ihm selbst abzulassen und sich an den König zu hangen; wenn er diesem Könige in den gemäßigsten Ausdrücken Vorstellungen thut, und aus Pflicht gegen sein Vaterland sich als den emsigsten in seinem Dienste zeigt: — Einen...

Woldemar! fiel Biderthal lachelnd ein — Bruder! Mit wem redest Du? Woher sind die Leute, die Du anführst? — Sind sie aus un« serm Iahrhundert? Oder reißt das Feuer dunkler Weißagung Dich hin.

Ich rede mit Dir, antwortete Woldemar treuherzig, und meine Leute sind Lacedamo« nier, gerade aus dem Volke, welches Du vor andern angezogen haben würdest, um Deine Lieblingsmeinung zu unterstützen, und welches am eigenthümlichsien den Ruhm der Tugend besaß. Und da wollte ich nur ganz sachte Dich auf die Bemerkung leiten, daß es nirgend Menschen gegeben hat die weniger nach Trieben und Leidenschaften gehandelt, und sich mehr um kaltes Blut »nd ruhige Vernunft bemüht haben, nIs eben diese Lacedamonier. Ihre ganze Zucht und Einrichtung gieng dahin, sich von allen menschlichen Gefühlen unabhangig zu macheu, und nachher nur so viel davon wieder anzunehmen, als nöthig war, um einen brauchbaren Spartaner vorzustellen. Sie sind der auffallendste Beweis von der Uebermacht des Begriffes übek die Empfindung; sind, von dieser Seite de« trachtet, die erhabensten Menschen gewesen.

So zeigten sie sich aber nur in dem magischen Bezirk ihrer Verfassung, — welches die zweyte Bemerkung ist worauf ich Dich zu führen dachte. Wurden sie aus diesem magischen Kreise heraus« gesetzt, so verloren sie alle Haltung und konnten die niederträchtigsten und schandlichsten Dinge begehen. Die Ursache hievon? — Sie waren mir für Sparta, nicht für die Menschheit erzogen; ihre Tugend war eine blos bürgerliche Tugend!

König Pausan ias zog, als die Ehre seines Landes, gegen den Mardonius zu Felde. Als dieser in der Schlacht gefallen war, und ein Bundesgenosse vorschlug, an dessen Leichnam die dem Leonidas von den Barbaren zugefügte Schmach zu rachen, fg schalt ihn der Held, und sagte: Sparta suche seinen Ruhm in derMäßigung, nicht in einer niedrigen Rache. Er stellte kurz darauf zwey Gastmale an; das Eine mit Asiatischer Pracht, das Andre, mit Lacedämonischer Einfalt. Der Conti ast war auffallend; und Pausanias rief ans: welche Narrheit von einem Nardonius, der so köstlich zu leben gewohnt ist, Leute anzufallen, die alles entbehren können! — Und nun, wie plötzlich siel er dennoch ab, und wie häßlich ist nicht die Geschichte seiner Ver« rätherey?

Andern Lacedämonischen Heerführern, die in ähnliche Umstande versetzt wurden, gieng es auf eine ähnliche Weise; dergestalt, daß sogar ein Gylippus, der Befreyer von Syrakus, nachdem er eine Menge großer Thaten verrichtet hatte, der Versuchung unterlag, die ihm anvertrauten zugesiegelten Gcldsacke heimlich aufzutrennen, und sein Baterland auf die niedertrachtigste Weise zu bestehlen. — Eine Prüfung von Lysanders Leben würde uns noch weit andre Dinge sehen lassen; aber, ich übergeh ihn lieber und lasse auch den Agesi«. laus unangefochten. — Genug: wenn ich die Tugend dieses Volks an sich, und dabey noch die Hinfälligkeit dieser Tugend betrachte; so scheint sie mir der Martern womit sie erkauft wurde, und des Opfers so vieler herrlichen und schonen Gefühle der Menschheit nicht wrrh. Ich wenigstens, wenn ich Kinder hatte, würde nie, um ihnen diese Tugend zu verschaffen, sie einer jahrlichen Geisselung auf den Tod um den Altar der Diana, den Vorübungen zu diesem graßlichen Schauspiel, und der Aussendung auf Straßenraub und Meuchelmord dahin geben.

Was die wirklich großen und tugendhaften Männer aus den übrigen Staaten Griechenlandes angeht, so hatten diese sicher ihre Vortref, lichkeit nicht allein der bürgerlichen Verfassung worin sie lebten und den offentlichen Sittn zu verdanken, sondern eben so schr, und vielleicht in merklich höherem Grade, den Lehren der Weisheit wovon sie durchdrungen waren. Der große Haufe, den allein die Form und gemeine Sitte bildete, war schlechter als bcy uns. Wer die alte Geschichte aus ihren Quellen geschöpft hat, kann dies mit Händen greifen. In Wahrheit, man weiß nicht wie einem geschieht, wenn man die Gesinnungen, die Meinungen und den Wandel dieser Völker, sowohl in öffentlichen als Privatangelegenheiten, etwas naher sich vor Augen stellt. Ich las erst neulich den Thucydides, und mir fiel darin, als hatte ich sie noch nie gelesen, jene Rede auf welche vor dem Peloponncsischen Kriege von Atheniensischen Gesandten zu Lacedamon gehalten wurde. Die Athe« nienser hatten ihren Bnndsgenossen allerhand Drangsale angethan, so daß diese endlich sich em« pörten und zu Sparta um Beystand flehten. Da vertheidigen sich die Athenienser nun, unter an« dern, durch solgende Gründe: »Auch ihr, o La« ccdämonier, sagten sie, habt ja des Peloponneses Staaten, die ihr beherrscht, nach eurem Vor« theil eingerichtet. Und hattet ihr euch damals (als Sparta ganz Griechenland anführte) auf immer behauptet, und bey der Herrschaft verhaßt gemacht, gleichwie wir; so würdet ihr wahrlich die Bundsgenossen nicht weniger drücken, und euch gezwungen sehen, entweder mit Nachdruck zu herrschen, oder euch selbst in Gefahr zu setzen. Eben so ist auch unser Verfahren weder seltsam noch der menschlichen Sitte entge«

«entgegen, wenn wir die angetragene Herrschaft «««genommen haben, und diese nicht vermindern, von den wichtigsten Gründen genöthigr, von Ehre, und Furcht, und Nutzen! Auch ist sol« ches keine Neuerung von uns, sondern ein be, ständiges Gesetz, daß der Schwächere von dem Stärkeren gebändigt werde. Ferner dünkten wir uns selbst der Herrschaft würdig, und schienens auch euch, so lange bis ihr, die sonst den Nu» tzen erwogen, die Gerechtigkeit jetzt in Anschlag bringt; welche noch keiner, wenn auch mit Gewalt etwas zu gewinnen war, vorzog, und den höheren Vor« theil vernachlaßigre...Wer die Macht zu zwingen hat, bedarf keiner Gerichte" u. s. w.

Eben diese Athenienser hören wir, einige Jahre später, den Meli ern, die von ihnen unabhängig waren, drohend einschärfen: daß sie Leute vor sich hatten, die wohl wüßten, daß man das genaueste Recht in menschlichen Angelegenheiten, nur unter Personen, die sich unter einerlei) Umstanden befänden, zum Maaßstabe der Entscheidung mache; wer hingegen die überlegene Macht in Händen habe, der gehe so weit als er könne, und der Schwächere müsse sich darein ergeben... So hielten es die Menschen alle, mit Bewilligung der Götter, die nicht anders waren.

PerZktes, in der Ermunterungsrede an seine augenblicklich feig gewordenen, schon vor Sparta, kriechenden Mitbürger, beschwört sie, bey ihren tyrannischenAnmassungen selbst, nicht davon abzustehen, da sowohl Gefahr als Ehre, eine billigere Denkungsar t auf das dringendste verböten.

Dieselben Gesinnungen finden wir in den übrigen Staaten Griechenlands, so daß sie auch die Bürger unter einander entzweyten, wovon immer der eine Theil den andern zu unterjochen strebte,

und den Vorrheil des Stärkeren für den allgemeinen Geist der Gesetze ansah. Nicht die Abwesenheit willkührlicher Gewalt, sondern ihren Besitz wünschte sich das Volk; nicht die allgemeine Herrschaft der Gesetze, sondern die Herrschaft über die Gesetze. Welcher Despotismus aber kann wohl schlimmer scyn, als Pöbel « Despotismus? Was verderblicher, als das Ringen nach Ansehen und Einfluß bey einer thörichten ungeschlachten Menge, die alles straft, was ihr nicht gefällt: Tugend, oft und hart; das schlaue Laster aber, selten? „Auch die beste Erziehung, sagt Plato (im VI. B. d. R.) und die edelste Seele ist hiegegen auszuhal« ten nicht im Stande, und wir werden unter solchen Umständen niemals einen wahrhaft tugendhaften Mann erblicken, es se v denn, daß sich unmittelbar ein Gott zu ihm herab lasse." Daher das Lob derjenigen, als der weiseren und besseren Menschen, die ihr Leben in der Stille hinzubringen suchten, so daß auch vomEpaminondas gerühmt wiro: Er hätte sich nie eine Parten gemacht, als nur, um mit öffentlichen Aemtern verschont zu bleiben. Die ziemliche Denkungscut sinden wir bep den

Römern, wo Geiz und Herrschsucht/ auch schon in den frühesten Zeiten, die gemeinen Triebfedern waren.

Ich kenne die gute Seite neben dieser schlimmen, und verhülle mir nicht ohne Mühe ihren Glanz. Aber solgende Satze bleiben unbeweglich: — Daß, wo Menschen blos durch Neigungen und Leidenschaften, welche Lage und Umstande in ihnen erwecken, zu Tugenden geführt werden, ihre Tugenden nicht anders als sehr unrein und mit grossen Lastern vermischt seyn können. Ferner: Daß selbst auch diese unreinen und mit so vielen Lastern untersetzten Tugenden, nur sehr schwankende und hinfällige Tugenden seyn können. Ersteres ist an sich so klar, wird durch die alltäglichste Erfahrung so sehr bewiesen, und von eines jeden eigenem Herzen, wenn er es aufrichtig fragen will, so rief erkannt, daß es eckelhaft seyn würde, es noch lange beweifen zu wollen. Das zweite ist eine nothwendige Folge des ersten, und findet sich überdem in der

hiehin einschla« genden Geschichte, durch die auffallendsten Begebenheiten, auf jeder Seite bestattigr. Umstände und Lagen verwandeln sich beständig und sie werden um so lveniger durch vorhandene Anstalten und Gesetze befestigt, je mehr die eigentliche bürgerliche Verfassung selbst nur ein Umland — eine Folge blos natürlicher Triebe, eine Art von Ohngefähr war. Ein Ruck nach dem andern muß da bald ersolgen, und immer grössere Unordnungen zu Wege bringen. Das Uebel erscheint desto grösser, je eingeschrankter die Lage, und je angemessener dieser eingeschränkten individuellen Lage die Verfassung war. Alle Tugenden kommen um ihre Krücken und fallen danieder. Neigungen und Meinungen sind nicht mehr dieselben; jeder Privatmann hat seinen Sinn geändert; der öffentliche Verstand muß zu rasen scheinen und die alten Gesetze leerer Dünkel, werden. Da ist keine Rettung, wenn nicht irgend woher ein freyer, anfgeklärrer — philosophischer Geist ins

Mittel tritt und dem Unwesen abhilft.

Es ist nicht zu erzählen, und ist nicht abzusehen, was ein Solon, Numa, Pythagoras, Sokrates, Zeno, mit ihren Schülern, gewirkt und Gutes gestiftet haben. Des göttlichen Nazareners, der in dem kleinen Iudä a, wie verborgen, eine kurze Zeit umher wandelte; von jedermann verlassen, unter Spott und Schlägen, den Tod am Kreuze litt, und dessen hinterlassenes Wort die Welt umgestaltet hat, erwähne ich nicht, weil ich nur menschliche Kräfte und Mittel in Anspruch nehmen, wägen und vergleichen will. — Und da ist es unleugbar, daß philosophischer Geist, das istpraktische Vernunft, von jeher das Salz der Erde gewesen ist. — Aber es will jetzt Mode werden, (setzte Wol« demar, etwas aufgebracht, hinzu) von Kenntnissen zu reden, als wenn sie dumm, von Theorie und Weisheit, als wenn sie thöricht machten. Man verschmäht Unterricht, Studium, Gelehrsamkeit, Bücher, als unwirksame Dinge, und erwägt nicht, oder weiß nicht, wie viel das zu allen Zeiten gewirkt hat; erwägt oder weiß nicht, daß es die Gelehrten

«aren, die zu allen Zeiten im Grunde

die Welt regierten.

Biderthal war in Nachdenken versunken. Dorenburg faßte Woldemars letzten Worte auf, denen er alles entgegen stellte, was von A n« tisthenes au, bis auf Mohamed, Montaigne und Rousseau, über das Unnütze in den Wissenschaften, und das Schädliche in den Künsten, Wahres, Falsches und Scheinbares gesagt und gefabelt worden ist. Biderthal erwachte darüber und half. Henriette hetzte. So glitten sie über die Hauptsache weg; ließen bey Seite und vergafften alles andere, um nur auffallend darzuthun: daß die Wissenschaften der Schlamm und die Grundsuppe menschlicher Erkenntniß waren, die Gespenster des ehmals Wirklichen und Lebendigen, welche nun im Hause umgiengen und es unwvhnbar machten. Ein Gelehrter (wurde behauptet) wäre das unthätigste Geschöpf unter dem Monde, das am Wesenlosen seine einzige Lust hätte, eben so träge als unfähig einen wahrhaft nützlichen Bürger abzugeben. Verstand hätten wir immer genug um gut zu seyn; die Einsichten giengen nicht in den Willen über, und machten— wie schon gesagt — das Herz nicht anders, worauf es doch allein ankäme; es wäre noch niemals nur ein einzelner Mensch, geschweige denn eine Gesellschaft, durch Geistes Anbau besser geworden.

Woldemar hörte geduldig zu. Er sah gern die Unterredung diese neue Wendung nehmen. Der Eifer seiner Freunde ergötzte ihn; er ließ ihm den Lauf. Zuweilen sah er aus, wie des troffen, und als ob er nachdenkend würde. — Endlich fieng er an, an seinen Fingern anfund ab zu zählen, und dabey mir dem Kopfe, bald zu nicken, bald zu schütteln, wie einer, der nicht wüßte, was er von dem Dinge sagen sollte, das er dachte.

Eine Pause kam, und er fiel ein. — Epa, minondas! — Xenophon! — Dion! —

Llrchytas! — Perikles! — Thucydi« des! — Phocion! — Demetrius von Phalera! — Scipio und Polio! — Cato! — Casar! — Brutus! — Ci, cero! — Plinius! — Antonin! — Mark Aurel! — und wie viele andre? Lauter Männer, welche der Philosophie und den Wissenschaften ergeben; größtentheils mit Leidenschaft ergeben waren! — Und man muß gestehen, daß sie in bürgerlichen Geschäften sich doch auch noch ziemlich thalig zu beweisen Pflegten.

Eine wunderbare Sache! meinte Woldemar; denn im Ernste ließe sich nicht wohl das für et« was leeres und nichtswürdiges achten, waS Manner, die gewiß im Falle gewesen wären, den Werth der Dinge und ihren Einfluß auf die menschliche Seele aus eigenem Gefühl und aus eigener Erfahrung zu schätzen, für ein so großes Gut gehalten hätten, daß sie sich nicht gescheut, «s gegen jedes andre auf die Wage zu legen.

Der erste auf meiner Liste, fuhr er sort, war Evaminondas. Von ihm merkte ich schon vor« hin an, daß öffentliche Bedienungen geflohen habe. Liebe zu den Wissenschaften, denen er alle feine Muße widmete, soll hievon die hauptsächlichste Ursache gewesen seyn. Dabey, sagt die Geschichte, sang er und schlug die Zitter wie Damon; spielte wie Olympiodorus auf der Flöte; tanzte wie Calliphronus. Und dennoch wo ist ein Held der größer, wo ein Bürger der besser genannt zu weiden verdiente? — Ich übergehe die andern Namen, weil es mir genug scheint, an sie erinnert zu haben, und weil mir so eben noch etwas viel argeres einfällt.

Es sind die drey Mönche aus dem Hiero« nymiter Orden, welche Xymenes (selbst eiu Mönch) mit unumschrankter Vollmacht nach Amerika schickte, um in den Colonien neue Einrichtungen zu treffen. Diese Mönche, welche aus der Einsamkeit des Klosters und dem sogenannten Müßiggange der Studiersiube auf einmal in die Geschafte der Welt versetzt wurden, sah man Wunder der Tätigkeit, der Standhaftigkeit und der Weisheit verrichten. Sie bewiesen ein so tiefes Einsehen, eine so weit umfassende Klugheit, eine so große Maßiggnug, Uneigennutzigkeit und Herzhaftigkcit, daß ihr Verdienst über alles Lob erhaben ist. — Ein ähnliches Beyspiel finden wir an Petro de la Gasen, welcher, um den Aufruhr des Pizarro beyzulegen, nach Peru abgeschickt winde. Er wollte keinen Ehrentitel, kein Gehalt, keine Begleitung; sondern machte sich allein, mit einem Bedienten, seinem Kirchenrock und seinem Brevier auf den Weg. So langte er an und versuchte alles Mögliche um in dieser unscheinbaren Gestalt seine Absichten zu erreichen, und weiter nichts als ein Diener des Friedens zu seyn. Als aber Nothwendigkcit und Pflicht es ihm geboten, ergriff er den Degen, stellte sich an die Spitze dcs Heers und der Flotte, siegte, ordnete, kam wieder nach Spanien, und zog sich in seine Einsamkeit zurück. Ueberhanpt waren die Geistlichen noch zu jener Zcr, durchgangig, die besseren, tüchtigeren Menschen, weil sie fast die einzigen waren, deren Verstand durch einen gewissen förmlichen Unterricht einige Ausbildung erhielt, und deren Lebensart stilles anhaltendes Nachdenken begün« stigte und an Ordnung gewöhnte. Wie viele Grausamkeiten haben sie nicht in Amerika ver« hindert; wie vielen sich mit Nachdruck und Ge« fahr, obgleich vergeblich, widersetzt; wie man« ches Gute hie und da noch gestiftet, sie, und fie allein!

Was ein Grad mehr oder weniger von Aufklärung vermag, davon erblicken wir im Großen ein sehr auffallendes Beispiel, wenn wir die Eroberung von Merico durch den Cor, tes, und die von Peru durch den Pizarro, mit einander vergleichen. Bis zu den kleinsten Umständen ist hier alles laurschreyendes Zeugniß wider?ure Lehre.

Und haben wir nicht an den Katholiken und Protestanten in Deutschland ein Bcyspirl in der Nähe? Wo liegt die Ursache, daß sich unter diesen sobald, in jedem Fache, die tüchtigeren Manner fanden? Daß sie nicht nur in allen Wissenschafren entschieden sich hervorthaten, sondern auch die besten Geschäftsmänner, die größten Aerzte, Künstler nnd Erfinder lieferten? Daß sittenerhaltender Fleiß, blühendes Gewerbe nnd Völker verbindende Betriebsamkeit gleichsam ihr Eigenthum wurden? Schon ins dritte Iahrhundert dauert diese Erscheinung sort, und noch sind die Protestanten überall, bis zur niedrigsten Gasse herab, und Zahl gegen Zahl, bey weitem die Geschickteren, Sittlicheren,

Emsigeren und Klügeren. Der Unterschied ist auffallend wo beide Parteyen neben einander wohnen. — Wie erklaren wir dieses? Doch wohl nicht aus der Verschiedenheit des theologischen Lehrbegriffes! Wie denn Frankreich? das ganz katholisch ist, und doch keinesweges auf die angeführte Weife contrastieren könnte. Also nicht in der Religion, sondern in etwas Zufälligem, wenigstens mit ihr nicht wesentlich Verknüpftem, muß jene menkwürdige, Deutschland ei« genthümliche Erscheinung ihren Grund haben; Mir däucht es bedarf keines ungewöhnlichen Scharfsinns um diefen Grund —im Ganzen der Erziehung und Anführung, in der Materie und Form des Unterrichts, wie er, vom lallenden Kinde an bis zum Lehrer der Beredsamkeit auf hohen Schulen, an beyden Seiten ist und nicht ist, zu entdecken. Die ersten Beförderer der Resormation waren Humanisten, nuo so wurden die Humaniora bis zum ABC Buche herab den der Gegenpartty verdächtigt. Das ZVsrt sollte nicht weiter 8 leisch werden!... Genug an diesem Winke, da es an sich schon klar ist, und keiner Ausführung an Beyspielen bedarf, daß mir fantastischen oder aberglaubischen Vorstellungen verschonte Köpse, desto mehr Raum für wahre und fruchtbare behalten, und eigentliche Grundsatze nur in ihnen recht gedeihen können; daß Verstandigung des Gewissens das Herj nothwendig läutert, seine Bewegungen richtiger und zuverläßiger macht; daß wahre Erleuchtung den Menschen, unter allen Umständen, auch bessert, und darum selbst die geringste wirkliche Verbesserung der Erziehung und des Unterrichts, von unendlich guten Folgen seyn muß.

Noch eine sehr merkwürdige Erfahrung! fuhr Woldemar fort; und die ganz hierhin gehört — diese nehmlich: daß, gewöhnlich, wir den protestantischen Missethäter getroster zum Gerichrsplatz wandlen sehen,, als den katholischen. Gleichwohl kann der Katholische, wenn er es von ganzer Seele ist, sich des Himmels vielleicht gewisser glauben als der Protestant. Aber dieser ist durch das bischen mehr Unterricht das er in seiner Kindheit genossen hat eineK geistigern Enthusiasmus fähig, sein Begleiter weiß lebhaftere und zusammengesetztere Vorstellungen in ihm hervorzubringen, und das ist genug um seinen Muth und seine Kräfte so merklich zu erhöhen.

Noch ein letztes Wort, und ich schweige, sagte Woldemar,

Die Welt ist voll von dem Ruhme der Männer welche die Stoische Schule hervorgebracht hat, und deren Tugenden und große Eigenschaften doch gewiß mehr dem Geiste dieser mZchtigen Philosophie, als dem Parrio, tismus oder irgend einer aus bürgerlichen Ver, hältniffen entsprungenen Gesinnung beizumessen sind. Eines Brutus, eines Catv will ich nicht einmal erwähnen, so ungünstig jeder Tu« gend auch schon damals Roms Verfassung war; fondern eines Soranus, eines Helvidius, eines Thrasea, die in Zeiten lebten, deren Verderbniß schaudern macht. Von Soranus »nd Thrasea sagt Tacitus, daß Nero, nach Hinrichtung so vieler großer Manner, in diesen beyden endlich die Tugend selbst auszu« rotten gestrebt habe. Ich weiß nichts rührenderes und nichts größeres als das Ende des letzteren. Da man ihm die Botschaft seiner Verurtheilung brachte, war er in einer Unterredung mit dem Philosophen Demetrius über die Natur der Seele begriffen. Er gieng dem Quästor entgegen, und hierauf mit Helvidius und Demetrius in sein Zimmer, hielt die Adern an beyden Armen hin, und als das Blut floß, rief er den Quastor näher, spritzte es über die Erde und sagte: libemus

Zovilibersrori! Jupitern demBefreyer!....O Freunde! — Der Mensch ist durchaus gebrechlich und wandelbar in seinem Thun; aber wo er noch einige Größe, einige Standhaftig« Kit zu beweisen vermag, da vermag er es allein durch irgend einen hohen Begriff der in seiner Seele herrschend geworden ist; da handelt er aus Vernunft, welche der Vorzug und die Ehre seiner Natur, der Sinn für sein inneres Wesen —und für. die Gottheit ist.

Henriette sprang auf, ergriff Woldemars Hand, drückte sie an ihr Herz und wollte sie küssen. In den Augen der Uebrigen stano es deutlich, daß sie Theil an Henriettens Empstn« dungen nahmen, in ihren Dank willigten, und im Grunde des Herzens ihn bestätigten.

Die Sonne ist untergegangen, sagte Wol« demar, wir sind tief im Walde, laßt uns auf« brechen, meine Freunde.

Es war ein schöner Heimweg ftr M,

Woldemar wurde rwch über seine Aussichten in eine bessere Zukunft befragt: Was er eigentlich hoffe; ob er ein Ende fahe; und welche Ordnung der Dinge alsdann seyn würde?

Woldemar bekannte, daß er kein Ende sähe. Alle Beränderungen die im Allgemeinen mit der Menschheit vorgengen, sagte er, veränderten nur hie und da ihr ausserliches Ansehen, ohne jemals ihre Art zu verändern und dem Sittli« chen über das Unsittliche wirklich die Oberhand Zu verschaffen. Im Allgemeinen blieben die Menschen in demselben Grade eigensüchtig, ge« walttathig, thierisch — von Herzen lasterhaft. Iu einem sittlichen Verhalten bequemten sie sich nur aus Noch, der Vertraglichkeit wegen; und so würden auch ihre innerlichen Tugenden nur aus Unbehagen erzeugt, nur um mir sich selbst einigermaßen leben zu können. Diese wie jenes, Gerechtigkeit und Weisheit, würden zu den Mühseligkeiten des Lebens, zu den beschwerlichen Ausgaben gerechnet, und man hielte für die Einnahme, was unge«

Graftes Laster, willkührliche Gewalt, leichter und vollkommener verschafften. Kurz, die Men« schen im Durchschnitte sahen es für ihren Vortheil an, dem besseren Theile ihrer selbst, der eigentlichen Humanität, allen möglichen Abbruch zu thun, und ihre Brutalität in Freyheit zu setzen. Da es immer so gewesen wäre, und, nach seinem Urtheil, immer so bleiben würde, wenn nicht in dem Wesen selbst des Menschen eine Veränderung vor« gienge, wodurch das Verhältniß seiner Neigungen und Kräfte umgekehrt würde: so hatte er aus voller Ueberzeugung wider ihre zu hohe Meinung von den vergangenen Zeiten sich auflehnen und die gegenwärtige Periode, als — vielleicht-mit besseren Dingen schwanger in Schutz nehmen können. Denn der sittliche Trieb im Menschen könnte zu wirken und auch in Absicht des Ganzen der Menschheit sich thätig zu beweisen nicht aufhören: er wäre die wahre eigentliche Menschenenergie; Gott im Mensche n. Der Gegenstand dieses Trie, bes wäre — Tugend in eigener Gestalt; nämlich: reine Tugend, Tugend alsZweck an sich. Auf eine bewundernswürdige Weise hätte sich diese Energie in Zeiten, wo Unsittlich« keit und Unvernunft alles zu verschlingen drohten, mehrmals bewiesen. Welcher Gestalt sie unfern gegenwärtigen Bedürfnissen zu Hülfe kommen würde, darüber hätte er keine Vermuthnng; nur dünkte ihm, eine groHe Veränderung zum Bessern — oder der jüngste Tag müsse vor der Thüre feyn. Er verließe sich darauf daß Gort im Verborgenen regiere. Das Vergangene wäre ihm eben so räthfelhaft, als die Zukunft dunkel; doch hätte Geschichte und Beobachtung ihn so viel gelehrt, daß in allem und durch alles ein freyes Wefen herrsche, welches wir vergeblich zu binden suchen. Dies nicht sehen — dem Gotte mit Gewalt entfliehen, so gar ihn unterwerfen zu wollen, wäre Geist der Zeit — aber Er würde sich zeige» — unüberwunden!

Das Waldgespräch, und was auf dem stillen Rückwege bey zunehmender Dämmerung, wahrend ein Stern nach dem andern hervor kam, und man beym Inhören gleichsam dem Himmel in die Augen sah, noch war geredet worden, hatte tiefe Eindrücke und einen lebhaften Reiz zum weiteren Nachdenken zurück gelassen.

Woldemar war entschlossen es auf alle Fälle hiebey bewenden zu lassen, und seinen Freunden nicht weiter einzureden. Er zweifelte nicht, daß bald ein sehr gutes Gleichgewicht von selbst sich machen, alles sich aufs beste fügen und schicken würde.

Der Ersolg rechtfertigte diese Muthmassung. Oester scherzte Woldemar nachher mit seinem Bruder und Dorenburgen über ihre Streiftreyen in ftin Gebiet, und wollte hoffen, es würde ihm doch wohl Noch einmal in seinem Leben so gut werden, daß er über sie, als Sonderlinge — Schwarmer und Separatisten den Kopf schütteln, und die gute Sache des GemeinsinneS LZ und herrschender Gebräuche, als derselben Stellvertreter, wider sie in Schutz nehmen könnte.

Aber weit davon entfernt daß dem Ueber« müthigen dieser Genuß zu Theil wurde, sollte er im Gegenrheil an sich selbst Dinge erfahren, die er keinem Seher geglaubt hätte, und wo, durch er, wie es die Folge dieser Geschichte zeigen wird, auf einem langsamen äusserst schmerzhaften Wege erst zu einer tieferen Selbst, erkenntniß gebracht wurde.

Biderthal hatte den Wunsch und die Hof« nung, seinen Bruder mit Henrietten vermählt zu sehen, unter allen diesen Vorgängen, immer behalten, und redete oft davon mir seiner Luise und bey Dorenburgen. Allein sie sahen miteinander keine Möglichkeit dazu so lange Hornich lebte, weil dieser Woldemarn bis zum Abscheu haßte. Zwar mäßigte er sich in seinen Aeussenmgen aus Furcht vor Henrietten, die ihm öfter Vorstellungen über seine Ungerechtigkeit gethan hatte; aber seine Gesinnungen vlie« den darum nicht weniger wie sie waren, und das merklich genug.

Nun begab es sich daß Hornich, der eine Zeitlang sehr gekränkt hatte, sichtbar seinem Ende sich nahte; und da siel es Biderrhalen unmöglich, langer an sich zu halten.

An einem Abend, da die Geschwister bey Dorenburgen sehr vergnügt zusammen bcy Tische saßen, und Henriette unversehens, ihres Vaters wegen, abgerufen wurde, hub er an —

Zuerst von dem vielen Guten des thatigen, verstandigen, von so manchen Seiten verdienstvollen Greises, der mm bald von ihnen scheiden würde zu reden — und wie einem dies alles so klar vorschwebte, wenn man jemand dem Tode sich nahen sähe; wie man dann nicht begriffe manches in einem so harten Lichte gesehen zu haben, und sich mm Einseitig« keir, Ungerechtigkeit, Persönlichkeit, mit bitterer Reue, vorwürfe.

— Aber, setzte er hinzu: —Etwas Gutes, womit es hohe Jeir war, wird dieser Tod her« vorbringen.

.. Die unselige Quälerey hat überlange gedauert, und ist mir vielleicht noch peinlicher als Dir gewesen, lieber Woldemar! — Ietzt wird Dir und uns allen bald geholfen seyn.

Woldemar verstand nicht gleich.

„Unselige O.uälerey? — Geholfen, mir nnd uns allen?..."

Biderthal lachelte. Luise, Dodenburg und Caroline mit ihm.

Nein, in Wahrheit! sagte Woldemar. — Doch mußte er anfangen mirzulächeln.

Auf einmal verstand er, fuhr zusammen — sprang, die Serviette wegwerfend, vom Stule nuf und lief zu Biderthalen, dem er nm den Hals fiel: — „Meine unselige Quälerei,, du guter Biderthal! — mein peinlicher, hülfsbedürftiger Zustand!" — und küßte und lachte; lmd lachte endlich so herzlich in einem sort, daß alle mechanisch einfallen, und lange warten mußten bis sie erfuhren, warum dies Gelachter.

Bester! sagte Woldemar endlich zu Biderthalen, deute min das nicht unrecht, daß ich Deiner zärtlichen brüderlichen Aufwallung so ungereimt begegne. Du kamst mir zu unerwartet. Gleich verstand ich Dich nicht; und da ich Dich verstand, machten Deine Ausdrücke mir den Contrast meines wirklicben Auslandes, mit diesem Zustande in Deiner Einbildung so auffallend, und stellten mir die Sache in ein so rsmisches Licht, daß ich lachen oder ersticken mußte.

Sieh, Lieber, fuhr er sehr ernsthaft sort, ich bin gewiß daß mir bey Henrietten auch nicht ein einziges Mal der Gedanke gekommen ist, daß ich sie wohl zum Weibe haben möchte. Mein Verhältmß mit ihr nahm gleich von Anfang einen Charakter an, der jenen Gedanken ausschloß, ihm allen Zugang wehrte — jetzt ihn eben so unmöglich gemacht hat, als den Gedanken eine Person meines eigenen Geschlechts zu hcyrathen. Ihr wißt daß ich Henrietten hanfig Bruder Heinrich nenne: so ist mein Gefühl in Absicht ihrer. Wie Ihr dies nicht sehen, wie Ihr alle Euch in Absicht meiner Gesinnungen so gewaltig irren konntet, ist mir unbegreiflich.

Du bist sehr platonisch geworden, antwortete Biderthal! So habe ich Dich ehmals nicht gekannt— das weißt Du!

Aergere mich nicht mit diesem Worte, e» widerte Woldemar; Du weißt wie ich seinen heuchlerischen Mißbrauch hasse, von jeher ihn gehaßt habe, und Du berufst Dich darauf! Gebe ich denn jetzt platonische Liebe vor? Bedarf ich eines solchen Vorwandes, irgend Eines? — Und was willst Du damit daß Du mich ehmals so nicht gekannt hättest? Was Dir auch im Sinne liegen mag, so bin ich mir dagegen bewußt, immer noch platonisch genug gewesen zu scyn, um nie an mm: Herz zu drücken, was ich verachten mußte; platonisch genug selbst in den frühesten Iahren jugendlicher Ausgelassenheit, um doch nie diese Lippen, die ich allein der Freundschaft und Liebe geweiht glaubte, mit einem leichtfertigen Kusse zu beflecken. — — Du wirst mir auch nicht Schuld geben können daß ich mich kn sogenannten — ehrbaren Liebes« handeln viel herum getrieben, mich leicht und gern darin verwickelt hatte. Gerade wegen der Reizbarkeit meiner Sinne, der Heftigkeit mci, ner Begierden, und wegen meiner überhaupt sehr leidenschaftlichen Gemüthsart, lernte ich bald das Zerstreuende, Schwachende, Verwüstende das mit dergleichen verknüpft ist, als etwas unerträgliches, mir ganz unleidliches erkennen, und bemühte mich nun aus allen Kraften, meiner Einbildungskraft Meister zu werden. Der feste Entschluß und das Gelingen war beynah Eins. Nachdem ich mir alle Anschläge dieser Art schlechterdings untersagt hatte, keinen solchen Gedanken mehr aufkommen ließ, konnte ich mit den schönsten und angenehmsten Weibern vertraulich umgehen, ohne im mindesten meine Ruhe zu verlieren. Wirklich, mein Freund, ist das bey weitem nicht so schwer, als es uns verdorbene Menschen überreden wollen; denn selbst derjenige machtige Reiz der Schönheit, welcher Leidenschaft erweckt, kann die Seele wie lange entzucken, ehe sich Begierden merken lassen.

Gut, sagte Viderthal: Wenn aber dies letzte nun Dein Fall wäre?

Bin ich ein Knabe? erwiderte Woldemar — Ich sollte Liebe, leidenschaftliche Liebe im Herzen haben, und es selbst nicht wissen?

Ach! rief Biderthal wehmüthig aus — Dn bist ein so unbegreiflich sonderbarer Mensch — Hast Dich schon oft so unglaublich getäuscht.. Wenn Du abermals Dich hintergiengest, Dich verwickeltest — Wenn ich Dich wieder unglück« lich sehen müßte!-» O, Woldemar!,..

Ein tiefer Seufzer brach ihm das letzte Wort im Munde, und er saß da — das rührendste Bild zärtlicher Sorge und achter Liebe und Treue.

Ueber Wokdemarn hatte sich mit Biderthals Rede eine Fluth von Erinnerungen, Gedanken und Empsindungen ergossen, so daß ihn der Anblick seines Bruders mit zehnfacher Gewalt erschütterte. Er wollte sprechen, seine Lippen öffneten sich; aber ihrer zitternden Bewegung folgten keine Worte. Plötzlich traten ihm Thränen in die Augen. Er stand auf, und nachdem er einigemal im Zimmer auf und nieder gegangen war, näherte er sich Biderthalen, faßte ihn herzlich bey der Hand: — „ Sey ruhig, Bester! sagte er zu ihm; ich bitte Dich, sey ruhig! Ich schwöre Dir in diesem feyerlichen Augenblick, daß ich für Henrietten nichts, als die reinste, heiligste Freundschaft empfinde; und alle Kenner des menschlichen Herzens sind darüber einig, daß Freundschaft nie in die Leidenschaft der Liebe ausarten könne. Warum willst Du daß ich — wider die Stimme meines Herzens — die Freundinn zu meiner Gartinn machen soll?... Lieber! Es ist unmöglich — Ich kann nicht!"

Woldemar wurde gefragt: Ob er denn entschlossen sey nie zu heyrathen? — Ob Hen« riette willens sey immer ledig zu bleiben? — Nach letzterem hatte er nie gesorscht; über das erstere erklärte er sich zweifelhaft. So schieden sie aus einander.

Henriette erfuhr diese Unterredung am solgenden Morgen von ihren Schwestern. Ueber Biderthals Anrede erröthete sie; und daß Woldemar ein so unmaßiges Gelächter aufgeschlagen hatte, machte sie stutzig. Nie war in ihre Seele der Argwohn gekommen, daß über ihre Freundschaft mit Woldemarn ein unrichtiger Gedanke möglich sey; — ein Gemisch von Unwillen und Schmerz bewegte ihr Inwendiges.— Und Woldemar — hatte nur gelacht!..

Doch fand sie dies am Ende minder ausseior« deittlich, und verwies sich ihre Befremdung. Aber lebhaft fühlte sie in diesem Au« genblick den Unterschied — zwischen Mädchen und Mann.

Ihre Schwestern, denen die kleine Verwirrung, worin Henriette gerathen, nicht entgangen war, machten ihre eigenen Auslegungen darüber. Henriette ließ sie nicht lange im Irr« thum; sie erklärte einerley mit Woldemarn, und that es noch bündiger als er, und durchaus bestimmter.

Du bist also wohl fest entschlossen nie zu heyrathen? sagte Caroline.

Man kann nicht fester, erwiderte Henriette.

Und Woldemar auch wird nie Heyrathen?

Woldemar wird heyrathen, und Du sollst ften, er heynuhet bald.

Ich bitte Dich, Henriette, fiel Luise ein — nder Du mußt nicht böse werden — Da Woldemar erst zu uns gekommen war...

Schon genug! sagte Henriette. — Ich verlange das uichr zu läugnen, daß Woldemar Eindrücke nif mich gemacht hatte, wovon ich damals glaubte, daß Leidenschaft sie leicht zu Leidenschaft würde beleben können. Woldemar kannte scin Herz besser; und ich — habe seitdem auch das memrge kennen gelernt. Nunmehr, nach der innigen Freundschaft, die unter uns entstanden ist, kann ich mir Woldemarn gar nicht mehr als Liebhaber nur denken. Ich bin gewiß, daß ihm in Absicht meiner nicht anders zu Muthe ist. Aber den Fall gesetzr, es ware möglich daß Woldemar nun auf einmal in Liebe gegen mich entstammte — sieh! es würde dies eine Wirkung auf mich machen, wovor meine Einbildung sich entsetzt — es wäre das Unglücklichste was mir begegnen könnte. Gut, daß ich eher des Himmels Einsturz zu befahren habe!

An demselben Tage, gegen Abend, gieng Woldemar zu Henrietten, um ihr den Auftritt bey Dorenburgen zu erzahlen. — „ Ich weiß schon alles, unterbrach sie ihn, da er anfangen wollte: Sie sollen heyrathen; das steht Ihnen nicht an, und wir werden uns zanken — denn ich will es, Sie müssen!" —

Wenn ich muß; nun in Gottes Namen!

„Deine Hand darauf!"

Woldemar zuckte. — Henriette lachelte: »Nun?"

Henriette! Schwester! Muß ich fragen, ob das Dein Ernst ist?

„Mein Ernst! was?"

Ach! rief Woldemar unwillig.

Sachte, fachte! sprach Henriette; ich habs Ihr Wort, und darauf sordere ich Ihre Hand. — Her, lieber Woldemar; her Ihre Hand für Allwina Clarenau! —

Ey! rief Woldemar, das ist ja wieder etwas neues! —

„Etwas Neues? Nichts weniger! Ich hatte Ihnen meine Freundinn bestimmt, noch ehe Sie bey uns waren. Dieser Gedanke ist mir von Tage zu Tage lieber geworden, und ich hatte Ihnen längst davon gesagt, wenn nicht die Ge« walt, welche Allwinens Vater dem meinigen über das Schicksal des guten Kindes gelassen hat, der Erfüllung meines Wunsches bisher im Wege gewesen wäre. Auf der ganzen Welt ist so kein Mädchen für Sie wie unsere Clarenau."

Allwina ist ein liebes herrliches Gtschöpf, sagte Woldemar; aber um des Himmels willen, warum soll ich denn durchaus eine Frau haben?

Henriette zuckte mitleidig die Achseln: „Wunderlicher Mann! — um desto glücklicher zu seyn; auch um mich desto glücklicher zu machen."

Sie Heyrathen dann wohl auch?

„Wie mögen Sie nur so albern thun, Woldemar? Mir mir, mit Ihrer Henriette dergleichen — ja, Complimenre? Als wenn nicht der Unterschied in die Augen siele? Mich verlöhren Sie beynah ganz, wenn ich meinen Stand änderte; Sie im Gegentheil, bringen mich um nichts wenn Allwina Ihre Garrinn wird; vielmehr gewinne ich unendlich. Muß ich etwa der Lange nach dies auseinander setzen? — Hiezu kommt noch, daß ich nach mei« nes Vaters Tode, bey Euch am liebsten msine Wohnung ausschlüge."—..

M s

Woldemar umarmte seine Freundinn — Aber, sagteer, ich fühle keine eigentliche Liebe, nicht die erste Spur einer Leidenschaft für All« winen; sie ist gewiß in demsclben Falle gegen mich, und ich kann nicht begreifen...

Halten Sie ein, Woldemar, erwidert" Henriette lebhaft; Sie würden mich zum ersten« mal in Ihrem Leben ungeduldig machen. — Haben Sie nicht hundertmal versichert, daß Sie nie aus Leidenschaft heyrarhen — nie von einem Mädchen Leidenschaft Verlan« gen würden; man dürfe von keinem Mädchen, das ein ächtes Kind der Natur fey, ei« gentliche Leidenschaft erwarten; denn Mutter Natur habe das Weib nur zu Einer, der Leidenschaft für die Kinder angewiesen; Mut« ter herz sey sein wahres, eigentliches Wesen. „Wo ein Weib — sagten Sie — die Leidenschaft der Liebe, gleich uns Mannern, zu em, psinden scheint, da wird fast immer etwas unlauteres, verkehrtes zum Grunde liegen. Nicht ein herrschender, unmittelbarer Tnebj sondern Leichtsinn, Eitelkeit, schnödes Gelöst reißt es hin. Und darum — fügten Sie hinzu— ist ein ungetreues, buhlerisches Weib mit Recht für das niederträchtigste aller Wesen zu halten"...Also, mein Freund, wäre das, was sie eben vorzubringen gedachten, wohl nur eine Ausflucht gewesen; uich was haben Sie Ausflüchte nöthig? Sie sind in Verlegenheit, ich seh' es — das krankt mich eben. Ucber meinen Antrag zustutzen, war natürlich; wie Sie ihn aber von sich weisen — darin ist...

Nicht wahr, sagte Woldemar — darin ist

Verstellung? Liebe Henriette! ich will

Ihnen meines Herzens Gedanken treulich offenbaren. Allwina Clarenau ist allerdings em sehr reizendes Geschöpf in meinen Augen. Wohl ist es mir auch einmal durch den Kopf geflogen: das wäre gerade eine Frau für dich! und vielleicht wäre der Gedanke öfter lviederge« kommen, und hatte nach und nach mehr Raum gewonnen, wäre nicht das schöne innige Verhältnis) mit Ihnen gewesen. So aber mochte M z ich mir nicht einfallen lassen zu Heyrathen, weil ich mir nicht wollte einfallen lassen, daß Sie Heyrathen könnten. Und dann: ich fühlte mich so glücklich in meiner Lage, — liebe Henriette, so weit über alle meine Hofnung glücklich, daß ich mich der Sünde fürchtete noch glücklicher werden zu wollen.— Noch glücklicher? — Sage, liebe Henriette, wäre es nicht Frevel?- Und ware es nicht Frevel auch von Dir, Deiner Freundinn einen Mann anzurathen, der doch an Dir allein, obgleich nur in Freundschaft, aber doch an Dir allein nurmitganzerSeele hängt? — Nein; laß, laß! —ich bitte Dich, Engel, laß! —

Woldemar! — sagte Henriette, indem sie sich aufrichtete nnd mit durchdringendem Blicke ihn faßte — Woldemar! Lieber! — nur ein wenig Besinnung! — Für so gering wollten sie Ihre Seele ausgeben, daß ihre Kraft an einem einzigen Gefühl erschöpft wäre? Sehen Sie nicht, was für eine Schmach Sie auf un, sere Freundschaft werfen; was für ein läppisches

ärgerliches Ding Sie daraus machen, so bald Ihnen diese im Wege ist, alles seyn zu ksnnen, wozu Sie von der Natur den eigentlichsten Beruf haben? Antworten Sie mir nicht, dies lasse sich gegen mich selbst zurückwenden. Sie wissen was ich seit Iahren beschlossen hatte, und mit bestem Grunde. Ucberhaupr ist mit einem Madchen der Fall durchaus anders. In meiner Lage nnn gar, die so voll herzlicher Geschäftigkeit, so voll wahres Lebens und Genusses ist, daß ich schwerlich zu weit gehe, wenn ich meine Bestimmung für so schön und gut und vollkommen achte, als irgend Eine. — Man bedenkt, man erwagt nicht genug, fuhr sie la, chclnd fort, welche nützliche Sache in einer großen Familie, ja im Staat, eine ledige Tante ist. Sie hat alles Gute und nichts von dem Bösen einer milden Stiftung. Daß die mehrsten langweilig, verdrießlich, zankisch, lastig, unertraglich sind, ist die Schnlo der Person, nicht des Berufs. Dieser ehrwürdige Beruf und Stand soll durch mich einmal ein Muster bekommen; ich will — was noch keiner

Tante eingefallen ist — den Tanten zum

Erempel leben Genug hievon — Und ge, nug überhaupt. Wenn Ihre Freundschaft zu trir das ist, wofür ich sie immer gehalten habe (und das muß sie senn, oderes ist Erillenfansgercy damit) so kann niemanden dadurch etwas genommen werden, am wenigsten dereinst Ihrer Gattinn, wer sie auch fey. Allwina, die bisher so merklich dadurch gewonnen hat; die selbst mich ausschweifend liebt; wie könnte sie dadurch verlieren? Allwina hat von jeher ihren eigenen Antheil an Ihrem Herzen gehabt, einen so eigenen vielleicht, als immer ich, und gewiß einen mehr unmittelbaren. Die Lieb«lichkeit des Mädchens, seine köstliche Unschuld, die es einem so hell entgegen strahlt, daß sie unverführbar ist, wie die Unschuld eines Engels; seine frohe Laune; seine Arglosigkeit, Genügsamkeit, Selbstvergessenheik... wie wa« ren Sie nicht tausendmal davon entzückt, sind es alle Tage „och? — Und, Woldemar — die Schönheit des holden Kindes! — Oder ist Allwina vielleicht nicht schon? (Woldemar wußte lächeln) — und auch vielleicht nicht jung? — Doch ist sie sieben Iahre jünger als ich, eben im neunzehnten. Gewiß, lieber Wol« demar, es ist kein geringes Wunder, daß Sie neben Allwina Zeit behielten, mich ihre Freundinn werden zu lassen. Waren Sie nicht der seltsame Mann, mit einem Kopf,, der Ihnen wenigstens eben so viel zu schaffen macht, als Ihr Herz, und mit diesem ahnliche Bedürfnisse hat: es wäre nie geschehen —» Und desto schlim, mer für Allwina! Wie vieles in Woldemarn, das ohne mich, nie an Allwina gelangt wäre!

Nicht weiter, Henriette! rief Woldemar. Ich verstehe, ich fühle alles; aber ich bin be, raubt. Wenn der Engel mir bestimmt ist, ich will ihn nicht von mix weisen. Lassen Sie mix Zeik

Es war in? März, da diese Unterredung vorfiel.

Mz

Einige Zeit darauf glaubte Hornich sich von neuem zu erholen, und drang selbst in Henrietten,, daß sie die Clarenaus auf ihren Landsitz nach Pappelwiesen, begleiten sollte.

Dahin kam nun Woldemar öfter zum Besuch. — Gieng und kam wieder. — Wollte nicht bleiben, und blieb jedesmal länger.

Henriette stand in sehr geheimen Verträgen mit der Natur! Diese schien hier ganz mit ihr dazu verschworen zu seyn, daß des guten Woldemars Herz von der Liebe beschlichen würde. Wie ihm bald zu Muthe wurde, erhellt aus einem ziemlich dithyrambischen Briefe, den er in die Stadt an seinen Biderthal schrieb.

Am 28sten April. Ich glaube, Bruder, alle Nachtigallen haben sich hieher in nufere Büsche beschieden! Es isi ein. Singen, daß man es kaum aushalten kann. Alle die andern Vögel dazu. Das Heer von Lerchen, die in ununterbrochenem Iubel einem über dem Kopfe schweben. Rund herum die ganze vollständige Symphonie. Und dann — höre! — die Wechsellieder der Nachtigallen durch alle den Gesang durch. Man weiß nicht wohin man sich kehren und wenden soll. Ruhr das Ohr einen Augenblick, dann fallen alle die Baum« und Hecken«Blüthen über einen—alle das neu gewordene Laub...

Und siehe da, die herrliche Ebene; — das vielfarbene Grün dort im Thal! — O, und jene Hügel hinauf! Seitwärts die darüber ragenden Höhen! Hier — durch die Oefnung — noch weiter! Alle Gipfel durchsichtigalles so lüstig, so voll lebendigen Othems, sich anhauchend mit Wohlgerüchen, und ausströmend seine beste Kraft in Schönheit und Anmuth...

Heute — Wir waren ausgewandert nach Brinken, standen in dem unermeßlichen Obstgarten, schauten in den Blumenhimmel schweigend, wonnevoll.

Man sollte uns Milch in die Kirschenlaube an dem einen Ende des Baumgartens bringen. Sie war gekommen; man rief uns; wir giengen.

Ausgeruht, erquickt, machten wir uns auf zum Rückwege — traten aus der Laube, schau« reu, entzückter, noch einmal in den Blumen« Himmel, konnten die Füße nicht bewegen zum Weggehen.

„ Nur Ei»s fehlt hier, sagte Allwina; ich habe keine Nachtigall gehört".

Da plötzlich, dicht über uns vom nachsten Zweige, das hellste Schlagen, heller, stärker, fort bis zum Athemausgehen des Sangers »Es fuhr durch alle Glieder, in die Seele!

Wie mir nur wurde — auchso plötzlich!... Ich weiß, ich versiehe es nicht.

Meine Begleiterinnen, die zwey lieben Machen standen da vor dem Verzückten. — Wott! Ich wankte, taumelte nieder, verbarg mein Gesicht...

Die Sonne neigte sich zum Untergehen. Sachte wandelten wir zurück nach Pappelwiesen. Ich, zögernd hinter den zwcy Marchen — in mich sammelnd alle die Töne, die in meiner Seele angeschlagen hatten, daß sie nicht der« hallten, wenigstens nicht so geschwinde verklangen. Ein vieljähriges Gemisch snnkler Empfindungen ordnete sich in Accorde, und dicse Ackorde wieder in Melodie. In oen schwindenden Sonnenglanz traten S i r i n s uno V e n u s. Vor und nach erschienen die übrigen Sterne. »

— So weit hatte ich gestern Abend geschrien den. Ietzt komme ich von einem Spaziergange im großen Englischen Garren, mit Allwina, zurück. Henriette hatte zu schreiben.

Du erinnerst Dich der offenen Seite, wo das Wäldchen —und alles, die ganze Gegend, schön, wie ein Paradies, vor einem liegt.

Wie ein Paradies! hatten wir öfter gesagt.

Es schwebte mir auf der Junge, heute zu sagen: —wie im Paradiese!

Ich konnte nicht, fühlte daß ich erröthete.

Wir wendeten uns linker Hand nach dem Wasserfall, fetzten uns nächst dem großen Teiche, der so hell und schön da stand, daß man sich nur gleich hatte hineinstürzen mögen. — ....Am Sonnabend schreibe ich Dir wieder, und wer weiß, vielleicht etwas Merkwürdigeres.

Dein Woldemar.

... Es giebt eine Menge lieblicher Scenen, wo die verborgensten Quellen der Seele sich bft ven, und die sich auf kein Schaugerüst brin» gen — sich weder malen noch beschreiben lassen.

Allwina ruhte an Henriettens Busen. Da empsing sie Woldemars Gelübde, da ergab sich ihre Seele dem Edlen.

W o l d e mar.

Zweyter Theil.

— Du siebest fest und siill i

Ich, schein« nur die sturmbewegte Welle.

Allem delent' und überbebe nicht Dich de,ner Kraft! Die mächtige Motor,

Die stete Selsen »rundete, bat auch
Den Wellen die Beweglichteit gegeben.
Sie sendet ibren Sturm: die Welle stiebt
Und schwantt und schwillt und beugt
sich schäum«»«»'-
über. —
In dieser W»»e spiegelt, so schiln
Die Sonne sich; e rubren die Gestirne
An dieser Brust/ die zartlich sich be-
wegte...
Verschwunden ist der Glanz, entfiobn
die Rube...
L«ßo. lezter Austr.
 Zum zweyten Theile statt V o r r. e d e.
uf jenem engen, unebnen Wege, der zur
Pforte des Lebens führt, wandern die
Pilger wunderbar daher.
 Einige, in weissen, saubern' Kleidern,
messen und zählen die Schritte; plötzlich befällt sie ein Schwindel; sie flossen ans kleinste Steinchen, fallen und
bestecken ihr hellglänzendes Kleid.
 Andre werden wie von Geisseln getrieben; sie setzen über Felsen und Klüf-
te, und haben nicht Zeit zu schwindeln.
Sic kümmerten sich nicht um ihr Kleid,
und unbefleckt fliegen sie ihren Weg
dahin.
)(Z
 Einige von scharfem Gesicht, sehen
vorwärts, sehen umher, sehen zurück,
verweilen und kommen nicht weiter; in-
deß andre sogar zurück zu gehen und etwas Andres im Sinne zu haben scheinen
z und kommen doch vorwärts.
 Diese laufen, eilen, schwitzen, keu-
chen und fallen ohnmächtig nieder; jene
scheinen müßig und ruhig, und kommen
fort.
 Einige fasten und martern sich ab,
daß, wenn sie jetzt frifch daran wollen,
ihnen Kräfte fehlen. Andre genießen die
Gaben der Natlr, und streben hinauf
zum Himmel.
 Kurz. Menschliche Vorschriften- und
Regeln helfen bey diefer Wanderschaft
wenig; auf die höchste Güte des Schöpfers und auf die lauterste Einfalt des Ge-
schöpfs kommt alles an.
 Joh. Valent Andreä Parabeln.
Herders Zerstr. Bl. V. S.60.
 Druckfehler in diesem zweyten Theil.
(Der Leser wird gebeten, die mit einem
Sternchen bezeichneten vor dem Lesen
zu ändern.
 Seite 5. Z. 5. nach ihn ein Commo.
— 6. 1.15. erhielte statt erhielt.
—,6. I. 9. litt st. litre.
g. 16. demselben st. demselbige».
— 2l. I. 9. wäre st sep.
— 2z. I. 4.v.u. habe st. Hab.
Z5. 3. 5. nach Herten einige Punkte.
— 4z. I. 6. na« reinereli ein Comma.
Z. 2. v.u. diese st. die.
—5;. Z. 6. v.u. zerrisse st. zerriß. 5—
119.?. 5. Freude st. Freuden.
12z. letzte Z. vorher gesehene st. vor-
hergesehene. 5—14z. Z. 7. Anwandlun-
gen st. Anwond» lung.
—146. Z. 6. v.u. zur»ck st. zurucke.
—15z. Z. 2. v.u m st. an.
— Ivo. Z. 2. Affecten st. Affecte. —
181. Z. 7. seiner st. seine. «—206. 3. 8.
müßte st. mußte.
— 241. Z. 8. v.u. ander« st. Anders.
Wegen der Fehler und Ungleichhei-
ten in der Rechtschreibung und Inter-
punrtion, auch in die» fem Theilc, welche großenteils der von mehreren/ verschiedenen Händen herrührenden Ab-
schrift, nach welcher abgedruckt worden ist, zur Last fallen, wird der Leser
um Verzeihung gebeten.
der Nacht kam Bidettbal mit einer Post-
schaise, um Henrietten eilends abzuholen. Der alte Hornich war wieder eingefallen, und neue Zufälle verkündigten
jKm ein schleuniges Enöe.
 Bidetthal wurde von der Nachricht,
daß 'sein Bruder mit Allwinen verlobt
sey, wie vex« steine«; er konnte — er
wollte sie nicht glauben.
 Seit jenem Abend, an dem sich Woldemar entscheidend über sein Verhältniß mit Hxn, rietten wider Biderthals
Meynung und Wünsche erklart hatte,
waren beyde Brüder über eben diesen
Gegenstand öfter, und ein paar Mal
ziemlich ernsthaft an einander gerathen.
Bidxi'thal ermüdete nicht; mit Begierde
ergriff « jede neue Gelegenheit, das
Aergerniß, welches »er an der so verkehrten Denkungsart des Freundes und
der Freimdinn nahm, nachdrücklicher
an den Tag zu legen. — „ Endlich müßten sie es doch einmal begreifen, meynte er, daß sie un« nermerkt gegenseitig
sich nur überspannt hätten; unverzeih-
lich jetzt sich tauschten, und in der dro-
hendsten Gefahr einer schmerzlichen zu
späten Reue schwebten." — Er redete
vortrefflich, aber umsonst, und mußte
zuletzt, trostlos und ermüdet, in Woloemars und Henriettens Vorschlag wil-
ligen, diese Sache, nach so vielen von
bey« d,n Seiten mißglückten Versuchen, den Gegner auf andre Gedanken
zu bringen, wenigstens? eine Zeitlang
blos auf sich beruhen zu lassen.
 Während dieses Waffenstillstandes
nun, war die Verlobung zwischen Woldemarn und Allwinen zu Stande gekommen.
 Sa schnell und unvennuchet; ss
schlau; ss tückisch!... Biderthal empfand die pein.
lichste Bestürzung darüber. Er mußte
nun auf immer schweigen, und schwieg.
 Aber was bisher nur Tadel in ihm gewesen war, wurde von'diesem Augenblick an Beküm« merniß, Sorge, böse
Ahndung. Denn das blieb auch nach seines Bruders wirklicher Verlobung mit
Allwinen eben ausgemacht bey ihm,
daß im Grunde von Woldemars Seele
Hen« riette die Braut sey. Warum nahm
er sie denn nicht zum Weibe? — daß sie
nicht gewollt hatte: diese Thorheit war
Woldemars Werk; er hatte sie ihr eingegeben, sie dazu verführt. Nun blieb
das treffliche Madchen, ohne eigentliche Haltung unter Menschen, auf eine
eben so grillenhafte als unsichere Bestimmung eingeschrankt. — Warum?
— Und wer konnte dafür stehen daß
Henriette nicht bald versucht würde das
Glück irgend eines würdigen Mannes
zu machen und sich mit ihm einen eigenen Heerd zu bauen? — Würde Woldemar dieß ertragen? Ertragen, daß Henriette einen andern naher angienge, einem andern mehr As zugehörte und an-
hinge, als ihm; daß sie, zerstreut durch
mannichfaltige Geschäfte, in man, nich-
faltiger Liebe, nicht mehr die Eine, die
Seine heisien könnte? — Wcnn dieß ge,
schähe, glaubte Biderchal.. Ia, noch viel
eherl Auf den bloßen Verdacht eines dahin gehenoen Wunsches in Henriettens
Seele, einer Möglichkeit' daß er sich in
ihr erregen ließe, würde ihm das Geheimniß seines eigenen Her, zens offenbar werden; dann ihn unaussprechlich
foltern; endlich ihn unter die Erde drü-

cken.

Biderthal dachte sich noch andre Möglich«keiten, wie seines Bruders Gemüth in Bezie«hung auf Henrietten angegriffen, in Verwir«rung gesetzt, und das künstliche Gebäude seiner Glückseligkeit auf die schrecklichste Weise zerstört werden könnte.

In diese Betrachtungen vertieft saß er stumm neben Henrietten im Wagen, und war nur froh, daß er zu Pappelwiesen nicht hatte weilen dürfen, und daß seine sichtbare Ver«wirnmg auf seine Verwunderung, auf die Um«stände, auf den Wechsel und Comrast seiner Empsindungen so fuglich halte geschoben werden können.

Henriette fragte ihn worüber er so in stcr) gekehrt wäre; was ihn so sonderbar stille mach«te? — Ich habe ausgeredet! antwortete Biderrhal. — Henriette verstand diese Antwort, und fragte nicht weiter.

Sie fand ihre Geschwister in des VaterS Hause versammelt. Er war etwas einge«Wummert, und so konnte nun, nachdem Henriette von dem Zustande des Kranken alle Erkundigungen eingezogen hatte, und man wieder gelassener da saß, die Wundergeschichte von Woldemars Verlobung vorgenommen, erzählt, erläutert, und von allen Seiten betrachtet wer, den.

Biderthak sich nnt Befremdung daß beyde, Schwestern und Dottnburg mehr erfreut und A Z weniger erstaunt waren als er es vermuthet hatte. Auch erschien ihm etwas geheimnißvol«les in ihren Mienen, welches ihn noch mehr verwirrte und beklemmte.

Eben dieses nahm auch Henriette wahr, und so wie es ihr auffallender wurde, hub sie plötzlich an: „Ihr habt etwas unter einander; was ist es?"

Alle drey wurden roch — und nach und nach kam es herausgcstottert: der Vater befände sich in einer Art von Höllenangst wegen Woldemarn und Henrietten, und würde nicht anders als voll Verzweiflung den Geist anfge«ben, wenn er nicht von seiner Tochter das feverliche Gelübde erhielt, daß sie nie Woldemarn als Gattinn angehören wollte. Denkt euch die Beklemmung, worin wir uns befanden, sagte Dorenbmg, und was für eine Wirkung die glückliche Nachricht auf uns machen mußte, die ihr mitbrachtet. — Aber damit ist nicht geholfen, sagte Hemiette, denn so lange noch ewige Hofnung zur Genesuqg bey meinem Varer ist, darf ihm Woldemars Verlobnng nicht kund werden; und ih» durch die Erklarung, die er wünscht, zu beruhigen, das ist mir unmöglich. — Wie? warum denn nicht? fragten die geangsteten Schwestern wie aus emem Munde. — Warum? antwortete Henriette, und ward feuerroth — Weil ich dem Haß, der Verachtung gegen den Besten unter den Menschen nicht die Hand bieten will; weil ich in keinen Bund treten will gegen niei« neu Freund! — Ein feyerliches Geluhde meinem Woldemar zur Schmach! Ha! rief sie, die Augen gen Himmel gewendet, und gieng zur Thüre hinaus.

Als Hornich erwachte, war sein erstes Wort nach Henrietten zu fragen. Sie harre Zeit gehabt sich zu fassen, und war schon in ftin Zimmer geschlichen: und sobald man dem Alten geantwortet, sie wäre da, stand sie auch schon, vor seinem Bette. Wie er sie erblickte, hob er Hand und Haupt ihr entgegen mit einem unaussprechlichen Ausdruck von Zärtlichkeit. „Liebe Henriette (sagte er, und konnte vor Wehmuth es kaum über die lächelnde Lippe bringen) —„siehe! — du hast mir Wort gehalten!" »

Der rührende Sinn dieser Rede gieng Hen«netten in die Seele; sie sank in die matten Arme ihres Vaters, und er lispelte ihr an der Wange her: Ja, bis in den Tod, Dn gutes Kind! — Gott wird dirs vergelten!

Eine Weile nachher — (Henriette saß jetzt neben seinem Bette ihm nah gegen über) — „ Es kommt mir hart vor, daß ich sterben muß, sagte der Greis, denn du hattest mich vergessen lassen, daß ich so alt war; du hast mich so süß und sanft ans Grab, geleitet; — aber den« noch — ich habe etwas auf dem Herzen; wenn du es mir davon nähmest — ja, liebe Tochter, auch hinunter in die Grube konntest du mich sanft geleiten!

Lieber Vater! rief Henriette, ich weiß schon was Sie von mir verlangen; — ich bite, hören Sie mich, glauben Sie mir! Woldemar hat nie Ansprüche auf mich gemacht; und eben so wenig habe ich den entferntesten Gedanken je die Seinige zu werden. Sie müssen sich er.«innern, daß ich Ihnen das schon mehrmals bekräftiget habe. Ich wiederhole es, und schwöre Ihnen bey allem was heilig ist, daß ich die lautere Wahrheit sage. Wozu denn ein seyerliches Gelübde? Warum wol«len Sie, ohne Noch, sich so gehäßig gegen einen Mann beweisen, den Sie für den Aerger, den er Ihnen einigemal unbesonnener Weise zugefügt hat (vorschlich beleidigte er Sie nie) lange genug bestraft haben? O, besänftigen Sie Ihr Gemüth; machen Sie Friede mit Woldemarn; thun Sie es, lieber Vater, auf mein Wort — ihrer betrübten Henriette zu Liebe!.

Beste Tochter, antwortete der Alte, sey versichert, ich besinne mich kaum, daß mir durch Woldemarn je eine Minute unangenehm geworden ist. Wollt» Gott, er harre mich ausS äußerste gekränkt, und wäre nur ein anderer Mensch! Du solltest sehen,, daß ich kein so unversöhnlicher Mann bin. Und wessen Herz ist rucht voll Vergebung in der Stunde des To« des? — Bios um Dich ist es mir zu rhun. Woldemarn gönnte ich gern alles Glück, das du ihm gewähren konntest. Aber sich! ich habe' genau auf den Menschen Achtung gegeben,.und nachdem ich wahrgenommen, daß du dich immer starker an ihn hiengest, mich allerwärts nach ihm erkundigt. Gewiß, liebe Henriette, er glaubt weder recht an Gott noch an Menschen; ist von ricfverkchrrem Sinn; dabcy hitzig, ausschweifend, unbesonnen... Kurz, ich weiß kein Unglück, das du nicht mit ihm zu befahren hättest; du wärest verlohren für dies« Welt, und wahrscheinlich auch für jene.

Die Ankunft der Aerzte unterbrach diese Un«terreöung. Hornich errieth aus ihren Mienen, daß es um ihn geschehen wäre, und er drang in sie, um so genau wie möglich von ihnen zn erfahren, welche Frist ihm noch bliebe. Ans ihren Antworten ließ sich abnehmen, daß er es höchstens bis an den dritten Tag — vielleicht aber auch nicht einmal bis an den morgenden bringen würde. Henriette, die einen so xldtzli,chen Wechsel nicht vermuthete, gerieth in die ausserste Bestürzung. Der Alte schien wunderbar gefaßt; 'nur haß ihn die Angelegenheit we« gen seiner Tochter angstigte. Er eilte die Aerzre von sich wegzuschaffen. Henriette wollte ihn nun ohne Verzug durch die Entdeckung von Woldemars Verlobung mir Allwinen berlchigen. Hornich erschrack über die Nachricht. „Das gute Blut! sagte er. Ach! dawider kann ich nichts; es ist zu spar — Doch vielleicht wird es noch rückgängig Bey Leuten, wie Wolde« mar, kann man auf nichts rechnen. Da dn aber andrer Meynung bist, so sehe ich nun gar nicht mehr, was dich abhalten könnte, mein Verlangen zu erfüllen, und dadurch eine Angst von mir abzuwälzen, die mir bitterer als der Tod ist." —

Henriette weinte bitterlich. Sic stürzte neben seinem Bette auf die Knie, und trug ihm die Gründe ihrer Weigerung mit so viel Starke, auf eine so zärtliche und rührende Weise vor, hast der alte Vater äusserst «von bewegt—aber nicht überwältigt wurde. Dieser Kampf ver« mehrte die Unruhe seines Gemüths bis zum Tumult; unversehens sah man ihn von einer Athemsnoth ergriffen, die' in wenigen Augenblicken so fürchterlich zunahm, daß Henriette laut um Hülfe schrie, und alle nicht gn« ders dachten, als es wäre aus mit ihm. Hen« riette glaubte zu vergehen, so unerträglich war ihr der Gedanke, das Leben ihres Vaters auch nur um einige Stunden verkürzet zu haben. Er kam wieder zu sich. Unterdessen waren zwey der nächsten Anverwandten und der Beichtvater angelangt. Diese wußten um Hornichs Veküümerniß, und hatten anfangs gesucht, ihn auf andere Gedanken zu bringen. Ietzt bemühten sie sich Henrietten zum Nachgeben zu bewegen. Bcyde Schwestern stimmten ihnen ben; zuletzt auch Dodenburg, welcher sei« ner Schwiegerinn zu Gemüth führte, eS sey wider ihre eigenen Grundsätze, und Woldemars. Moral ganz entgegen, einer eingebildeten Pflicht, einer müßigen Grille wegen, ein wahres Uebel zu verursachen. — „Das paßt hier nicht; antwortete Henriette. Ach! Dorenburg, was man nur so spricht, ist immer in den Tag hinein!"

Luise gab den Rath, man sollte Woldemarn heimlich einen Boten schicken, damit er in die Stadt käme. Dieser Geoanke gefiel Bidertha« len. Aber Henriette, welche aus dem Hin, und Herflüsiern Verdacht schöpfte, und hinter den Anschlag kam, äusserte sich mit Unwillen darüber. — „Ihr versteht meinen Eigensinn nicht, sagte sie; ihr nehmt die Sache' von einer Seite, wo es sehr verkehrt wäre, ihr die mindeste Wich? tigkeir zu geben..."

Biderthal entfernte sich..
Sie unterlag endlich. Der kommende Tod,
den sie immer naher und näher sich an ihren. Vater lagern sah, sein fürchterlicher Arm schon zwischen ihr und ihm, um ihn von ihr wegzu« reissen — das erschreckte ihren Geist bis zur Verwirrung, und betaubte ihre Sinne. Ieder angstvolle Blick, den der Ererbende auf sie warf, brach ihr das Herz; mit jedem zuckte, wie Blitz in der Nacht, der Gedanke ihr durch die Seele: Wenn er noch zu retten wäre? Könnte, wie so mancher, von dem Rande des Grabes zurückkehren? — wenn diese Blicke um Leben fleheten/ — um Leben — bey seiner Tochter! — daß sie ihm die Hand böte umzukehren: — und sie weigerte die Hand — und sie ließ ihn hinabsinke,,!... Das liebe Madchen fiel in Ohnmacht über diesen Vorstellungen; und da sie wieder zu sich kam, stammelte sie bebend, blaß und blind: — ich will es thun!

Die Sache wurde schnell ins Werk gerichtet, und der befriedigte Vater verschied unge« fahr vier und zwanzig Stunden nachher gegen Abend.

Daß Woldemar auf die Nachricht von Hor, nichs Tode in die Stadt fliegen würde, war natürlich zu erwarten, und darüber gerieth nun sein Bruder die Nacht durch auf allerhand Betrachtungen. Voll davon eilte er am frühen Morgen zu Henrietten,' um sie zu bewegen,. von allem Vorgegangenen Woloemarn doch ja nichts zu offenbaren. — „Sorgen Sie nicht, sagte das betrübte Madchen! Wie in aller Welt sollte ich es angreisen, Woloemarn dich Begebenheit vorzutragen? Und das wäre doch nur oas geringste... Gott! Nach so langem heftigen Widerstreben — wenn ich nnterlie« gen — mich doch zuletzt ergeben sollte: Warum nicht lieber auf das erste Wort?... O ich weiß — ich weiß nur zu wohl, daß ich schweigen muß! » Und mit einem schmerzvollen Seufzer: — „Arme Henriette, daß du nicht entschlossener, daß du nichk starker warest!'",

Es siel Henrietten unerträglich, nach ihres Baters Beerdigung länger in seinem Hause zu bleiben, und schleunig wurde Anstalt gemacht, daß sie zu ihrer ältesten Schwester, der Doren« burginn, ziehen konnte. Ihr Vorhaben war, sich hier so lange aufzuhalten, bis ihre Freun« dinn Mutter würde; diesen Sommer durch aber bey ihr auf dem Lande zuzubringen.

Sie litte nicht, daß Woldemar länger als «cht Tage in der Stadt verweilte, und von Allwtnen hatte sie zum voraus sehr ernstlich begehrt, daß er gar nicht herein käme: — dagegen wollte sie, ehe sechs Wochen um waren, sich in Pavpelwicsen zu ihnen gesellen.

Nachricht von dort erhielt sie unterdessen mit jeder Gelegenheit; oft an demselbigen Ta« ge mehr als emmal. Es waren nicht immer Briefe, sondern mehrentheils — ich weiß keinen eigentlichen Namen dafür s — und wo« zu brauchen wir Namen? Hier sind zwey dieser Stücke; benen zu mehr' als einem Ende hier ein Platz einzuräumen ist.'

Am isttn Map.

„Äsie behaglich ich zwischen dem Grün und den Blüthen — Nachtigallen- Finken-und Lerchen» «esang daher wandelte; der weichenden Sonnt nach z entgegen der Abendstille! Dünnes mit Licht' streisen durchschossenes Gewilk über den ganzen Himmel. — Zu dieser süßen Tagesdämmerung nun allmählig die Dämmerung der Nacht und tuschender Schauer. Aus den Dsrsern um» her das Maygeläute/ — nicht mit dem Wehen der Lüste/ (kaum daß ihr Wallen die Blätter bewegte!) — es schlich von selbst an mein vhr in immer gleichem Klang und immer eben zusammen: und eben so an mein Auge das Grün und die Blüthen; kein rascher Lichtstrahl der mir die Gegenstände aufdrang; ich genoß alles in Fre»« heit, in Ruh«,

schwebte im Meere der All' macht...
Und eben so sanft und leise wie der «Il-liebende, wie sein Frühling um mich her — T eben so leise/ sanft und liebend faßte Ihre Hand diemeinige: nicht damit ich umblickte; — auch blickte ich nicht um: — aber vor mir hin «uf dem schönen Pfade lächelte ich mit verdoppeltem Entzücken die ganze Schspfung an. ",,,
!:' Den soften Map.

«Ä5ir hatten am Abend dieses etwas schwülen Tages am Wasserfall gesessen, und den schönsten Sonnenuntergang betrachtet. Nun zogen wir, durch leuchtende Schatten, am User des Flusses her, und blieben stehen an der Wendung/ wo das Auge einen Theil seiner Krümmungen überschaue« kann. Es war ein bezaubernder Anblick / wie die schlanken flammenden Pappeln sich in ihm bespiegelten. Es schien als hätten sie zur Lust sich hinunter getaucht/ und es durchführe sie das süße Schrecken der angenehmsten Empfindung. Wun» derbar ergriff einen das Gerege umher in allen Blättern. Uns wurde als schwebten wir ir, Hauch der Lüste, die zwischen den Besten lispelten, und über den kleinen Fluß glitten, und mit der ganzen Natur sich ergötzten. — Da kamen die Sterne hernieder. Der blaue Himmel schwamm zu un» fern Füßen. Es hatte der Unermeßliche sich in niederes Gebüsch zu uns gelagert,

Wasser der Himmel — in Wassern der Er» de!... Leben — in Leben hinübergestrahlt! —... Kraft — mit Kraft sich begattend.'...

Hohe Ahndungen ergriffen meinen Geist. Meine Seele wähnte dem Unbegreiflichen sich zu nähern. Sie, die einst nicht Einer,Vor» stellung sich bewußt war, nun so voll Empfindung und Gedanke Z Eigenes, gefühltes Da« seyn — aus dem Nichts.' — Schöpfung!'.»

Dergleichen Aufsätze flssssen häusig aus Wvl« demars Feder, und waren nicht bestimmt von jemanden ausser ihm gesehen zu werden. Er nannte sie die Schatten seiner abgeschiedenen Stunden, in dem nemlichen Sinne, wie man auch die Seelen Schatten zu nennen pflegt.

Die Vermählung wurde nicht lange ver« schoben; aber man hielt sie, aus Familienn» fachen, geheim. Eist im Winter, wenn maid vom Lande zurückgekommen seyn würde, sollte sie bekannt gemacht werden.

Woldemar fand sich wie in eine neue und bessere Welt versetzt. Es war ganz über seit» Erwartung, was er Allwinen in seinen Armen werden sah, und er konnte es nicht ergründen. Nie harte jemand auf diese Weise Theil an ihm genommen, so wunder lieb und lauter, so aus ganzer Herzensfülle, bis zur blinden Partey« lichkeit, und doch ohne eine Spür von Leiden» schaft. Es schien ihr ausgemacht, seitdem Woldemar ihr Mann sey, habe sie weniger Recht an ihn als zuvor; sie hatte sich ihm völlig hingegeben, alle ihre Ansprüche mir, auch die an ihn selbst. Seiner Liebe zu ihr freute sie sich; aber in der That mehr weil sie fühlte daß Woldemar dadurch glücklich wurde, als daß sie dabey an sich gedacht hätte: nur sein Wohl war ihre Sorge, ihr Wunsch; und wie das alles in ihr bestand und aus ihr hervorgieng — man mußte glauben, sie scy durch eine unmittelbare Einwirkung des Himmels dazu begeistert worden. — Ich wiederhole, Woldemar wnßte es nicht zu ergründen, und das schwellte sein Herz nur desto hoher von Wonne; es stand um ter einer Fluth süßer nie gekannter Empsindungen. — Und die Fluth hob ihn empor und trug ihn zurück — sanft hinauf den Strom bis zu den Quellen seines Lebens. Von allem erwachte wieder in seiner Seele die Erste ftischs blühende Empsindung. Der Frühling seines Daseyns wurde ihm wiedergegeben, — eine zweyre Iugend, voller und kraftiger als die Erste, — Unschuld, Zuversicht und Paradies.

B z

Henriette, welche um die versprochene Zeit angekommen war und zu Pappelwiesen für den ganzen Sommer ihre Wohnung ausgeschlagen harte, sah das alles, und konnte fast die Wonne nicht tragen, die sie empfand. Von der einen Seite war ihr der Gedanke süß, daß sie die Glückseligkeit ihrer Freunde, großen Thcils, als ihr Werk anzusehen hatte; von der andern Seite aber machte eben dieser Gedanke sie manch« mal beklommen: er erlaubte ihr nicht, ihren Jubel auszulassen. Wenn nur ein Mittel wäre, wünschte sie tausendmal, Woldemars und All« winens Dankbarkeit gegen sie anzuheben, beyde zu der Erkenntniß zu bringen, daß ihr Verdienst um sie nur dem Anschein nach so groß; aber im Grunde — so gar nichts sey — „Denn," sagte sie, „was habe ich aufgeopfert? War wohl ein widersprechendes Verlangen in meinem Her, zen, das ich unterdrücken mußte? Hab' ich nicht meine eigenen Wünsche befriedigt — alle meine Wünsche?.. — Das habe ich ge« than: ich habe von ganzer Seele geliebt, was ich von ganzer Seele lieb.
» gethan, was ich nicht lassen konnte: — Und dafür — Dank?...., G

Aber auch die Art Verschlossenheit, die auS dergleichen Belierzigung folgte, mußte Hen« rietten luue Seligkeit bereiten; leise, aber tief und bestandig war ihr Inwendiges bewegt. Allwina fand oft die Liebenswürdige, sitzend oder wandelnd in ihrer Oemuth, nut eingekehrtem Blick; — schlich dann geschwinde sich hin an ihren Hals — lispelte alle Namen deS Himmels in ihren Busen — drückte mir geschlossenem Auge die Freunsinn sanft an sich, und verschwand. — Woldemar aber konnte nicht immer sein Herz übermannen; gemeinschaftlich mir Mwinen zwang er Henrietten, daß sie sich hingeben mußte ihrer Dankbarkeit, ihrem Preise-„Ia," rief dann das fromme Mädchen, „ja, Dank sey dem Höchsten, ich hab Ench glücklich gemacht; ewig, sollt Ihr mir danken: und ich gelob ihn, ich weih ihn dem Himmel, allen diesen Dank!"

Woldemar kam selten, nur wenn es die äusserst« Noch seiner Geschäfte wegen ersoderte, in die Stadt. Den ganzen August und noch einen Theil des folgenden Monats blieb er ununterbrochen auf dem Lande, und ohne allen Besuch: denn Biderthal hatte seine Frau ins Bad begleitet; Dorenburg konnte wegen Bi« derchals Abwesenheit nicht wohl aus der Stelle; und seine übrigen Freunde oder Bekannten waren zerstreut. Von den Briefen, die er wahrend diefer Zeit an seinen Bruder schrieb, wollen wir nur Einen, aber Kiefen auch seiner ganzen Längenach, mittheilen,

wie er voruns da liegt.
Woldemar an Biderthal.
Poppelwiesen, den 2z. August, öiebster Biderthal, ich mache mir bittere Vorwürfe darüber, daß ich beynah drey Wochen Dich ohne Briese von mir laffen konnte. All« wina und Henriette haben mich genug ermahnt;
» mein eigenes Herz noch mehr — aber ich konnte nicht! Eine Menge Blätter will ich Dir zeigen an Dich worauf sehr deutlich zu lesen ist — Monat und Tag; auch etliche mit einer halben Zeile wirklichen Briefs; — etliche sogar mit einer ganzen Zeile; — mit zwcyen, mir dreyen— Aber dann wollte es für die Welt nicht weiter!

Ich begreife nicht mehr wie ich es ehmals anfieng, daß ich an Leute, die mir das gar nicht waren wachDu mir bist, so lange Briefe schreiben mochte. Der halben Welt bin ich Antworten schuldig. Ich werde erinnert, geplagt, zum Mitleiden gereizt — weiß mir nicht zu helfen, und werde böse. Mir baucht, eS müßte mein Feind seyn, der mir zumuthete meine Empfindungen bis auf den Grad herunter zu bringen, in welchem sie sich schreiben. lassen. Die edle unwiederbringliche Zeit auf diese Weise zu verlieren! Ich soll aufhören zu leben, damit ein andrer zu lesen habe! Im ganzen Ernst, wenn ich mir so einen theuren Freund gedenke der das will, und mit zärtlich verdrießlichem Gesicht da sitzt, und zwischen den Zähnen murmelt, weil ich das nicht will-» Ich kann hämisch gegen ihn werden, von, Stuhl aufspringen und ihn nicht mehr ansehen mögen; '.''!,..'

Freylich kommen hernach vernünftigere Augenblicke, worin ich fuhle, daß ich Unrecht habe; daß ich sträflich bin; wo ich gegen mein Gewissen nicht aufkommen kann: — Und das ist eben Mein Unglück!
G,
Aber nun, was soll dies alles hier? — Vielleicht eine Entschuldigung gegen Dich? — Ja, wenn man einmal so tief im Unrecht sitzt, dann rede sich einer heraus!
..... Lieber, ich habe eben Deine zwey letzten Briefe zur Hand genommen und sie wieder durchgelesen. Mir wurde doch ganz bange ums Herz dabey, und ich dankte Gott, daß wenigstens Allwina und Henriette an Deine Frau geschrieben hatten, und letzter« eine ziem,lich lange Epistel auch an Dich. — Du kennst mich; Du fühlst meine Lage: also verzeih! Rein — nichr verzeihen, Biderthal; daiu ken sollst Du dem Himmel der mich so glücklich machte, daß ich Dirs nicht sagen konnte und Dich versäumte! Ich weist, ich kann das von Deinem edlen brüderlichen Herzen fodern: und dies Zutrauen — Lieber! ist es nicht mehr werrh als tausend Briefe, und sagt es nicht alles?

Seit gestern bin ich hier ganz allein. Die beyden Tanten mit Allwinen und Hemicttcu sind nach ScAllenbrug, kommen aber diesen Abend zurück. Es war mir gar nicht zuwi, der, auf diese kurze Ieit in Einsamkeit versetzt zu werden; ich habe herrliche Stunden zuge, bracht. Ngch war ich nicht Einmal zu einem solchen alleinigen ganz stillen Anschauen meiucr Glückseligkeit gekommen; hatte mich eben auch nicht darnach gesehnt; aber mir geschah unaussprechlich wohl, da ich nun von ungefähr dazu gelangte. — Könnte ich Dir in etwa nur bedeuten, wie mir war, und wie mir ist!..

Sobald meine Reisenden weg waren, Mor« gens um neun Uhr, lagerte ich mich, nicht weil unter der Krümmung des Bachs, in die wiloe Laube unter den hohen Nußbaumen. Der Eine Nnßbaum diente mir, wie gewöhn« sich, zur Lehne. Draußen gieng ein starker Wind. Man hörte sein Anfallen an das dichte Gebüsch, wie er die Aeste bog und die Blatter drangte, — dann im Laube verwehte, drinnen zum sanftesten Lüftchen wurde — unh zwischen den jungen Eschen, Morellen, Pappel« weiden, Quitten uns Haseln in vieltdnigem Gelispel sich verlor; — dann wieder majestätisch ranschte, höher und hinauf von Krone zu Krone, in den Zweigen der Nußbaume, — und bevnah Sturm war in ihren Gipfeln. — — In den mannichfaltizen Millionen Blätter, welch unendliches Spiel! Welch ein Wallen unrs Wühlen der Aeste! — Unter nnd über das luftige Laub«Meer! — Ergriffen von seinen Wogen schwamm mein Auge hinweg in die schöne Flnth, und ließ sich von ihr verschlingen. Leise rieselten unterdessen der liebe Bach «n meiner Seite; gaukelte kleine Welleis daher, Wirbel und Schlünde; — und die Fische halten ihren Scherz, mir Springen, Schnalzen und

Klatschen. Der mächtige Tramm an den ich gestützt war, schwankte, fast unmerklich, hin uns her — bald starker bald schwacher; wiegte meinen Rücken, und bewegte sanft schauerlich mein Haupt. Nie war meine Seele so in allen meinen Sinnen! — Lauter Genuß mein ganzes Wesen I — Ewig« keit, mein fliehendes Daseyn!

Ich verließ nach einer Weile den Platz; aber die Empsindungen, die er mir gegeben, folgten mir nach. Wohin ich wandern mochte, fand ich denselben Zustand. Alles entzückte mich so wie es war. Ich freute mich ohnö Aussicht, ohne Hofnung, ganz und gleich erfüllt von der Wonne jedes Augenblicks, und wie von AUgenugsamkeit umgeben.

Der Wind hatte um Mittag sich gelegt, es war etwas schwül geworden, nud gegen Abend Lieber Biderthak wie ist mir so anders!
. Du weißt, schon als Kind hatte ich diese süße Vciliebthcir in alles, was meinen Sinnen oder incinem Geiste in Schönheit enrge« gen kam; — wcn in beständigem Ringen; und so. »oll Lust und Much und so voll Trauer! — Wie wurde ich des Lebens so froh — Ach! und so müde! Ich erfuhr, daß ich Etwas im Busen trug, welches mich von allen Dingen schied, von mir selbst mich schied, weil es zu heftig mit allen Dingen sich zu vereinigen strebte. Iedermann liebte mich darum, daß ich alles so liebtc; aber was mem Herz so liebend machte, so lhörichr, so warm und so gut — das fand ich in Keinem... — Von den meisten dachte ich deswegen nicht schlechter; — zuweilen, im Gegentheil, nur desto besser; aber ich glaubte zu sehen, daß überhaupt die Menschen wenig, im Grunde, nach einander fragen; wenig nachdem Menschen im Menschen. Ich wurde duldsam m«d, stille... Lieber, mir rollen die Thränen herunter, vom Andenkn meiner einsamen Wehmut)! muth! -Jede Luft machte mich

betrübt, «eil sie nur Staub war vom Winde aufgeregt; da« hin fuhr mit dem Lichtstrahl, mit dem Schall, mit dem Wallen des Blutes. Ich wollte Raum machen in meiner Seele; erretten wenigstens an meinem Theile — aber, ach! dann er« wachte gewaltiger mein Herz, und ich fühlte zehnfaches Leiden. Wie oft habe ich auf meinem Angesicht gelegen, vor der aufgehenden Sonne und vor der niederge« he nden, unter dem Mond und den Sternen, voll Liebe und voll Verzweiflung, und habe ge« klagt, wie Pygmalion vor dem Bilde seiner Göttinu...

Lieber, wie ist mir so nnders!

Mein Herz, das einer Brust glich, worin der Lebenssaft zurückgetrieben wurde, weil den Säugling die Klemme dahin riß, und die nun der Krebs angefressen hat — Es ist genesen! Ich lebe und liebe, und «lies lebt und liebt um mich her. Wie dem

E

Hiob hat mir der Herr alles zehnfach wieder gegeben und hat mich geheilt. Ieder Son« nenstraht wird lebendig, wenn ich ihn All» »inens oder Henriettens Auge erhellen sehe; Mond und Sterne werden lebendig, wenn Allwina und Henriette in ihrem Scheine mich umarmem: so wird mir alle die Liebe wie« der gegeben, die ich hoffnungslos ausgoß ins Unendliche: — Lebendiger Sthem ist in den Erdenklos gedrungen; er ist Mensch geworden 5 — Fleisch von n«inem Fleisch und Bein von meinem Bein nun die ganze Schspfung — geschlungen an meine Brust, und erwidernd meine Küße!

O, Lieber —wie ist mir so anders!....

U«d wie das begann?... Die Stimme vom Himmel die mir rief? Der Engel der mir den Weg zeigte? — Du warst es! Du, den ich zuerst, den ich am längsten, den ich ohne Wandel geliebt, — mein Freund und mein Bruder!

Wunderbar, wie ich an diesen Tag ge« kommen bin! — Ich werde nicht müde es zu überdenken; jeden kleinen Umstand meinem Gedächtnisse zu erneuern; alle die goldenen Ringe an einander zu ketten..,

Ich kam nach B « « durch Deine brüderliche Vorsorge und rechnete allein auf Dich — kam — und fand gleich in Dir, noch mehr als ich gehofft hatte. Du warest mir um vieles näher; verstandest mich in tausend neuen Din« gen; — hattest ein Weib lieb gewonnen nnd mit ihr ein Haus gegründet; — Du hiengst nicht mehr an diesem und jenem, womit ich »ichts zu schaffen haben konnte; — von allen Seiten erschienst Du mir liebenswürdiger und besser. — Dein Gewerbe; Deine Wirthschaft mit Dorenburgen; Euer ganzes Wesen — das mit andern Leuten, die Prunkgesell« schaften und Gastmahle ausgenommen — ich sage. Euer ganzes Wesen untereinander, gefiel mir bis zum Entzücken. In Dorenburgen erhielt ich einen zwepten Bruder; und, was C, ich nie gehabt hatte, zmey Schwestern in Euren herzigen Frauen.,

Du hattest mir Henrietten zur Gattinn aus, ersehen. Aber das sollte nicht seyn. Sie war bestimmt, meinem Schicksal eme viel merkwür« digere Wendung zu geben. Das himmlisch« Madchen deutete mir meinen alten Traum von Freundschaft; half ihm zur Erfüllung; macht« mir ihn wahr. Kaum dachte ich zuweilen noch m diesen Traum, und nie anders, als wie man an ein Hirngespinnst denkt. Ich hatte Freunde von allen Gattungen gehabt; hatte mitleiden« schafflicher Anstrengung die Menschen beobachtet, mich selbst zu ersorschen gesucht — hatte gefunden: daß wir samt und sonders zu viele und zu heftige Begierden in uns haben und nähren; zu gewaltsam von den Sorgen, Ge« schaften, Lualen und Freuden des Lebens her? nmgetrieben, hin und her gerissen, entzückt und gesoltert werden: als daß irgendwo, in diesen Zeiten, zwey Menschen so Eins werden und bleiben könnten, wie meine liebevolle Schwärmerey es mich hatte träumen lassen.

. m?s

Das andre Geschlecht hatte ich flöchtige« angesehen, und war über semen Characrer, der mir wenig Localfarben zu haben schien, früh mit mir einig. Es kam mir vor, als wenn die Empfindungen und Gedanken bey diesen zarteren Geschöpfen sich unaufhörlich in einander verlören, und daher keine — von jenen zu einem gewissen Grad der Starke — von diesen zu einem gewissen Grade der Deutlichkeit sich erheben könnten. Noch hatte ich keine weibliche Seele angetroffen, die in irgend etwas — »Ar einen besten eigenen Geschmack gehabt hatte; nicht einmal was Gestalt und Zierde, Putz und Gerächt cmgienge. Dagegen aber fand ich in ihr Wesen die schönsten Triebe gelegt; eine wunderbare Anlage zur Selbstverläugnnng; holdselige Lust, nur andern zur Freude, zur Wohlfahrt zu leben; — und jene allgegenwartige Schönheit, jenen unbesteglichen Zauber, der uns alle fesselt. Ich sagte zuweilen mit C z

Jachen: An Treue, an Ergebenheit, angefZlli« gem Witz, übertráfen sie nns Männer unendlich, und wichen kaum — dem besten Putz el. Das sagte ich mit Lachen; aber nach meinem inneren Gefühl gab ich damit ein sehr ernsthaftes Lob: wohl mit etwas Bitterkeit «ermischt; aber nicht sowohl gegen die Weiber, als überhaupt gegen die Menschheit.

,........,,

Ich sah Henrietten. Siezogmichan; aber mit einer Empsindung, die nichts mit ihrem Geschlechte zu thun hatte, nnd die mir ganz neu war. Ich wunderte mich und betrachtete das Mädchen aufmerksamer. Ieder weibliche Reiz an ihm war mir sichtbar; sichtbarer, als allen andern: wie Henriette hatte noch kein Mädchen mir gefal« len. Dennoch erregte sie nichts in mir von, sogenannter, eigentlicher Liebe. — Die Eigenschaften, die ich an ihr entdeckte, konnte ich mir meinen allgemeinen Begriffen von ihrem Geschlecht nicht wohl veremigen; konnte aber zugleich nicht in Abrede seyn: daß sieganz Mäd» che« war. Oester hatte ich über die Mangel der Schönen mit ihr meinen Scherz. Ich behauptete: kein Frauenzimmer könnte sich übe» Winsen, Einen Gedanken zweymal zu denken; noch we,nger, — im Handeln, auf Beran, lassung, inne zu halten: alles gienge Key ihnen so in einem fort. Wenn ff« in schwie, rigen Fällen zur Ueberlegnng schritten, so begnügten sie sich, den so oder anders ge« sponnenen und gezwirnten, gefarbten und ge« drehten Faden ihrer Gedanken zehn» mal hinter einander auf und ab zu haspeln; ihn auf Karten, in Knäuel und über die Finger zu wickeln; ohne je sich einfallen zu lassen, ihn an dem einen oder andern Ende aus einander zu drehen und zu untersuchen, ob sie auch den rech« t e n Faden hätten. Auf nichts vermöchten sie mit stetem scheidendem Blicke zu haften, wären keiner eigentlichen, entschlossenen, Geduld fähig; waren, ausser sich und in sich, ewig zerstreut. — Wie mit ihrem Denken, wäre es, natürlich, auch mit ihrem Empfinden beschaffen; ja, aus Ursachen, mit diesem noch etwas schlechter, n. s. w. Henriette widersprach nicht sonderlich: ich möchte wohl nicht so Unrecht haben, sagte sie; sie hatte über Denken und Empfinden nie sehr tiefe Betrach« tungen anstellen können; überhaupt sich wenig den Kopf zerbrochen, sondern in jedem vorkom« wenden Falle das Nöthige überlegt, und, wie ungelehrte Leute pflegten, nach Gelegenheit und Umstanden gehandelt.

Unterdessen sah ich häufig die Lose mich an Einsicht weit übertreffen, so, daß ich dumm vor ihr da stand; und nicht selten fühlte ich in meinem Herzen mich durch das ihrige beschämt.

Wir waren Freunde, ehe wir es dachten, und eh ich noch das Vorurtheil recht überwun« den hatte, daß es mit dem weiblichen Verstands und mit der weiblichen Empfindung, über einen gewissen Grad hinaus, nichts als Betrug und Täuschung sen.

Nun aber stand mir das Gegentheil vor Au, gen; ich sah meinen Jrrthum, und begriff ihn nur nicht: bis ich durch Henrietten von ungefähr zu Aufschlüssen gelangte.

Wir waren in Allwinens Garten, und un« tersuchten sehr scharf an den verschiedenen Kirschbaumen, den verhältnißmäßigen Werth ihrer Früchte. Wo wir zweifelten oder verschie, dener Meinung waren, da entschied Allwina; und sobald sie den Ausspruch gethan hatte, waren wir auch mit ihr Eins. — „Wer «in paar Tage Hunger und Durst gelitten hätte," sagte unversehens Henriette, „und käme über diese Bäume!" — Himmel! rief ich, und sah ganz entzückt aus.

Henriette lächelte: Wie der Mann die Stillung einer heftigen Begierde neidet, sagte sie, und gleich alles Angenehme, Liebliche, Köstliche dafür hingäbe! — Oder glauben Sie, Woldemar, daß Sie, mit jenem grimmigen Hunger und Durst, den Geschmack dieser Früchte, ihre lieblich«? Eigenschaften so wie jetzt empfunden hatten? Ihr Vergnügen wäre mehr die blosse Stillung eines Schmerzes gewesen, als eigentlicher Genuß, und kaum hätten Sit erkannt, was Sie himmter geschlungen.

Ich gab das zu.

Also, hub sie an, wären die Freuden des Gaumens wohl im Grunde eben so wenig für den Heißhungrigen, als für den Ueber« satten; und der mästig gereizt« allem gendße sie wirklich und lauter?

Ich wußte nicht was sie wollte, und gestand es abermals.

Sie fuhr fort: — Ich habe Sie Weine versuchen sehen; da warteten Sie nicht eine Srnnde des Durstes ab; auch reizten Sie nicht vorher durch scharte Speisen Ihre Zun, ge; sondern Sie wollten mit frischem Munde, in einem begierdenlosen Zustande sie kosten. — Was mcvnen Sie, mein Freund, sollte man von hier aus nicht weiter gehen, und mit Sicherheit behaupten können: daß ein gewisser Mittel-Instand; ein In? stand, worin die Kräfte des Menschen wie in nüchternen, Erwachen, frey und unbefangen sind: für ihn auf alle Fälle, wie zur rich, tigen Wahl, so auch zum reineren be.s« seren Genuß, die schicklichste Fassung sey?

Ich merke wir fangen ein Platonisches Ge« spräch an, sagte ich lachend; und da Sie den Sokrates vorstellen, so warten Sie, daß ich meinen Blcystifr nehme, um Ihre Reden aus, zuschreiben.

Schreiben Sie nur, erwiederte Henriette, ich will sehen, daß ich fortrede, ohne Antwort von Ihnen zu bedürfen.

Hierauf sieng sie an, und brachte, mittelst eines kurzen Ueberganges, mein System von den Mängeln des weiblichen Characters auf die Bahn. Sie zeigte, daß die Mängel zusam«," men, am Ende nur auf Einen Hauptmangel, jus den Mängel — an sinnlicher Begier lichkeit hinausliefen: Und sie bewies, daß eben dieses Mangels wegen der weibliche Sinn weit reiner, scharser, vollkommener ware als der männliche; die wahren Eigenschaften der Dinge, ihren innerlichen und verhältnißmäßi« gen Werth zuverlnßiger unterschiede; daß ent» lich, und eben dieses Mangels wegen, in einer weiblichen Seele jede schöne Bewegung leichter hervorkäme, ungehinderter und dauer« hafter wirkte.

„Da alle wichtige Geschäfte des?ebens in Euren Händen sind," fuhr sie fort, „so habt Ihr mehr Uebung, mehr Erfahrung, (des sorgfältigen Unterrichts zu geschweigen, den Ihr von Kindesbeinen an genießt): — Aber bey Gelegenheiten, wo Euch dies alles verläßt; wo Ihr Euch mit uns in gleichem Fall besindet; wer von uns sieht da richtiger und weiter; wer ahnder tiefer und schneller?..."

„Neben Euren andern Sinnen habt Ihr auch ein Herz, und seyd der edelsten Enr« schlösse fähig. Ich will sogar Euch zugeben, wenn Ihr wollt, Euer Herz scy größer, als das unsrige. Was hilft es, wenn seine Stimme durch den Tumult Eurer Begierden beständig unterdrückt wird? — Daß Ihr irgendwo in alleiniger Rücksicht des Edeln und Schönen handeln solltet, und Euren Leidenschaften entgegen; daran ist nicht zu den« Kn: Leidenschaft muß überall Euch unter« krücken, — selbst in der Freundschaft. W» Ihr nicht eifert, da seyd Ihr kalt unix todt!,

„Hingegen ein Weib.... Aber das begreift Ihr nicht, seht Ihr nicht, — das lästert Ihr sogar; — lästert, weil Ihr selbst nur nach Lust dürstet; ohne die Brille der Begierde keine Schönheit wahrnehmen, ohne Zwang der Leidenschaft Euch an niemand hingeben, in ihrem heftigsten Rausche nur Euch selbst ausser Acht lassen könnt; — lästert, weil Ihr lieber mögt gelüstet als geliebt sepn; lieber gepriesen als hochge« schätzt."

Sie schwieg. — Ihr Auge senkte sich — bfnete darauf sich wieder: Es verklärte sich ihre ganze Gestalt. — Dann hub sie an, in himmlischen Tönen, die Wonne einer schönen Seele zu beschreiben: ihre Stille, ihren Frieden, ihre Demuth und ihre Stärke. — Keine von den Musen hat so gesun« gen! Es floß durch alle meine Sinne, und ich fthlte Göttliches Wesen in der Thar und Wahrheit.

Das Mädchen «ar mir heilig geworden in dieser Stunde. Unsre Geister näherten sich von Tag zu Tage mehr; und von Tag zu Tage wurde die Entzündung einer gemeinen Liebe unter uns unmöglicher. Der bloße Ge, danke daran wäre zuletzt mir ein Gräuel ge« wesen; ein Gräuel wie Blutschande. — Jener Selbstbetrug, den wir platonische Liebe zu new nen belieben, konnte eben so wenig mich aiu wandeln; ich war ihm nie ergeben; und Hey« nette, die Erzwidersacherinn aller Schwärme« xey, hätte diese keinen Augenblick an mir geduK der. Wir wurden Freunde, im erhabensten Sinne des Worrs; Freunde, wie Personen von Einerley Geschlecht es nie werden können, und Personen von verschiedenem, es vielleicht vor uns nie waren.

Wir dachten an nichts; als Ihr, unter einander, eine Heyrath zwischen uns, fast unwiderruflich, beschlossen hattet. Die Erdfnung dieses Anschlags beschleunigte meine Verbindung mit Allwinen, die sich langst ganz in der Stille bereitet hatte, und auch, ohne jene Veranlassung, durch Henrietten nun bald zur Wirklichkeit würde gebracht worden seyn. — Henriette war für mich eben so wenig Mädchen als Mann; sie war mir Henriette, — die Eine Einzige Henriette: und es wäre gewesen, als hätte ich sie verloren, als hätte ich sie zu Grabe gebracht, wenn in Absicht ihrer in meiner Vorstellung irgend eine Verwandlung härte vorgehen müssen, — M unserem Seyn, in unserem Thun und Wesen irgend eine Veränderung. — Nicht so A l l w i n a. Sie war mein Urbild von reinem weiblichen Character; ganz geschaffen zur Gattinn und zur Mutter; der Ausbund ihres Geschlechts. — Ich nahm sie mit Freu« den; sie mir Freuden mich: ich war, ent« schieden, für sie der einzige Mann; sie, ent, schieden, für mich das einzige Weib.

Was ich aber nicht vorausgesehen, aus keiue Weise geahndet hatte, und doch so natür« lich erfolgen mußte, war ein neuer Zuwachs von Freundschaft zwischen Henrietten und mir. Allwina, als ich um sie warb, hatte hundertmal ihre Freundinu gefragt: „Aber würde her, nach auch Woldemar noch eben das für Dich seyn?" — Hatte mich hundertmal gefragt: „Aber Henriette — würde Henriette nicht vabcy verlieren?"--Wir hatten beyde die Frage auf sie zurückgewendet: Ob Sie vielleicht in ihrem Herzen fühlte, daß sie nach« her weniger an ihrer Freundinn hangen wür« de? — »Ach Himmel!" rief sie dann, «was für ein Gedanke!" — Dennoch behielt sie eine geraume Zeit ihre Sorge, und konnte nicht genug Versicherungen vom Gegen, theil erhalten. Ieder Blick, den ich Henrietten gab; jede Zärtlichkeit, die ich ihr bewies; jede Liebkosung, die ich ihr machte, war eine Wohlthar für meine sorgliche Allwina: sie hüpfte dann vor Freude, fuhr mir an den Hals und wollte mich erdrücken. Wie mir dabey im Her« zen geschah; was aus uns allen dreyen in einem solchen Umgange werden mußte — kannst Du Dir vorstellen, und hast es, zum Theil, gesehen. — Wir wurden je länger je vertrau« licher unter einander. Iene äufferliche Zurück« Haltung, die Henrietten uno mir, als zwey un« verheyratheten Personen, die keine Blutsfreude waren, gegen einander geziemt hatte, durfte nun« mehr wegfallen, und das geschah bald: wir wur« den Bruder und Schwester — ganz, und wie von Mutter leibe an. Allwina weinte oft vor Freude, und ich selbst fühlte mich kaum vor Wonne, wußte nicht, was mir widerfahren

D war. Aufgeregt war mein ganzes Wesen, und dabey meine Seele doch so still, mein Geist so heiter!... — Die frohe, freye, volle Liebe war es; die hatte dies alles gethan! Sie hatte bis auf den Grund mich erschüttert; und erweckt, an sich gezogen jcdes ihr ahnliche Gefühl, wie tief es schlummern mochte; hatte so erneuer, vervielfacht alle meine besten Kräfte; unaussprechlich mein Daseyn erhöht z ein Leben, wie von Ewigkeit zu Ewigkeit, in meine

Seele geboren. Glücklich, o, glücklich der Mann, dem endlich die Liebe seinen Lohn giebt, den sie zu sich erhöhet, den sie vol« Kndet!

Bester, komm! — Auf Einmal entsinkt die

Feder meiner Hand komm! —

Ich ringe Dich in meine Arme — drücke, presse Dich an mich, und mir ist, als senkte ich mein Herz in Deinen Busen.

Woldemar.

Biderthal an Woldtmar.

Pyrmont den z. Sept.

!aum, mein trauter Lieber, und nur mir ge« nauer Roth, erhältst Du auf Deinen kostlichen, lieben langen Brief, einige flüchtige Zeilen von mir zur Antwort. Es läßt sich auf einen solchen Brief hier nicht antworten. Die Zerstreuung ist zu groß, zu mannichfaltig, zu allgegenwär« tig; man kommt nicht zu sich selbst: und das soll man ja auch nicht, sagen die Aerzre. Uebrigens geht es uns hier fortdauernd wohl, und ich kann Euch nicht allein, was wir Euch von unserer Zufriedenheit mit dem hiesigen Auf« enthalt gleich anfangs geschrieben haben, bcstä, tigen; sondern ich muß hinzusetzen, daß diese Zufriedenheit seitdem noch zugenommen hat, und es uns immer besser hier gefällt. Aber Montag brechen wir auf; und nun der Tag bestimmt ist, wünschten wir auch, eS wäre schon der Morgende. Mir jeder Grunde wird meine Sehnsucht größer — nach Dir, nach meinen Kindern, nach Euch mit einander, nach

Stadt und Land wo Ihr seyd, nach eigenn« Haus und Heerd.

Sey Du nur immer glücklich, mein ljeber Woldemar! Das ist mein Morgen, und Abendgebet, mein stündlicher Seufzer — Guter Gott, bewahre mir meinen Woldemar! — Ich bin fest überzeugt, fo liebend Dein Herz auch ist, daß Dir nichts so bestandig im Sinne liegt, wie Du mir im Sinne liegst. Ietzt, da Dir so wohl ist, jetzr ist mir vor lauter Freuden Angst.

Mein Empfangen, mein Haben Deiner Epistel; mein Ermessen ihrer Lange; wie ich sie erst für mich, hernach mit meiner Luise las, — und alles was solgte: von dem mit, einander — finde ich nicht ein Wort in meinem Dintenfaß. — ... Lieber! S, sey doch immer glücklich! Ich danke Gott so von ganzer Seele für Dein Wohl. Wo ich es nicht genug thue, aus Kleinmuth, aus Un« glauben — Vater im Himmel, dn sieh das inbrünstige Gebet an, worin meine Zweifel gehüllt sind, und verzech, — oder, strafe doch nur mich allein!... — Ich weine; ich bin zaghaft wie ein W,ii — Was ist das?...

Waren wir nur erst ein Iahr oder ein paar Jahre weiter, und ich sähe Dich einmal recht eingenistet auf dieser Erde! Immer kamst Du mir vor unter den Menschen wie ein Fremd, ling, — als kömttesiDu nicht bleiben.

Unter uns, das ist wahr, hast Du Dich sehr gut gewöhnt; aber daß Du Dich so gut gewohntest, haben wir das nicht größten Theils »er Traumdeuterinn zu verdanken? —

Und hat sie wirklich ihn Dir gedeutet Deinen alten Traum; ihn erfüllt, ihn wahr gemacht, wie Du sagtest; oder vielleicht nur einen nenen Traum in Dir erregt? — Wende Dich nicht weg von mir, lieber Guter! es ist nicht Lasierung, was ich sage; am we« nigsien Lästerung gegen Henrietten. Dts hältst nicht mehr von ihr, als sie verdient; und es ist nichts anders als ihr wahrer wirk« licher Eindruck, was Du für sie empfin« best: aber in Dein Verhältniß mit ihr bringst Du eine Fantasie, vor der mir bange wurde, sobald ich sie entdeckte. Ich hatte eigentliche Liebe unter Euch vermu« thet, sah Euch wie Verlobte an, u»d so lange war ich ruhig; ruhiger, als ich in Absicht Dei« ner je in meinem Leben gcwcsin bin. —.. Armer Woldemar, ich kenne Dich so gnt! und wenn ich Dich recht ins Auge fasse, siehe, so will mir das Heiz zerspringen vor Liebe und Wehmuth. Es ist etwas in Dir, et« was — was Dich mir allem Gegenwärtigen bald entzweyen mos!. Man kann nicht sagen daß Du Dich überspannst; aber wohl daß Du überspannt b i st. So wurdest Du gebe« ren, und mußt darum auch alles ausser Dir zn überspannen suchen, damit es Dir natürlich scheine und zu Dir stimme; mußt Dein Wesen hauptsächlich in der Embildung haben, uns kannst us kein Zureden horen. So wird Dir in die

Lange kein Mensch genügen; Du wirst es keinem Menschen in die Lange aushalten — Woldemar! — Keinem!

Es ist traurig, daß Dir nie wohl scvn kann, als im Irrrhum. Wo Du auch am-Wahren, am Wirklichen hangst: Du machst so lange, bis ein Hirngcspinnsi daraus geworden ist, und dann — zu Boden damit! — Ach, Dein letzter Brief hat mich an so vieles erinnert 5 dies und jenes mir so klar aufgedeckt!.. Die volle Wonne, die er athmet; die hohe, allerhöchste Himmelsfrcude — Lieber! wenn Du das alles nur an einem Haare festhieltest — durchaus nur an einem Haare fest halten wolltest — Und das Haar zerriß — zerrisse vielleicht durch eine Bewegung Deiner eigenen Hand? — Lieber!... O, erbarme Dich Deines Biderrhals!

Es ist Zeit daß ich abbreche. — Verzeih, Lieber, wenn ich ein Thor bin. Ich hoffe daß ich es bin; und mir ahndet, daß ich? fühlen werde, sobald ich Dich wiedersehe. Was ich geschrieben habe wird Dir weiter das Herz nicht schwer machen. Und so lebe wohl. Gruß und Kuß an Allwinen und Henrietten! Auch von Luisen. — Bester, Themester, lebcwohlj Lebe wohl und bleibe meiner Liebe eingedenk.

Dein Biderthal heute wie gestern und immerdar.

Zwey Tage nach diesem Briefe kam Bide?« thal selbst an. Sein Trübsinn verlor sich in der Freude des Wieoersehns, im Anschauen der »ollen Glückseligkeit seines Bruders.

Woldemar mußte nun, der Pflichten seines Amts wegen, öfter in die Stadt. Er pflegte, wechselsweise, dann bcy Biderthalen, dann bey Dorenburgen abzutreten. Sie sahen ihn nie ohne daß sich neue Aussichten von Glück» seligkcit vor ihnen erbfneten, und zahlten, Zm« ner ungeduldiger, Tage und Stunden, bis der Winter einbrache.

Einst traf es sich, daß Woldemar unverse, hcns in die Sradt kam nnd niemanden zu Hause fand, als Luisen. Er harre eine Zeichnung mitgebracht, einen Emwurf zu einem Familien«Gemälde, worauf Henriette die hervorste« chende Figur war, und mit ihrem Vater den Mittelpunkt des Ganzen ausmachte. Es war eine Hanptliebhaberey von Woldemarn, Portrate aus dem Gedanken zu machen, und sie gerie« then ihm ungemein. Diesmal hatte er alle seine Kunst ausgeboten, den alten Hornich auf die vortheilhaftesie Weise darzustellen, und es in seiner ganzen Figur möglichst auszuprücken, wie ihn Henriette iu den letzten Iahren sei, nes Lebens nicht allein glücklich, sondern auch gefällig, gut und liebenswürdig gemacht hatte. Luise war ausser sich vor Freude über diese Zeich, nung, und wurde nicht müde eine Figur nach der andern durchzugehen, und die schbne gefühll« DZ

»olle Zusammenordnung des Ganzen zu bewnn, dem. Woldemar gab ihr das Blatt bis zu sei» ncr Abreise in Verwahrung, damit sie nach Herzenslust sich daran ergötzen nnd nu'ide sehen' könnte. Er wollte nur bis zum dritten Tage bleiben.

Den zweyten, Abends nach Tische, federte er das Blatt zurück, und es wurde bcy dieser Gelegenheit noch einmal vorgelmmmen, durchgesehen, untersucht, darüber gesprochen. Den mehrsien Stoff gaben die zwcy Hauptsiguren. Luise kam, voll Rührung, immer auf diese wieder zurück.

Unglücklicher Weise begegnete es ihr, in ihrem Entzücken die Worte auszustossen: — ,, Sie können das nicht so fühlen, wie ich! — Sic wissen nicht alles!" —

Sobald ihr die Worte aus dem Mnnde waren, erschrack sie, und wurde glühend roth. Ties machte Woldemars Aufmerksamkeit rege. Er fragte; lmd nun verwandelte sich die Rothe der armen Luise in Blässe. Je ängstlicher sie sich weigerte mehr zu sagen, desto dringender wurde Woloemar. Endlich drohte er. daß er durch Henrietten das Geheimnis, schon heraus bringen wollte; er hätte Faden genug... So kam es dahin, dafl die arme Lmse, halb aus Furcht, halb aus Treuherzigkeit zuletzt nachgab, und ihm alles offenbarte.

Während dem Anhören nahm sich Wolde« mar so gut zusammen, und hielt sich auch nach« her so fest, dag Luise gar nicht ahndete, was für einen Stachel sie ihm ins Herz gesenkt hatte.

Er brachte die Nacht in seinem Sessel zu. Ehe er sicks versah, hatten seine Gedanken sich so gehauft, sich so vielfältig durch einander geschlungen, daß er wie erstarrt davon war. Seine Henriette weniger hochschatzen, weniger lieben — konnte er um alles, was er jetzt «fahren hatte, nicht; er mußte eher sie be« wnnd'ern, ihr Dank wissen. Und doch fühlte er, daß er unzufrieden mit ihr war.

Unzufrieden mit Henrietten? — Er erschrack vor dieser Vorstellung. — Und warum unzufrieden? — Durfte er wohl je» wanden es bekennen? — Konnte er's nur sich selbst erklären?

„Es ist die erste Befremdung, sagte er zu sich; morgen werde ich ruhig seyn " — und wollte aufstehen und sich zu Bette legen. Aber schnell kam wieder eine neue Gedankeureihe, die ihn faßte und niederhielt.

„Mir entsagt — feyerlich — heimlich! — Ihr Vater, ihre Geschwister vermochten sie dahin zu bringen! — Sie hat ein Geheimniß mit ihnen gegen Wol« demarn! — O, ich bin ihr nicht was ich dachte! — Henriette ist nicht... . Er fuhr in die Hohe — wieder zurück — wußte sich nicht zu lassen.

»
Der Morgen graute schon, da legte er sich. Der Kopf schmerzte ihn gewaltig, es kam Schwindel dazu; so schlummerte er endlich ein. Um neun Uhr stand er auf, sehr abgematter, aber um vieles heiterer, und gefaßt genug, um Luisen gänzlich die Ursache seiner Unpäßlichkeit verbergen zu können. Er schalt sich ernstlich über seine ausschweifende Empfindlichkeit, nnd gab ihr allerhand gehäßige Namen. Viel lieber wollte er sich der verkehrtesten Eigenliebe, als seine Henriette einer Sünde gegen die Freundschaft schuldig finden. Es gelang ihm endlich die Gefühle seiner ersten Aufwallung zu unterdrücken; und er reiste fest entschlossen nach Pappelwiesen zurück, sich von nun an die Sache ganz und auf immer aus dem Sinne zu schlagen. Bcy seiner Ankunft nahm die einzige Henriette etwas verandertes in seinen Zügen wahr. Er schob es auf eine Unpäßlichkeit, die ihn in der Nacht überfallen hätte; doch gestand er zuletzt: einer von seinen bösen Geistern wäre einmal wieder über ihn gekoni« men, hätte aber keine Stätte gefunden.

Noch keinmal war ihm die Freude, seine All» wina, seine Henricrre wieder zu sehen, so warm durch Herz und Ädern gelaufen; es kam ihm vor, als nähme er zum erstenmal wahr, daß er so sehr geliebt wäre. Tief in sein Innerstes drang Henricttens sanftes Forschen mir Blicken und Liebkosungen: — Ob erwas seine Glückseligkeit större? — ob sie es nicht von ihm neh« men könnte? — für ihr Glück, für ihr Leben? — Woldemnr ertrug es kaum. Der Zu« stand, worin er sich zu B "befunden hatte, schien ihm jetzt zu Pappelwiesen so thöricht, ja so rasend, daß er vor Lcham nnd Reue zu vergehen meynte. Wäre es nicht um Luisen gewesen, er hätte alles entdeckt. — Er warf sich seiner Freundinn in die Arme: — „Engel, rief er, mir beklommener Stimme, — wie Du mich liebst! — Ich verdiene es nicht; ich habe kein Herz das zu lohnen." — Dennoch übersiel ihn nachher wieder dann und wann auf eine unangenehme Weise der Gedanke an Hen« riettens Gelübde — an das Geheimniß zwischen ihr und ihm; und es gab Augen, blicke, wo es ihm bis zur sichtbaren Unbehag, lichkeir beschwerlich wurde.

Sie verließen erst im November das Land. Von Alwinens Verheyrathung war zu B" nichrs ruchtbar geworden. Die Frage war dort schon lange gewesen, lange vor Hornichs To, de: Welche von beyden — Allwina oder Henriette, Woldemars Gattinn werden wurde? Aber nach vielem emsigen Gewäsche war nun seit kurzem so gut als ausgemacht, man werde gleich nach der Trauer erfahren, daß Henriette die Braut sey; und so konnten die guten Leute bis dahin andre Sachen sich angelegen seyn lassen.

Sie geriethen ausser sich vor Bestürzung, die guten Leute, da sie jetzt so ganz unversehens mit der Nachricht überrascht wurden: Allwina ware — nicht erst die Braut — sie ware seit sechs Monaten schon mit Wolde, mar« vermahlt!

Unmöglich konnte das mit rechten Dingen zugegangen seyn! — Es mußr« etwas dahinter stecken! Und nun harren sie keine Ruhe, bis sie 0as Wahrscheinlichste nach ih, ren Begriffen herausgebracht harten.

Man kann sich die Vermuthungen die zum Vorschein kamen nicht ungeheuer genug denken. Am ärgsten wurde Henriette mißhandelt; nicht, daß man ihr vorzüglich gram gewesen ware, sondern weil bey ihr das Wahre den guten Leuten am wei« testen aus dem Wege lag. Selten haben Ver, läumdungen, auch die schlimmsten, eine andre Quelle: es ist unr, daß die guten Leute nach Maaßgabe ihres Siimes, Herzens und Verstandes urtheilen; daß sie ihre eigentliche Meynung entdecken, nach bestem Gewissen.

Auf diese Weise geschah es, daß Hen, riette den Gram erfuhr, ihr Heiligstes in den Koch treren zu sehen. Ihre Freundschaft mit Woldemarn wurde auf die schuboeste Weise.
gelästert; gelästert; ihre Unschuld mit Schmach angtt than...

Ich habe sie gesammlet in der Stille meiner Seele, die Thränen des Engels, und ich zitterte, daß Eine der meinigen sich dazu mischen möchte! — Sollte ich sie ausgießen vor der Menge? — Diese Menge mit keuscher jungfräulicher Thräne — mit der Weihe der Unschuld besprengen?

Feig war das Madchen nicht; Tugend läßt es nicht scyn. Henriette blieb dieselbe in allen ihren Handlungen, in ihrem ganzen Betragen. Aber in dem Grade vermochte sie ihre Einbildung nicht zu beherrschen (und sie wäre lange nicht ein so treffliches Geschöpf gewesen, wenn sie es gekonnt hätte) daß ihr davey nicht sehr oft die verkehrten Urtheile der Leute vorges schwebt und ihr einen Schauoer durchs Blut gejagt hatten. Ihr geheimer Schmerz wurde dadurch vergrößert, und unvermerkt schlich sich einiger Unwille gegen sie selbst, und ihm nach einige Bitterkeit gegen die Menschen in ihr Herz, das bis dahin den reinsten Frieden genossen hatte.

Woldemar hatte von allen den Verlaum« dungen, welche zu B.-' herumgcflüsterr wurden, wenig erfahren, weiter von den Einen zn sehr geliebt, und von den Andern zu sehr gefürchtet war. Iedermann wußte, daß er Dinge dieser Art mit einem fürchterlichen Grimm empfand, und daß sein Hohn verzehrendes Feuer war. Den Nichtswürdigen auszuweichen, sich um ihretwillen zu bequemen, oder Wege der Klugheit einzuschlagen: — das spie er an; in allen solchen Fallen war seine ganze Seele lauter Trotz. Ueberhaupt fühlte er seine Starke, und brauchte neben seinem Recht gern Gewalt.

Was sich mit Henrietten zutrug entgieng «ine Zeitlang seiner Beobachtung. Ihm war so wohl in seiner neuen Lage, und diese Lage v führte in den ersten Monaten so viele unvermeidliche, im Ganzen süße, Zerstreuungen mit sich, daß er davon in eine AN von angenehmer Beraubung gerieth, die ihn unfähig machte widrige Eindrücke anzunehmen. All« wina besaß im höchsten Grade jene Eigenschaften, wodurch eine Frau ihr Haus zu ei« nem Himmel macht. Sie gönnte unserem Philosophen seine vornehmen Künste; wollte von ihrer Seite aber es nie darauf ankommen lassen. Sie meynte, wenn es eine so schöne Sache ums entbehrlich machen ware, so ließe sich nichts rühmlicheres denken, als wenn sie Woldemarn am Ende sogar auch seine Philosophie entbehrlich machte. Zu gutem Glücke hatte sie an ihm den Mann, der wenigstens eben so gut zu genießen als dem Genuß zu entsagen wußte, und so gelang es ihr wirklich, daß seine Philosophie allmählich nur in den Hinrerhalt zu stehen kam. Wir haben gehört, warum er die äußerlichen Verschönerungen und Bequemlichkeiten des Lebens gern bey Seite ließ: weil er nämlich die damit verknüpften Bemühungen haßte; weil ihm eine Unterbrechung des Genusses unangenehmer als eile gänzliche Beraubung desselben war; weil er an Disharmonie, Flicks und Stückwerk einen gewaltigen Ekel hatte; und weil ihn Sorge, Anstrengung und Verlegenheit um geringfügige Dinge in die peinlichste Ungeduld versetzten. Dies alles fiel jetzt weg durch Allwinens und Henriettens vereinigte Klugheit, Behendigkeit und zärtliche Lisi. Was ihm von jenen Annehmlichkeiten dargeboten wurde, war immer wie ein Zauberwerk vor ihm entstanden, umgeben von Fröhlichkeit und Scherz, von Lust und Liebe. Es konnte nicht fehlen, er mußte mit ins Spiel gezogen werden.

Eine gewisse Vefreundung mit Dingen dies ser Erde, ist süßer als die Weisen denken. Wir können ja doch nicht von dieser Erde weg, so lange wir unsere Schweere behalten, und wür, den übel dran seyn, wenn sie uns nicht mehr tragen wollte.

Und wer von uns ennnert sich nicht froh an jene Zeiten, wo wir, vorlaut« Lust, nicht weiter sahen« und eine jede vergangliche Gabe wie mit, unvergänglicher Liebe an uns rissen; nach Tagen, nach Augenblicken strebten, als ob es Ewigkeiten wären; vollkommene Glückseligkeit mit leiblichen Augen vor uns sahen, uno zwischen ihr und nns nur Raum, nur Zeit,. nur weichendc H i n d e r n i s s e; — Ach! und immer nur der Menschen Thorheit bejammerten, die Menschheit selbst aber nie?... Es war nicht ganz leerer Dunst, was uns so selig machen komite. Und wohl dem, der es wieder findet, „den Frühling feines Daseins, eine zwcyte Jugend, ttuschuld, Zuversicht und Paradies!" Klüger als ehmals, wird er nicht mehr nach jeder Freude taumelnd haschen, sondern die gewählte sanft an seinen Busen ziehen, und an sich herzen, damit sie nicht früher cntsliehe; inniger, auch darum, we.il sie vergänglich ist.

Diese stille besonne!« Wollust war um so mehr in Wo!den«rS Geschmack, weil er dabey glauben konnte, wie Tenokrgtes, die Ltzts Ez zu besitzen, ohne von ihr besessen zu werden. Sein Zustand dmickte ihn mehr ein Zustand der Beschauung, als des Genusses zu seyn, und er freuke sich, scin Herz für alles Schöne so reiz« bar und der Lust so offen zu fühlen, ohne daß die Freyheit seines Geistes davon angesochten würoc. Alles vereinigte sich, ihn die Eigötz« lichkciten der Sinne und der Einbildung, in eine:n ungewohnten Glanz von Unschuld und Reinheit erblicken zu lassen. Er entblößte ih« neu innig seine Brust; versuchte sich an ihnen, und genoß sie doppelt, indem er sie in immerwährendem Siege zu gemeßen glaubte.

Endlich wurde er denn doch ans Henrietten aufmerksam, als sey etwas verändettcs an ihr wahrzunehmen, besonders in ihrem Betragen gegen ihn. Lange suchte er es sich auf alle Weise auszureden. Er war seit dem Vorfall nach der Entdeckung, die ihm Luise gemacht hatte, äussersr schüchtern, und gegen sich selbst mißtrau scher geworden. Aber eben dicscs mußte seine Aufmerksamkeit, da sie nun doch einmal wieder gereizt worden war, und sort« dauernd gereizt wurde, nur in desto starkeren Trieb setzen. Selbst indem er darauf bedacht war sie abzulenken, stellte er, wider seinen Willen, Beobachtungen an; und so gerieth er, immer unwillkuhrlich, endlich dahin, daß er seine Freundinn, bald hie, bald da, auf die Probe stellte.

Nun war Woldemar verloren!

Seine ersten Versuche mit Henrietten fielen z w e y d e u t i g aus. Er machte Neue und ließ sie schneller auf einander solgen. Endlich erhielt er Resultate, welche seine Bemerkungen zu bestätigen schienen — das wollte er nicht! Falsch sollten sie befunden werden, durchaus falsch! Sie mußten es — beym Himmel, sie mußten!

Der Unglückliche stand am Abgrunde deS Verderbens, und durste nicht einmal fürchten.

„ Keine Sorge! rief er schwindelnd aus, keine Sorge! Bey ollem was heilig ist, ich bin nur ein Thor! — Gott weiß, ich bin nur ein Thor — und es wird offenbar werden!"

So drang er immer weiter voran; gieng unabläßig hin und her in dem Nebel der zwis schen ihm und seiner Freundinn aufgestiegen war — ob nicht verschwande?

Zuweilen, nahe bey, schien er weg zu seyn; — einige Schritte davon, ach, da war «wieder! — Dann schwoll ihm das Herz bis zur Beklemmung; und was er bcgan» um deS Dranges los zu werden, war alles eitel; bis etwa ein Ausbruch von Zärtlichkeit nnd Weh, muth in Henricttens Armen ihm wieder einige Erleichterung vexschafte.

Schon vorher, nämlich seitdem er das Ge, heimniß von Henriettens Gelübde erfahren hatte, war mehr Lebhaftigkeit, aber damit auch, von seiner Seite, mehr Ungleichheit in seinen Umgang mit ihr gekommen. Alle seine Empfindungen für sie waren bc« diesen. Vor« fall ausserordentlich erregt und in eine Art von

Währung gesetzt worden; und wie einer, dem ein theures Geschopf, das seine ganze Wohl« farth trägt und bindet, in Gefahr schwebt, fühlte er jetzt doppelt ihren Werth und alle seme Liebe zu ihr. Da ergriff er sie denn manchmal und schlang sie fest und immer fester In seine bebenden Arme. — „Du bleibst mir doch, Henriette? sagte er zu ihr — ich ve rliere Dich nie? — nicht wahr, ich verliere Dich nie? — Tausendmal eher den Tod als Dich missen! — O, Du weißt nicht, wie an Dir mir alles gelegen ist, alles gelegen seyn muß, und was das für eine Liebe ist, mit der ich Dich liebe!"

Henriette ließ ihr ganzes,Herz ihm hierauf die Antwort geben. Es fiel ihr nie ein, der« gleichen ungewöhnliche Bewegungen ihres Freundes einer andern Ursache, als seiner ge? genwartigen Lage zuzuschreiben, welche alle Saiten seines Herzens gestimmt zu haben schien, von jeder Empfindung den höchsten Ton in vollem Klange anzugeben.

Aber nun, ganz neuerlich, hatte sie angefangen etwas bedenklich zu werden. Das konnte nicht ausbleiben, zumal Key dem Gemührszu« stande, worin wir sie erblickt haben. Woldemars Begegnungen mußten die Peinlichkeit desselben vermehren, und da sie je länger je zudringlicher wurden, nach und nach in der Seele des Madchens eine geheime Empörung zuwege bringen.

Henriette wußte nicht wie ihr geschah. Bisher harte sie ihrer Freundschaft für Wolde« marn weder Maaß noch Ende gewußt. Nicht der entfernteste Gedanke an Zurückhaltung war ihr je in die Seetz gekommen. Und nun auf einmal — Was? — Es ließ sich nicht ausdenken. — Schranken! — Grenzen! — Einer solchen Freundschaft — Woldemars nnd Hen« ricttens Freundschaft! — Grenzen?—Schratt« ken? — Wie? Warum? Welche? — Sie glaubte von Sinuen zu kommen.

Sie fühlte — mit unendlichem Zagen, daß sie Woldemarn sich offenbaren mußte. — Ia, sie wollte! — Aber in fürchterlichen Finsternissen lag ihr Einschluß.

Daß in Woldemars Gemüthe sich eine Ver« «nderung zugetragen habe, war nach uns nach von allen in der Familie bemerkt worden; aber niemand mochte zuerst aufmerksam darauf machen, nicht einmal das Weib den Mann, oder eine Schwester die andre. Ieder suchte seine Bemerkungen sich auszureden, und niemand mehr und ernstlicher als Biderthal.

Keinem aber wollte es in die Lange auch weniger damit gelingen als Biderthalen. Nach langem Säumen und Zweiseln nahm er endlich zu Henrietten seine Zuflucht. Er entdeckte ihr, was er zu deutlich gesehen hatte und sich nicht mchr auszureden vermochte; nämlich daß Woldemar durchaus verstimmt, seltsam verZn« dert sey. Cr fragte: ob sie keine Ursache wüßte, ob sie ihm kein Licht darüber geben könnte?

Woldemars Verstimmung, sagte Henriette, seine abwechselnde Lmme, und das oft so Unnatürliche und Plötzliche in diesen Abwechsluu« gen hatte auch sie schon oft nachdenkend ge« macht, und bekümmerte sie. Sie wüßte nichts, vermuthete aber jetzt, und dies würde ihr mit jedem Tage wahrscheinlicher, daß Woldemar Eins und Andrcs von den bcy Gelegenheit seiner Hcyrath ausgestreuten haßlichen Verlaum« dungen erfahren, und vielleicht auf eine höchst verkehrte, nnangenchme, empörende Weise erfahren hatte. Es schiene in der That unmöglich, daß ihm davon gar nichts sollte zu Ohren gekommen seyn. — Dies nun hatte ihn aufgejagt. Er hatte sich bemüht auf den Gesichtern seiner Freunde zu lesen, waL er zu wissen begehrt, und zu fragen sich gescheut hatte: nämlich Sache und Zusammenhang, und wie man sie empfunden, unter sich darüber gedacht, gee redet, überhaupt, sich dabcy benommen hatte. Auf meinem Gesicht, fuhr Henriette fort, mag er leicht gelesen haben, was ihn noch mehr zum Forschen antrieb, ihn beunru, higte, quälte — was er tadelte; und dann bald zu entschuldigen, bald zu verzeihen sich bemühte, ohne damit für sich allein recht fertig werden zu können. Wer unsern Woldemar ein wenig kennt, setzte sie hinzu, begreift die Uu« Möglichkeit für ihn, aus dieser Flocke nicht eine Menge Unglücksfä-

den zu spinnen, und damit das sonderbarste Gewebe anzufangen. Darum nuiiZ und will ich nun unverzüglich sehen wie ich ihm beykomme und Hn zu einer Erklarung bringe.

Biderthalen wurde Vas Herz während er Henrietten zuhörte immer leichter und leichter. Er zweifelte nicht, sie halte das Wahre getroffen, begriff alles, und bat sie nur inständig, doch ja den ersten Anlaß, mit Woldemarn aufs reine zu kommen, nicht unbennör vorbcy gehen zu lassen.

Leider, wollte ein solcher Anlaß je länger je weniger sich aiibieten. Täglich erschteckte Woloemar die zarte Seele seiner Freundinn durch neue Erscheinungen, trieb das eole Madchen aus einer Verwirrung in die andre, so daß sie an ihm, daß sie so gar an sich selbst irre wurde, und beynah verzweifeln mußte.

Dies entgieng Biderthalen nicht ganz. So viel sah er, daß seines Bruders Gemüth sich immer tiefer beunruhigte; sah mit zunehmender Gewißheit, daß sein leidenschaftlicher Zustand sich ganz auf Henrietten bezog, und daß nun anch diese betroffen, geängstigt, verlegen, in der peinlichsten Ungewißheit sich fühlte. Gegen ihn selbst, auch gegen die andern Geschwister, bewies sich Woldemar in dieser Zeit liebevoller, erkenntlicher, genießender in der Freundschaft als je zuvor. Lies vermehrte Biderthals Bekümmerniß. Mir Recht schrieb er dergleichen Affeclvolle Aeusserungen emer innerlichen Beklemmung zu, erblickte darin ein bewegtes, gepreßtes Herz, welches sich zu helfen, sich zu trösten und zu starken suchte. Oefter wurden ihm in Woldemars Gegenwart die Augen naß. Dieser bemerkte auch einige Mal seine Rührung; ergriff Biderthals Hand, schloß ihn in seine Arme, herzte und küßte ihn; aber ließ ihn nicht reden; beugte vor, daß es nicht zu Fragen, nicht zu Erklärungen käme.

Unterdessen arbeiteten sich Biderthals Besorgnisse mit jedem Tage schrecklicher in seinem Gemürhe aus. Was er voll Wehmuth seinem Bruder voriges Iahr aus Pyrmont geschrieben hatte, jene Worte: „Lieber! Wenn Du „das alles nur an einem Haare festhieltest — durchaus nur an einem „Haare festhalten wolltest — Und „das Haar zerrisse — zerrisse viel« „leicht durch eine Bewegung Deiner „eigenen Hand. .? — Diese Worte, mit dem Ausruf: „Lieber! O erbarme Dich Deines Biderthals!" lagen ihm unaufhörlich in Gedanken, tönten ihm vor den Ohren und zerrissen ihm das Herz.

Es ist zu spätl seufzte, klagte undjanu werte es in seinem Innern. Woldemar liebt Henricrren! Ich hatte Recht zu behaupten, er scy mit ihr verlobt. Er war es im Grunde seines Herzens, und wollte es nicht wissen. Ihm, auch Henrietten, war ich nur ein Thor. Daß ich es nicht war

Gott! —Dies wird Henriette bald; WoK demar erst, wenn er mit dem Tode ringt, erfahren.

Nach der vorhin erzählten Unterredung mit Henrietten, hatte Biderthal sie nur zwey, mal an ihr Versprechen, Woloemarn zu einer Erklärung zu nörhigen, erinnert. Er schwieg nachher, weil er wohl sah, daß sie keiner Er, Mahnung bedurfte. Ihr alle seme Sorgen zu entdecket,, durfte er nicht wagen; er würoe sie dadurch nur wider sich empört, sich ihres Ver« Nauens, so gar ihrer Liebe — wenigstens auf eine Zeitlang — beraubt haben. Ietzt aber schien es ihm so wichtig Henrietten auss schien« nigsie zur Entdeckung dessen, was in Woldemars Herzen eigentlich vorgienge zu verhelfen, daß er alles daran zu wagen beschloß, um diesen Endzweck zu erreichen.

Früh an einem Morgen gieng er zu ihr. Sie war aufgestanden, aber noch nickt zum Borschein gekommen. Er griff unterdessen nach einem Buche, das er auf ihrem Arbeitstische liegen fand. Es war der zweyre Theil von Plutarchs Lebensbeschreibungen. Bc»m Aufschlagen traf er eine Stelle, die doppelt angestrichen war; folgende: „Fremdling, die Gesetze und Gebräuche der Menschen sind verschieden; einigen heiß« dieses schön und gut; andern jenes: aber das gilt allgemein, ist schön und gut für alle, daß jeder unter seinen Mitbürgern was gemeine Sitte ist verehre, und diese Lhrfurcht in allen seinen'Handlungen beweise."

Er behielt, da Henriette herein kam, das Buch in der Hand, und nachdem er sie begrüßt,

F und sie beyde sich gesetzt hatten, zeigte er ihr die angestrichene Stelle und fragte: warum sie diese Irrlehren über Schönes und Gutes, diese sklavische Maxime eines Barbaren; die sie hatte durchstreichen sollen, angestrichen, und gar doppelt angestrichen harte? — wenn Bruder ZVsldemar das fände!.,. Indem gab er ihr das Buch iu die Hand.

Diese Striche sind schon alt, sagte Henriette.

Dgnn lasse ichs gelten, erwiderte Biderthal, wachte das Buch zu, und legre es wieder auf die Stelle, wo er es genommen hatte.

Henriette wurde roth» — Nein, Biber« derthal, sagte sie, nein; diese Striche sind von gestern; zog ihr Schnupftuch hervor, bedeckte sich daS Gesicht, und fing bitterlich an zu weinen.

Biderthal sprang auf, umarmte Henrietten, drückte sie au fein Herz, nnd sagte mir beklommener Stimme: Fasse Much Du gutt, liebe, schöne Seele Du! Man kann nichl un« schuldiger, nicht ehrwürdiger und besser siyn, als Du es bist. — O, fasse Much! Ich fürchte' Aergeres, gewiß viel Aergrres, als Du; und doch hoffe ich, mein Woloemar, und wir mit ihm, sind noch zu retten.

Henrietten sanken die Arme. Sie sah mit trockenem Auge Biderthalen an — „Aergeres?" — wiederholte sie todtenblaß, und sich aufrichtend: „Aergeres?" — Wo ist Ar« ges? Gewiß eher in meiner Seele, in der I h« rigen, in unser aller Seele, als in der hnnmlischen Seele meines Freundes. O, wenn er minder arglos wäre, ich weinte nicht, und Sie — bebten nicht an dieser Stelle!

Biderthal wollte reden; aber Henriette flehte mit gefalteten Händen, von neuem in Thränen aufgelöst, daß er sich entfernen, sie nHein lassen möchte. '.

Er gieng.

An der Thüle rief und holte Henriette ihn zurück. Schluchzend stammelte sie: Ich will anhören! Ich weiß nicht was vorgeht; nein, 'ich weiß es nicht. Ich werde Schuld haben, es wird aus mich fallen; reden Sie, lieber Biderthal, sagen Sie mir -sagen Sie mir alles.

Biderthal war tief bewegt. Er drückte und küßte Henrietten die Hand, weinre mit ihr, setzte sich und stand wieder auf; versuchte zu reden und hatte keine Stimme. Henriette, die zuerst sich faßte, half ihm, durch milde Anrede, zu Worten.

Verzeihen Sie maine Heftigkeit, sagte sie zu ihm; ich hatte sehr Unrecht. Gewiß kamen Sie mit herzlicher Liebe, mit vertraulichem Rache zu mir, und ich stieß Sie von mir! — O verzeihen Sie mir! Werden Sie mir wieder gut!

Sie bedürfen keiner Verzeihung, antwortete Biderthal, und ich selbst verdiente keine, wenn ich einen Augenblick von Woldemarn Arges denken, eine Furcht in Absicht seiner haben könnte, die ihn erniedrigte. — Oder ist es etwas Arges, wenn ich glaube, daß er Sie über alles liebt;«Sie liebt, wie er ausser Ihnen niemand lieben kann; daß er im Grunde — Sie allein liebt?

Henriette fuhr etwas zurück. —

Ist Ihnen dieses neu, sagte Biderthal? Sie wissen es doch! «

Setzen Sie den Fall, Woldemarn ware auch, was er längst weiß, neu geworden; er fühlte wie er Sic liebt, mehr als er es je gefühlt hat; und nun genügte ihm Ihre Gegenliebe nicht mehr. Irgend ein unbedeutender Anfall könnte sein Gemüth in eine Bewegung gesetzt haben, die sich selbst vernuhrte, starker und starker wurde. — Sie zweiflen doch nicht, daß der leidenschafrlichc Zustand, worin wir ihn fehen, sich auf Sie beziehet? — A»ch verbergen

Fz

Sie sich nicht, daß dieser Anstand von Tage zu

Tage zunimmt, bedenklicher wird! Wie können Sie denn so gelassen zusehen, und nicht fürchten, uns das schlimmste abwarten wollen?

»

Lieber Biderthal, antwortete Henriette, ich kann mich nicht fürchten, wie Sie; aber ich leide genug. Auch Allwina ist bekümmert. Sie hat es mir lange abgestritten, daßinWol, demarn etwas vorgienge, was er uns verheimlichte. Sie sah und fühlte nur, daß sie ihm mit jedem Tage lieber wurde; war dabcy in die Freude, bald Mutter zu seyn,. ganz vertieft. So lauge sie selbst nichts bemerkte, wollte ich nicht, daß sie fragen sollte. Endlich wollte sie bemerkt haben und fragte. Da hat Woldemar mit der größten Offenherzigkeit und Freundlichkeit geantwortet:,,Ia, es gehe ihm etwas im Kopfe herum; es sey eine fo große Albernheit, daß er es sich zu sagen schame; er wolle aber, um sich zu strafen, diese Schaan, überwinden, und zuverläßig ihr und mir die kindische Grille beichten, so bald er sie weggeschaft halte."

Nun verreist Allwina Ende dieser, oder Anfangs künftiger Woche, mir der jüngern Tante nach Fließen, um bcy dem Oberanumann vollends wieder alles ins Gleiche zu bringen und gut zu machen; sie warten nur auf Briefe, daß er dort angekommen scy und sie gern erwarte. Bis dahin habe ichs, aufs längste, verschieben wollen, Woldemarn was ich auf dem Herzen habe zu sagen, und seine Vorwürfe gegen die nieittigen auszuwechseln. Auf einmal und mit ein paar Worten wird es sich schwerlich abthun lassen...

Zufriedener, mit erhshtem Muthe gieng Biderthal von Henrietten weg. Der reines schöne Affekt des Mädchens, seine Fassung und sein hoher Geist, hatten ihn aufgerichtet und gestärkt.

Hingegen hatte Hemietten dieser Auftritt sehr angegriffen. Sie fühlte sich, da sie allein war, traurig, beklommen, in einer Bewegung der sie nicht Meister werden konnte. Ans den Mittag mußte sie zu Woldemarn, der eine große Gesellschaft zum Essen hatte. — Dort sollte sie auch B i d e r t h a l e n wiederfinden. — Ihre Angst, daß sie nicht genug sich würde sammeln können, nahm unter dem Ankleiden zu. Sie mußte endlich sort. Beym Einsteigen in den Wagen fühlte sie, daß ihr die Knie zitterten. Das Herz köpfte ihr gewaltig beym Fortrollen über das Pflaster; noch heftiger, da der Wagen vor Woldemars Hause still hielt. Man öfnete den Schlag, und sie zweifelte ob sie aussteigen sollte.

Wolvemar fuhr zusammen über ihrem Anblick, suchte aber seine Befremdung durch einen desto wärmeren Empfang unmerklich zu machen; aber starr sanken darauf seine Arme an ihr herab. Henriette fühlte es, und beide überlief es kalt. Woldemar sah sie an — und wieder an — und wieder — bis Schwindel und Blindheit ihn zwangen abzulassen. — „Verloren! verloren! schrie es in seiner Seele, verlv.

ren!" — Er hatte sich umgekehrt und stand am entlegensten Fenster, sein Gesicht au eine Scheibe geheftet, und sah gerad auf gen Himmel. Sein Bruder und Caroline, die zu ihm traten, und sich nach seinem Befinden erkundigten, und seine Gaste, die nach einander ankamen, erlaubten ihm nicht in dieser Stellung zu verweilen. — Er hatte sein Leben gewagt, um einige Minuten mit Henrietten allein zu seyn. — Henriette litt Todesangst. — Auf einmal gieng sie auf ihren Freund zu: „Lieber Woldemar, sagte sie zu ihm, indem sie ihm die Hand drückte; nicht wahr wir haben mit einander zu reden? Auf den Abend! Nur bis dahin. Lieber, sen ruhig!"

Diese Worte, noch mehr die liebevolle Miene, welche sie begleitete, erhellten Woldc« mars Gemüth auf einige Augenblicke; aber kaum war er recht zu Gedanken darüber gekommen, so kehrte seine Unruhe desto unertraglicher zurück. Sehnsucht, Erwartung und Furchten trieben ihn bis zur Verwirrung umher. — „Es war also gewiß, Henriette hatte etwas ans dem Herzen; — etwas das ihn angienge: — six hatte es schon lange auf dem Herzen gehabt; schon so lange ihm verheimlicht! Was konnte es seyn?" — Er verwickelte sich je länger je mehr in diesen Vorstellungen, so daß er kaum mehr inne wurde, was um ihn her geschah, sondern unabläßig mit Forschen an Hen« ricttens Augen, an ihren Mienen und Geber« den hieng. Henriette wurde äussertst verlegen; Woldemar, der ihren Unnmth beobachtete, desto verwirrter. Seine Arsireuung stieg aufs hschste, und nun begab sich alle Augenblicke etwas, wodurch sie ihm selbst auffallend wurde. Er erschrack darüber, und begann in der Angst allerlei), um sich zu helsen: er wurde laut; warf mit witzigen Einfällen um sich; unterbrach, bald hie bald dort, ein Gesprach; trank, halb in Gedanken, halb mit Vorbedacht, von verschiedenen Weinen, und in größerer Menge als er gewohnt war.

Diese gewaltsame Erheiterung, bey dem ganz entgegen gesetzten Zustande worin er sich befand, brachte ihn vollende aus aller Fassung. —. Man stand von Tische auf, uno cs ward immer arger mir ihm. Seine Fantasie glühte; sein Herz zerrann.?r Mißte nicht zu bleiben vor alle dem Widersinn, der sein ganzes Wescn aus einander Heb.

Henriette, voll Bckummerniß, sah sich oft verstohlen nach ihm um. Von ungefähr, bcy einer schnellen Wendung, begegnete sein Auge einem solchen Blick; da flog er auf sie zu, faßte ihre Hand, und stand einen Augenblick vor ihr, als ob ihn die Seele verlassen wollte. Henriette erschrack zum Erblassen: — „Allwina winkt mir" — sagte sie, und sprang ihr an die Seite.

Woldemar durchkreuzte einigemal den Saal; dann kam er. wieder gerade zu auf Henrietten; zog sie bcy Seite: „Ich muß, sagte er, ich muß gleich diesen Augenblick mir Ihnen reden; kommen Sie mit." — „Das kann nicht seyn! " erwiderte Henrierte mit einem' äusserst gefaßten Ton; „auf den Abend, sagte ich Ihnen; dabey bleibt es."

Woldemar glaubte in ihrer Gebärde etwas von Verachtung wahrgenommen zu haben, und entfernte sich mit zerrissenem Herzen.

Der Rest des Tages war für beyde ent« schlich. Woldemar strengte sich bis.zur Ohnmacht an, und konnte dennoch seine Bewegungen nicht alle zurückhalten. Henriette zitterte von Augenblick zu Augenblick, daß Woldemar sich noch sichtbarer vergessen möchte; es dauchte ihr schon lange, alle Anwesende waren heimlich nur mit ihm und ihr beschäftigt. — Und — weiter hinaus: Der Ausgang! Das Ende! — Und ohne Weiteres, an sich die bloße Sache: Woldemar und Henriette in einem solchen Zustande, einer solchen Lage! — — Beyde solterte dies mit Qualen der Hölle in gleichem

Nachdem die Gesellschaft ausmander gegaiu gen war, führte Woloemar Henrietten nach Hanse. Ihrem gepreßten Herzen war so Noch um Luft, und der Zwang neben Woldemarn siel ihr so unerträglich, daß sie ihr Englisches zu Hülfe nahm, um schon auf der Straße anzufangen, sich ihm zu eröfnen, und nun ununterbrochen fortfuhr bis hinein in ihr Cabinet. Sie fühlte nicht die mindeste Zurückhaltung mehr, konnte alles nach der Reihe jetzt klar heraus sagen von Anfang bis zu Ende: was für häßliche Gerüchte entstanden waren; wie ihr diefe zu Ohren gekommen; was sie daben empfunden; was sich nachher in ihr zugetragen; was sie darauf an ihm beobachtet hatte; — und nun den ganzen gegenwartigen Zustand ihrer Seele. ...

Dem Himmel sey Dank, fuhr sie fort, daß es noch eben zu rechter Zeit zu einer Erklärung unter uns gekommen ist; aber mm, lieber Wol« demar, auch in unserm Leben keine solche wieder! Lassen Sie uns, was unser äusseres Betragen gegen einander betrifft, einige Schritte rückwärts thun. Seit Allwina ihre Frau ist, und schon vorher, haben wlr unvermerkt angefangen, uns weniger hierin um öffentliches Urs theil zu bekümmern. Dies unschuldige Ver« gessen war so natürlich, es floß so mnmittelbar und rein aus den Wendungen unserer Verhältnisse, aus unserer ganzen Lage, war so schicklich zu den Bedürfnissen von Allwinens Herzen.— war durchaus so schön. — O ich freue mich; ja, ich freue mich auch der Lästerungen, die über mich ergangen smd, weil nichts in mir war, was mich vor ihnen hätte warnen können. Dies Bewußtseyn vergütet mir alles. Aber nun bin ich gewarnt. Unsere Freundschaft ist mir heilig, und ich kann den Gedanken nicht ertragen, irgend jemanden zu reizen, daß er ein Aergerniß an ihr nehme und sie lästere; vielmehr mochte ich auf jeden den Segen brin« gen, sie für das, was sie ist, zu erkennen. Vor allem muß mir daran liegen, daß in meiner eigenen Seele ihr reines Bild unangetastet bleibe. Ich habe Ihnen gesagt, was für eine Wirkung die boshafteil Uttheile der Leute auf meine Fantasie gemacht haben. Wenn es Schwachheit von mir ist, so haben Sie Nachsicht damit; ich bin kein Manu. Auch dem Manne wird es nicht an Betrachtungen und Gründen fehlen, meinen Vorschlag gut zu heis-

sen. Und so sey denn dies hiemit sestgestellt!— Unsere Freundschaft ist zu lief gegründet, und zu wohl bewahrt, als daß ich mich nicht der. Anmerkung schamen sollte, daß sie nicht den mindesten Abbruch hiebey zu befürchten habe; was geht dies alles sie im Grunde an?,

Woldemar zog seine Uhr aus der Tasche: — „Schon so spat?" sagte er, seinen Sitz verlassend — und indem er mit dem Hut in der Hand auf Henrietten znrück kam: — „Ich werde mich Ihren Wünschen gemäß verhalten, liebe Henriette. Alles was Sie mir gesagt haben, war mir — theils neu, theils ganz unerwartet. Sehr gut, daß Sie sich gegen mich Äusserten! Ich begreife Sie vollkommen, und habe nichts einzuwenden. Wie gesagt, Sie können sich darauf verlassen, daß ich mich nach Ihren Wünschen fügen werde."

Er reichte ihr die Hand: „Ich muß eilen; schlasen Sie recht wohl, meine gute Henriette!"—Sie bot ihm eine Umarmung, die er annahm, aber etwas frostig; und damit, wie ein Blitz, zur Thüre hinaus und aus dem.Hause.

Ueber alles von Henrietten gesagte hatte er, während dem Anhören, wenig bey sich fest, setzen können; er war lauter Verwirrung ge« wesen, lauter Verlegenheit; immer in Gedanken darüber, wie er sich aussern sollte, im Fall er sich dazu gezwungen sahe: daher sein plötzli« chcs Aufbrechen und seine Eile wegzukommen.

Vor dem Haufe blieb er einige Allgenblicke stehen.

... Ach! alle die Liebe in seinem Herzen! — AUe die Liebe die er gensssen hatte — w grenzenlosem — Alle der Friede! — So angefochten??... gewogen — gewagt — der Zerrüttung ausgesetzt!"..,

Dann lief er schnell die Straße hinab, die folgende eben so, und weiter bis aus den Dohm« platz, — da hielt er.

Hier im Freyen, breitete er sich, rund um, der Luft entgegen. — Die S rille der Nacht wollte er haschen — und den Raum der Himmel.

Er fühlte Erquickung. Gelassenheit und Ruhe giengen, wie Sternhelle, in seiner Seele auf. — Und nun harre er Much, Henrietten ganzen Vortrag sich

zu wiederholen.

Die meiste Zeit fühlte Woldemar lebhafter was andre angiegu, als was ihn selbst betraf; nichts war leichter, als ihn zu seinem eigenen Nachrheil einzunehmen. Diese Gutherzigkeit verläugnete sich auch in dem gegenwärtigen Falle nicht. Die Vorstellungen ferner Freundinn, da er sie von neuem überdachte, wirken auf ihn, machten Eindruck; er setzte sich an ihre Stelle, und vertrat sie mit solchem Eiser, daß ihre Sache bald ansing ein unverwerfliches Ansehen zu bekommen. Nun wanderte er getrost nach Hause, wo ihn Allwina mit Schmerzen erwartete, weil sie ihn wegen seines Besindens in Sorgen gesetzt hatte. Sie freute sich, ihn so wohl zu sinden. Er brachte noch eine Weile in liebevollem Geschwäz mir ihr zu ehe er sich zur Ruhe begab, und harte keine schlimme Nacht; nur daurte es ein wenig, bis er einschlasen konnte, und er war früh wieder munter. In Ansehung Henriettens sah er am Morgen nicht anders als den Abend zuvor. — Etwas weh mußte ihm freylich das Herz noch thun von den vielen Leiden die es erduldet hatte; Pich regte sich noch dieser und jener kleine Borwurf wider Henrietten, hauptsächlich wegen ihres Betragens an, vorigen Tage, und der Art, wie sie gegen ihn sich erklärr hatte. Entschuldigen — zur Noch — konnte er auch dieses —nach Hern Uebrigen; aber ein gewisser Unmuth blieb in seiner Seele, der war nichtzu vere drängen.

Henriette eilte, gleich nach dem Frühstück, ihn zu besuchen. Er saß schon oben in seinem Cabiner. — Da hörte er sie! Höne-» sie die Treppe hinauf fliegen, — und hin an sein Vorzimmer, — und die Thür öfnen und hinein rauschen, aussein Cabinet zu.

Es war an seinem Herzen, wie wenn ein Damm durchgeht. — Unverwandt blieb er vor seiner Arbeit sitzen. — Henriette faßte mit ih« rer linken Hand feine rechte Schulter, und senkte sich hinüber vor ihn, und schaure ihm mir so freyer, froher Liebe ins Gesicht, daß er davon ausser sich gesetzt wurde. Der ganze Himmel, den ihm das Madchen geschaffen hatte, that sich weit vor ihm auf; kaum widerstand er, sie an sich zu herzen und eine Fluch von Thränen, die ihn drängte, über sie hin« strömen zu lassen. Aber er hielt sich; ermannte sich zu heiterm Blick und Lächeln, und that einen Augenblick, als zweiselte er, ob er sie umarmen dürfte. Indem hatte Henriette ihm schon die Wange gereicht. — Damit stand er auf und sing an sich freundschaftlich mit ihr über verschiedenes zu unterreden. Etwas fehlte doch, daß es nicht ganz im alten herzlichen Ton war. Wvldemar merkte wie er immer mehr, davon abwich, immer weiter sich zurück zog; aber n konnte sich nicht zwingen anders zu seyn. Ihn deswegen anzugehen trug Henriette Bedenken, zumal da er allen Anlaß durch ein freyes ungezwungenes Wesen zu entfernen bemüht war.

Sie sprachen eben vom Oberamtmanne, dem guten wunderlichen Onkel, daß er nichts von sich hören ließe: als Allwina mit einem Briefe in der Hand herein gehüpft kam. ös war der erwartete, und sein ganzer Inhalt erwünscht. Nun wurde auf der Stelle ausgemacht, daß Allwina gleich übermorgen nach Fließen aufbrechen sollte. Hierauf brachte Allwina hundert Gründe herbey, warum Henriette ihr heute lind den ganz?„ folgenden Tag nicht von der Seite weichen dürfte. Henriette sagte ihr noch hundert andere dazu, und wurde, halb erstickt von Küssen, im Iubel hinweg geführt.

Woldemar gieng wieder an seine Arbeit, «ahm die Feder voll Dinte, nno setzte sie an, als ob fein Geist in der Kesten Bereitschaft ware, und ihn die Gedanken übereilten. Aber alles fand er getrennt in seinem Kopf, und je mehr er sich bemühte, seiner Zerstreuung abzuhelfen, desto schlimmer wurde es damit.

„Nun dann! — sagte er, ungeduldig, zu sich selbst, indem er die Arbeit wegschob und seinen Stuhl herum rückte, — Nun was ist es?—

„... Dies — und jenes da — und wieder dies.. Was soll es? — Henriette ist und bleibt ein treffliches Geschöpf bey dem Allen; ist un! bleibt es, wenn sie mir auch noch weher gethan, noch viel,arger wider meinen Sinn ges G z handelt hätte. Ich brauche mich nur an ihre Stelle zu setzen, nur zu bedenken

daß sie ein Mädchen ist, zu erwägen, was überdem unser beyder Charactere für Verschiedenheiten mit sich bringen: so kann ich sie über alles rechtfertigen; so muß ich sie durchaus entschuldigen. — Wer gefehlt hat, bin ich; daß ich nicht früher dies in Betrachtung zog, — so in den Tag hinein lebte, als ob..."

Hier stockte Woldemar. — Er wollte fliehen vor dem Wetter, das ein ferner Blitz ihm verkündigte, — ein ferner Blitz und dumpfes unendliches Donnergerolle hinter ihm her. Aber wer kann sich erwehren umzublicken im Fliehen; 6nd wen ereilts nicht?

Als ob!... Das war Täuschung also, daß wir Ein Herz, Eine Seele, — Eins in allem uns fühlten? Ich muß aus mir hinausgehen, als aus einem Fremden, und mich in ihre Stelle versetzen! Versetzen? — Henriette ist mir ein Anderer; Henriette ist wider mich. Hin ist unfre Einmüthigkeit, unfre Eintracht: um,hr gut bleiben zu können, muß ich vergessen, wie ganz ich sie f»r meine Freundinn hielt — wie ganz ich ihr Freund war; endlich das gefunden zu haben meinte, und darin ewigen Frieden mit den Menschen.

Dem Aufkommen, dem Eingreifen und Bleiben dieser Gedanken widerstrebte Woldemar mit Gewalt. Alle die ftcyeren Bewegungen seiner Seele wirkten Henrietten zu Liebe; und diese follten die Oberhand behalten: fo war sein ernstlicher Wille.

Seine Aufführung gegen Henritten wurde der vollkommenste Abdruck dieser Gemüthssiim« mung. Woldemar besag eine seltene Starke, die Bewegungen seines Herzens aufzuhalten, seinen Leidenschaften den sichtbaren Ausbruch zu verwehren, und sie sogar, auf kurze Zeit, wo nicht zu unterdrücken, doch ausserordentlich zu schwachen. Es kostete ihm gewöhnlich nachher auch wenig Mühe seine Aufmerksam, Kit, wenn er es für gut fand, ganz vonöen Gegenständen, die ihn erschüttert hatten, ab« zulenken.

Allwina, den Mend vor Ihrer Abreise, Lbertrug ihrer Freundinn Woldemars Verpfle« gung und ihr ganzes Hauswesen.

In liebevollem Auffahren ergriff sie mit dem einen Arm die Frenndinn, mit dem andern den Mann, und herzte sie gegen einander, und drückte sie an sich aus allen Kräften; und indem sie nachließ, zerfloß in Englisches Lächeln ihr Ge, sicht; und an ihm herab sah man — wie wenn «ine sonmchre Wolke sanft und schnell sich er, gießt — Thränen der Zärtlichkeit und der Freude rinnen.

Mit bangem Herzen begab Henriette sich am solgenden Morgen zu Wo!demam. Sie hatte genug empfunden, daß tief in dem seinigen «was gegen sie arbeitete. Sit liebte ihn ft ernstlich und so schön, und wußte sich keinen Rath. Denn womit hatte sie ihn beleidigt? Wie härte sie anders handeln, anders sich er, klaren können? — Eine abermalige Erklärung — worauf sollte diese gehen? — Woldemar batte Unrecht; er harre so gewiß —O, er harre so offenbar Unrecht-daß man es nur ihm selbst überlassen mußte, die Augen aufzuthun.

Henriette weinte bitterlich, indem sie dieses überdachte. Seufzer aus Seufzer preßten sich aus ihrer Brust mit unendlichem Weh. Ohne Woldemars Freundschaft wurde ihr das Leben zu Nichts. Und diese Freundschaft schwebte in Gefahr. Und sie mußte sie der Gefahr über« lassen. — „Lieber mag der Himmel sie mir rauben, sagte sie bey sich selbst, als daß ich sie verderbe!"

Woldemar hatte schon einige Stunden einsam, in tiefen Geoanken und voll Unruhe, zu« gebracht. Sein holdes liebes Weib war früh, vor Anbruch des TageS, von ihm geschieden.

Ss war am Ansang des März. Diese Trennung hatte ihn sonderbar gerührt. Um und um schlug sein Herz von Liebe; — um und um, gegen an die erstarrende Mitte, wo Mißmuth über allgemeinem Unglauben brütete und der schrecklichsten Verzweiflung.

Er war zu lange glücklich gewesen; war zu sehr von den süßen Gefühlen erwiderter herzlicher Zuneigung und innigen Vertrauens durch» drungen worden, als daß die entgegen gesetzten bittern Gefühle sich so bald seiner ganzen Seele hatten bemeistern können. Die Menge, die Lebhaftigkeit der Erinnerungen, die ganze Ma, gie der Einbildungskraft, alles wirkte vorzüglich auf jene Seite.

Was ihm nach Allwinens Entfernung, zuerst begegnete, waren verschiedene Sachen auf seinem Tische: Schlüssel, Papiere, Bücher, die für Henrietten da lagen. Dies machte ihm die Vorstellung anffallend, daß sie, nach Verlauf von ein paar Stunden, bey ihm seyn und gewissermaßen ihre Wohnung hier aufschlagen würde, ör hatte eine Menge zartlicher Auftrage an sie von Allwinen. Und dann sollte er Ja! ilir dies und das erzahlen, was den Abend vorher nachdem sie schon weg gewesen, und den Morgen früh, zwischen ihnen war geredet worden, worunter manches Scherzlnfte war, das auf langer und kürzer Vergangenes in mannich, faltiger Beziehung stand.

Woldemar faß da, — unterdessen heiter der Tag heranlichtete, — hinträumend über das alles; und fühlte, wie sehr er sich jetzt auf Henriertens Ankunft freuen würde, wenn er freyes Muthes gegen sie wäre.

Diese Vorstellung nahm überhand, und wurde lebhafter mir jeder neuen Lichtung des Himmels. — Endlich fiengen seine widerwartigen Grillen an ihm so lästig zu werden, er mußte so von ganzem Herzen sie verwünschen, daß er sich entschloß, im Fall der Notrsie nur gerade zu von sich abzuwerfen.

Hiezu befand er sich durchaus in der gün« siigsten Stimmung. Noch war auf seiner Brust die Stelle warm, wo Allwina ihr untadeliches Herz an das seine gedrückt hatte. Es war ihm da ein Anschauen von voller Liebe, von unverbrüchlicher Treue so wieder neu geworden, daß seine Seele davon wie besessen blieb. Und auch sein eigenes. Herz hatte er wieder starker da gefühlt. Es hatte ihm gezeugt — es hatte, voll Entzücken, ihm zugeschworen, daß auf Menschen Verlaß sey!

Und zu diesen Menschen sollte Henriette nicht gehören? seine Henriette? die Fremidinn seiner Allwina?

Unsinniger Verdacht! — Anschwärzung, bloße Anschwarzung! — Eigendünkel, Eigensucht, Hochmuth, tyrannisches Wesen, verkehrter Sinn mußten da im Spiel gewesen seyn; die hatten ohne Zweifel ihn verblendet, ihn betört! s

Gefehlt — etwas gefehlt mochte sie immer haben. War er selbst doch auch nicht ohne Schuld. Somit sollte alles aufgehoben, olles vergessen seyn.

Um die Zeit, da er Henrietten erwartete, trat er ans Fenster, damit er sie von weitem kommen sähe. Es dauerte nicht lange, da erblickte er sie am Ende der Straße im Wenden UM die Ecke. Henrietten, da sie ihn wahr« nahm, sing das Herz an stark zu pochen. Sie kam naher, sah seine heitere Miene, sein frohes Lächeln, und wußte nicht, ob sie ihren Au« gen trauen sollte. Als sie nahe bey dem Hause war, grüßte er sie mit vertraulichem Nicken, sprang hinweg vom Fenster, und die Treppe hinunter an die Thür ihr entgegen. Sie war nie mit mehr Zärtlichkeit, mir mehr freundschaftlicher Wärme von ihm empfangen worden. „Nun geschwinde hinauf! sagte er zu ihr, komm!" griff ihr unter die Arme, und oben in einem Fluge!

Henriette, die sich auf eine ganz andere Begegnung vorbereitet hatte, wurde bestürzt und geriet!) in Verwirrung.

Auf einige Bcfremdung hatte Woldemar gerechnet, denn er wußte wohl, daß sein Un« muth die zwey vorhergehenden Tage hindurch Henrietten nicht hatte können unbemerkt bleiben: Aber diese Befremdung sollte gleich darauf in Freude, und diese Freude in einen gewissen höheren Grad von Zartlichkeit übergehen.

Natürlich genug waren diese Erwartungen; aber der Gang, den Henriettens Empfindungen nahmen, war es nicht minder. Sic hatte nie an Woldemarn dergleichen plötzliche Abwechselungen von Laune (sie konnte nicht wohl es anders nennen) wahrgenommen. Gegen sie, besonders, hatte sich nie ein Schatten davon gezeigt. Nun gab es der sonderbaren Erscheinungen so viele! — Lauter fremde ungewöhnliche Dinge! — Alles so ausseroroentlich, so sehr ausserordentlich! — Wie das kommen — was nur in dem Manne vorgehen mochte?

Diese Gedanken, mit welchen sich hundert andre verkm'ipsren — Was sie von Siderrha« len nicht harre hören wollen; nicht ausdenken mochte —

Biderrhal, der ihr wie vor Augen stand — und Allwina abwesend — eben heute verreist...

Des Hin« und Hersinnens war kein Ende; und sie stund vor Woldemarn ungefähr eben so, wie er vor zwey Tagen I h r gegen über gestanden hatte.

Woldemar wollte lange das nicht sehen. Er mußte wohl endlich.

Aerger als alles war ihm eine gewisse Schüchternheit, etwas Argwöhnisches, das aus Henriettens zerstreuter bedenklicher Miene hervorblickte. Es rief, wie zu ewigem Bleiben, die widerwartigen Vorstellungen zurück, über die er die Verbannung ausgesprochen hatte. Aber noch widersetzte er sich ihrer Aufnahme, und eilte, Henrietten zur ältern Tanre hinunter zu führen, Hey welcher er sie zurück ließ.

Er brachte den ganzen Morgen mit allerhand kleinen, melirentheils mechanischen Geschäften zu, bloß in der Absicht, sich vom Nachdenken abzuhalten. Er hofre auf günstigere Eindrücke, und wollte wenigstens den Verlauf des Tages in Gelassenheit abwarten.

Es traf sich an diesem Morgen, daß er wiederholt gestört wurde, und so ofter jemand an seiner Thüre hörte, glaubte er, es ware Henriette. Aber sie kam erst kurz vor Tische zu ihm herauf, und rn i t Biderthalen, welcher Freunde, zum Theil Auslander — sehr inte« refsante Menschen, zum Nachtcssen haben sollte, und sich Henrietten und seinen Bruder dabey wünschte.

Woldemar hatte keine Lust; „ er wäre heute früh auf gewesen" — und dergleichen.

. Bider«

Biderthal erinnerte ihn, daß cr immer früh aufstünde; und versickerte, man sähe ihm an, daß er Zerstreuung nöthig hatte.

Darüber lachte Woldemar.

„Aber ich denn, sagte Henriette, ich we? nigstens brauche Zerstreuung. Ich weiß nicht, mir ist der Kopf heute so schwer, ich mag mich nicht leiden; diese Einladung käme mir gerade recht, wenn Sie mit seyn wollten."

Was hindert, antwortete Woldemar, daß Sie ohne mich gehen?

„Das wissen Sie nicht? erwiderte

Henriette. Nichts! als daß ich dann keine Lust mehr hätte und das Mittel mir nicht helfen würde — Nun, schlagen Sie ein, lieber Woldemar! Ersparen Sie mir den Verdruß, daß ich meine schale Laune die Ihrige mit verstimmen seke. Sie kennen mich darin, daß mir nichts schlimmeres begegnen kann. Und wie käme ich bex H

HlVwinen zurecht? — Nicht wahr. Lieber, wir gehen mit einander — Sie thuns?"

Ia, ja! sagte Biderthal, und fiel ihm nm den Hals; ich sehe schon, er thurs.

Indem kam ein Bedienter, zu melden daß aufgetragen sey.

„Nein, er thut es nicht, rief Hen« riette; er thut es nicht, Biderthal, wenn Sie mir es abschlagen uns diesen Mittag Gesellschaft zu leisten.— Nicht wahr, lieber Waldemar, Sie thuns nicht? — Sie haben noch nicht fest versprochen?

Recht, recht! sagte Biderthal, thu es nicht, ich muß bleiben!

Die Mahlzeit lief ganz vergnügt ab. Bi« derthal zeigte sich in seiner ganzen Liebenswürdigkeit und war sehr unterhaltend. Woldemar stimmte mit ein, so gut er konnte. Die Frdh« llchkeit und die vortrefflichen Einfälle seines Bruders, und Henriettens zauberischer Witz, rissen ihn hin; er fühlte wirkliches Ergötzen. Aber des Stachels in seinem Herzen wnroe er darum nicht weniger gewahr. Der traf — sachte immer tiefer wühlend — ihm zuweilen so scharf ins Leben, daß er Mühe hatte, ein!« genial mitten im Lächeln, nicht einen lauten Seufzer auszustossen.

Nach dem Essen ließ Henriette sich von Biderthalen nach Hause begleiten, weil sie ihren Kopfputz noch besorgen und sich ganz frisch ankleiden mußte. Abends um sechs UKr sollte Wolvemar mir dem Wäg'en kommen, sie nebst Dorenburgen und Carolinen abzuholen.

Auf dem Wege und zu Hause erzählte Henriette Biderthalen, daß sie gleich am Abend desselben Tages, an dem er Morgens bey ihr gewesen wäre, mir Woldemarn gesprochen, und ihr ganzes Herz vor ihm ausgeschüttet hätte. Viderthal sollte sich tum beruhigen, sich von Hs nichts anfechten lassen, und es ihr zutrauen daß sie der Sache einen guten Ausgang ver« schaffen würde.

Woldemarn hatte, da Henriette mit Bibers thalen weggieng, ein Schauer durchfahren. Er sah von fern ein Heer Gedanken, das ihn nun überfallen, feine Einfamkeit ihm zur Hölle machen würde. Wohin sollte er fliehen? Er gebot sich Stille, Gelassenheit, Ergebung.

Die gefürchteten Gedanken näherten sich ihm; sie kamen in dichten Haufen, aber nicht stürmisch: langsamer nahten sie sich, und in ei« «er gewissen Ordnung'

Sein Geist wurde gefaßter. Und sein Herz — das war von den heftigen tiefe« Erschütterungen, die es, Stoß auf Stoß erlitten hatte, befonders von den plötzlichen Abwechselungen des heutigen Tages dergestalt auseinan, der, daß es kaum sich mehr zu fühlen im Stande

Also gestimmt und vorbereitet setzte Wolde« mar sich hin, und gieng die Aufführung seiner Freundinu durch, von dem heutigen Tage an zurück bis auf denjenigen, wo sie in des alten Hornichs feindselige Hände ihm entfagr hatte. — Der Schluß siel dahin aus: daß er in seiner Meinung von Henrietten geirrn hatte. Und...

NeinI — Das Herz brach ihm nicht davon!

Er stund auf, ließ sich ankleiden, und befahl um die gesetzte Stunde den Wagen. Es war nicht mehr lange hin. Unterdessen gieng er in seinem Zimmer aufund nieder. Ehe er sich's versah, hörte er den Wagen aus der Remise sprengen. Der Wagen kam vorgerollt, und stand gerade unter seinem Fenster. Da fuhr'S ihm durch alle Glieder.

„Hinfahren zu Henrietten! Mit ihr « und Carolinen und Dorenburgen zu Bidertha« len? — Dort die glänzende Gesellschaft; die erleuchteten Zimmer; das Geräusch; Spiel«

HZ tische; — ein Gastmal — Gespräch — Scherz — Fröhlichkeit — Lache„!" — Es war unmög, lich, er konnte nicht hin!

Doch ließ er den Wagen eine starke Vier« telstunde halterl. Er hatte eine Menge Be« denklichkeiten, über die es ihm schwer siel hinweg zu kommen. — Endlich befahl er wegzufahren, und gab einen Bedienten mit, der ihn entschuldigen sollte: „Er hatte Kopsschmerzen beki mmen, mit denen er sich nicht getraute in Gesellschaft zu gehen, und wäre willens sich ganz früh nieder zu legen, u, s. w."

Hierauf eilte er, sich die Kleidung vom Leibe zu schaffen, und sich von Kopf bis zu Fuß in sein Nachtzeug zu stecken, damit, wenn etwa noch sollten Anschläge auf ihn gemacht werden, er ihnen desto zuverläßiger entgienge.

Nach einer halben Stunde kam der Wagen zurück, und der Bediente hatte Woldemarn viel zu berichten; wie sehr man seine Unpäßlichkeit bedauerte; wie mißvergnügt über seine Absa« gung sich besonders Henrielte bezeugt harte. Sie ließ ihm ausdrücklich wissen: daß ihr alle Freude auf diesen Abend verdorben wäre,

„Alle ihre Freuden auf diesen Abend verdorben," — wiederholte Woldemar bey sich selbst;— das mag wahr seyn! — und so ein Abend kann einem lang werden. —

So Ein Abend. Aber ich? — Und hundert Abende! — hundert Abende und Morgen! — tausende! — und hie alle so glücklich seyn sollten! Die schh, nen reichen Blüthen alle.... O!

Sein Herz wurde plötzlich weich; und es fehlte wenig, daß er laut wi? ein Kind zu weinen angefangen hätte.

„ Aber wie nun auf einmal wieder so ganz dahin" — fragte er sich. — „Erst heute Morgen noch so voll Muth, so voll Glau« öen!..."...

Diese Betrachtung fesselte seine AufmerK samkeir. Er sann jenem Znstande nach; suchte die Vorstellungen und Empsindungen, welche ihn zuwege gebracht hatten, in sich zu erneuern, und versenkte sich mit ganzer Seele in ihren Begriff.

Freylich! sagte er: das ist und wird seyn, daß Henriette zu den besten ihrer Gattung ge« hört. — Ich kann mich auf ihre Tugend, — auf ihre Freundschaft (wie andre — auch vor« treffliche Menschen diese Worte nehmen) verlassen. — Nur ist auch fie nicht — was ich schon lange zu suchen aufgegeben hatte; — was ich endlich — gefunden zu haben meilite:—» nicht die Eine, die Meine.

Was fest, was unwandelbar macht; jene Treue, die keine Tugend — die Stärke, Lebhaftigkeit und Tiefe allein desSinnes ist — gebricht ihr.

Wie fern — daß ihr Herz wie das Meinige empfände!

Sie weiß nichts davon, daß sie von mir abgewichen ist — fühlt nicht das Widrige, das Unerträgliche darin: Iweymal in eine Parthey gegen mich — wo nicht getreten — doch verflochten worden zu seyn. — Konnte cS wagen, konnte es über sich bringen, bey mir in Verdacht zn kommen, um dem Verdache nichtswürdiger Menschen zu. entgehen! — Konnte gegen Freund fchaft, gegen die Ruhe meines Lebens, andre Dinge auf die Wage legen — fo kalt!

Wie manches ihr mehr gelten muß, als meine Liebe; — wie manches sie ärger schrecken — als dieser Liebe Tod!..

Es mag seyn, daß sie dadurch, daß sie tadelhaft vor mir erscheint, vor allen andern Menschen desto untadelhafter da siehe — Es mag, oder nicht! Hier ist davon allein die Frage: was eine Seele von der meinigen unzertrennlich macht — Das hat die ihrige nicht! Die Möglichkeit, daß sie von mir abfiele, liegt am Tage. Wir haben wirklich den Fall, daß ich ihr eine Art von Widerwillen, von Ekel errege. — Sie har mir verheelt; sich gegen mich verstellt — Ranke gebraucht — Lügen geredet — Zweifel und Mißtrauen gebrütet — hat uns ents zweyt!.

Und hätte sie nun eben dadurch auch den Himmel verdient — und ware sie das Erste unter allen menschlichen Wesen: so könnte ich sie — wohl eine Heilige nennen — Freundinn aber nicht. — Wir waren nicht minder abgerissen von einander — ich desto härter nur verstockt allen Freuden, auf ewig!

Der Tumult in Woldemars Seele war offenbarer Aufruhr geworden; und fern daß er daraus gedacht hätte ihn zu stillen, hieß er den Eifer gut, der seine Glückseligkeit zn Grunde richtete. Er brachte die ganze Nacht damit zu, alles in sich umzukehren, so daß auch jede Aussicht eines Wechsels vernichtet, und jede Hvfumig zur Thorheit wurde. Hierauf Wen es ihm, er ware ruhiger. Er lagerte sich hin aus den Ruin und schlief ein.

Henriette hatte in eben dieser Nacht kein Auge geschlossen. Paß Woldemar ihr den leeren Wagen geschickt und eine Unpäßlichkeit vor« geschützt hatte, um allein zu Hause zu bleiben, war ihr hart aufgefallen; aber mir Gewalt unterdrückte sie für den Augenblick das weitere Nachdenken darüber, um in der Gesellschaft bey Biderthalen nicht anders zu erscheinen, als man sie zu sehen gewohnt war. Sie erhielt sich in dieser Fassung, nicht ohne große und oft erneuerte Anstrengung. Ganz erschöpft kam sie nach Hause.

Der Gedanke an Woldemarn — Wie er Viesen Abend zugebracht haben möchte? — überfiel sie drohend und schreckend. Es war ein Gedanke ohne Ende. Wo lag der Weg zu seinem Anfange? — Henriettens ganze Einbildungskraft war aufgeregt, und nie vorherge« sehene Verbindungen stellten sich ihren, Geiste plötzlich dar. Von dem gestrigen Tage an zu« rück, lief sie alle mit Woldemarn in Absicht ib« rer vorgegangene Veranderungen durch in einem Nu, und fand ihren Anfang schon in Pap« pelwiefen. Das zusammen machte nur Eine Begebenheit, Eine Entwickelnng aus. — Was begab. Was entwickelte sich? — Bi« derrhals ehmalige Warnungen, seine Reden jüngst am Morgen, kamen ihr ins Gedachtniß, flssen ineinander, erlauterten sich, und verbreiteten über das Ganze ein wankendes fürch« terlichcs Dämmerlicht. Ihre Verwirrung stieg aufs höchste. Verzweiflung wollte sie ergreisen; sie sank auf ihr Angesicht, suchend wo und wie sie vor sich selbst sich verbergen könne.

Mitten in dieser heftigen Erschütterung strahlte, wie ein Licht vom Himmel, der alrH feste Glaube an ihren Freund ihr in die Seele. Sie fühlte: ihre Bebe zu ihm war keine Thorheir. Viel eher konnte alles andere nur bethörender Wahn, trügende vorübergehende Erscheinung seyn.

Hieran: Am Gewissen, am znvers tßgig Wahren wollte sie sich halten; stände Haft seyn, und ihrem Freunde anhangen auf jede Gefahr.

Eine schöne Ruhe, die sich keinem, der sie nicht erfahren hat, beschreiben läßt, kam über die Secle des Madchens, und füllte sie mit Huld und Starke.

Morgens 'um neun Uhr gieng Henriette zu Woldemarn. Da man ihr sagte, er wäre noch nicht aufgestanden, wurde sie bestürzt. Der Bediente mußte augenblicklich ins Schlafge mach; sie selbst folgte fachte nach; und da Wol« demar den Bedienten fragte: was er wolle? gab sie die Antwort: — Ich bin hier, lieber Woldemar! Wie es Ihnen geht? Sie haben mich zum Tod erschreckt!" — Und trat näher. Ihr Angesicht flammte von Liebe. Sie wurde es inne, da die Flamme nicht zündete, und zu« rück schlug. Ihn gebrannt hatte sie dennoch.

Woldemar antwortete dürr und freund« lich: „ihm wäre wieder besser, aber er brauchte noch Schlaf; bis gegen sechs Uhr hatte er wach gelegen." — Hierauf fragte Henriette, mir nassem Auge: ob er nichts be, gehre? — „Nichts in der Welt," war die Antwort, „als Ruhe!"

Diefe Antwort, obgleich Ton und Miene dabey nichts bedeuten wollten, gieng Henrietten durch die Seele. — Sie wendete sich langsam und gieng. Als sie leise die Thür inS

Schloß gezogen hatte, blieb sie, wie erstarrt, die Schlinge in der Hand, mit gesenktem Haupt davor stehen. Endlich ließ sie die Schlinge, und lehnte sich ans Gesimse. — Sie war voll Schwermuth und wußte nicht wie; sie konnte zu keinem Gedanken kommen.

Die altere Tante unterbrach sie in dieser Traumerey und führte sie mit sich hinunter. Aber da war für sie kein Bleiben. Sie gieng bald wieder hinauf, und warf sich im Vorzimwer auf einen Sessel, ihr Gesicht mit dem Arm verhüllend, voll unaussprechlicher Be« trübniß.

Woldemar unterdessen prüfte nochmals sein Inneres, und suchte sich in seiner Fassung unumstößlich zu gründen.

Er fand immer eben wahr, daß er ein für allemal jene überschwengliche Idee von Freundschaft zwischen ihm und Henrietten aufgeben müßte. Gesetzt auch, er hätte sich weniger an ihr betrogen als die Erfahrung zeigte: so ware es an den Zufällen genug, wodurch er und sie nun einmal waren aus einander getrieben worden, um eine Wiedervereinigung, in em Grade, unmöglich zu machen. — Also, weg damit! Und warum sollte er sichs nicht aus dem Sinne schlagen können? — Er hatte ja vor diesem auch gelebt, und das Leben nicht unerträglich gefunden!

Ein Blick in jene Zeiten, die noch nicht so weit entfernt waren, und mit seinen gegenwär» tigen stürmischen qualvollen Tagen auf eine Weise abstachen, welche ihnen keinen geringen Reiz erheilte, versenke ihn ganz in die Vor« siellnug der Süßigkeiten, die mit Genügsamkeit und Ruhe verbunden sind. — Der Gedanke mnrde Empfindung, und die Empfindung Genug. Daven kamen ihm die Vorzüge seiner gegenwärtigen Lage vor Augen. Eine All« wina zum Weibe; Er, der Gatte dieses Engels; bald Vater — von Kindern aus ihrem Schooße; — um, ihn her die liebenswürdigste Verwandtschaft; — die besten Glücksumstän de — Wohlleben und Ehre-Wo

« r hinsah, alle seine Wünsche übertreffen!.... Er mußte sich seines Klein« muths schamen! daß er sicho ganz harte hinreisten — unsinnig so lange umhertreiben —, bis zur Verzweiflung ängstigen lassen. Er verglich es nut der Berauschung eines Menschen der einen bösen Trunk hat, schalt sich emen Thoren, einen Rasenden — bedrohte sich mit Unglück und Schande.

Und Und Henriette — die Einzige, wurde

Verstossen! — Und Woldemar triumphirre!

Er fühlte an sein Herz, — Ia, es schlug ihm freyer; —— Und die Andern alle,

Sie waren ihm desto lieber geworden. — Er hatte es gut genug aus der Welt. , Es schlug eilf Uhr; er stand auf.

Henrietten in seinem Vorzimmer' anzutref« fen, war ihm unerwartet. Ihr schwermkrhi« ger Anblick fiel ihm auf. — Dem armen Ver« störten, immer mehr sich selbst und alles Ver« lierenden.. Wehe! es wurde von diesem An« blick ihm noch leichter ums Herz!

Von seinem Befinden, kam die Rede auf den gestrigen Abend — und Henriette ließ ihrem Herzen freyen Lauf. Es war so voll wah« rer warmer Zärtlichkeit, und ergoß so lieblich gegen ihn die schöne Fülle, daß er davon ent« weder in gleiche Rührung, oder — in die aus« ferste Versiockung gerathen mußte.

Das letztere geschah. — Kaltes freundliches Lächeln war ftine ganze Erwiderung, und er griff nach jeder Nebensache, um die Unterhaltung gleichgültiger zu machen; besonders wenn dem armen MadcheThränen hervor drangen, die es mit Noch wieder einsog und darüber die Sprache verlor; — Dann kam er unfehlbar nm einer Unterbrechung, und führte wohl gar einen Scherz herbey. — Aber Henriette beschirmte ihre Brust, daß alle diese Dolchstöße nur daran her streiften — viel Blut machten und wenig Wunde.

„Ich komme!" rief sie plötzlich hell auf, als o.K ihr jemand wiederholt gerufen hätte, und stürzte zur Thür hinaus.

Woldemar war erschrocken. Er blieb noch einige Augenblicke stehen, und gierig dann, etwas betroffen, in fei« Cabinet.

Er war nngeduldig, einen Versuch mit Arbeiten zu machen. Sogleich wollte es nicht; aber nicht lange, da war er vollkommen gesammelt und es gelang ihm nach Wunsch. Voll Zufriedenheit hieruber kam er zu Tische, ließ sich's wohl seyn, und war sehr gesprachig.

Henriette wollte ihn bereden auszugehen — oder auszufahren. Er lehnte das ab, indem er große Sehnsucht äusserte, eine Arbeit, die er den Morgen angefangen hatte, zu vollenden, Auch gab er sich ungesäumt wieder daran. Es gieng ihm noch besser von Statten, als am Vormittage.

Henriette, die nicht Lust hatte, einem Be« such beyzuwohnen, der sich bey der Tante ein« fand, brauchte ihr altes Recht und ließ sich in Woldemars Vorzimmer nieder. — Auch das konnte Woldemarn nicht stören. — Wenn er zuweilen, beym Durchgehen, nN'ihr vorbey kam, und sie ihm zuwinkte; so antwortete er ganz geschäftig, nur eben mit einem freundli» chen Nicken, und versolgte Gedankenvoll seinen Weg.

Es freute ihn, seiner Aufmerksamkeit der, gestalt zu gebieten, seiner selbst so mächtig zu seyn. Die Lust am Fortgange seiner Arbeit kam dazu; so daß etwas von wahrer Heiterkeit in seiner Seele dammerte. — Gleich wollte sein Herz wieder aufwallen zu Liebe, und seine errungene Fassung zu Grunde gehen! Sie saß da, mit der er jede Freude zu theilen gewohnt war! Ach! und'je« den Schmerz! Er lief hinauf auf den Altan. — Ueber eine Weile solgte ihm Henriette. — Woldemar hatte sich von neuem gestillt. Die Sonne war untergegangen.

Gegen über trat jetzt der volle Mond hervor. — Damit kamen die vorigen Regungen wieder, und mächtiger. — De6 fluchte Woldemar seiner Seele, und raffte alle seine Kräfte zusammen, um sich zu verhärten. — Aber ein tiefes Grauen überfiel ihn — „Daß ihm hinsort kein Gestirn mehr leuchten dürfe; — leer über ihm feyn müsse der Himmel — und um ihn, nur Fiu« sterniß die Nacht." Doch hob er sein

Haupt in die Höhe, blickte rund umher — und (1ZZ) sein Geist schwung sich empor. Sanft lenkten seine Augen sich auf Henrietten. — Er lachelte ihr zu — wie ein willig Sterbender dem Tode lächelt, drückte sie an seine Brust, und führte sie mit sich hinunter.

Diese Gemüthssiimmig hi«tt an, ohne sonderliche Abwechslung. Denselben Abend schöpfte Henriette lauter gute Hoffnungen; denn sie hatte lange nicht Woldemarn so ungezwungen heiter, durchaus so natürlich gelassen, und gegen sie so voll herzlicher offener Freundschaft gesehen; sie mußte fühlen, er war ihr gut, aufrichtig gut. »

Eben das fing aber schon am solgenden 'Tage sie zu drücken an; sie war nicht seine Henriette wie vormals. Und wie sie das jetzt so nackend, so ganz in seinem eigenen Schmerz zu fühlen bekam — es war ihr unerträglich.

Ihre Betrübniß wuchs von Stunde zu Stunde, von Tage zu Tage. Woldemar hatte O

Mitleiden mit ihr; mit sich selbst noch mehr: Hülfe, Rath, sich er nirgend; und er wollte nicht jammern, wollte männlich sein Schicksal «tragen.

Einmal da Henriette, von innerlichem

Weinen halb erstickt, da fast; ihr endlich ein Paar von den Thräuen, oie durchaus nicht los sollten, über die Wangen schsssen und auf den Schooß Kürzten; ihr nun die Brust noch enger wurde, daß sie länger sich nicht halten konnte; ausrief ohne Laut, und hinsank mit dem Kopf auf die Hand, und ihr Angesicht offen lag-die Augen trocken und die Wangen nast.... Er stand vor ihr — und konnte nicht fragen: Henriette was ist Dir? — konnte um kein Haarbreit fich ihr nähern...

Das ergriff ihn mit Entsetzen — Wankend stand er da — Ohnmacht, kalte gräßliche Ohn, macht kroch durch alle feine Glieder, hin ans erstarrende Herz.

Indem kam jemand die Treppe herauf.

Henriette nahm sich zusammen. Waldemar blieb wie er war.

Der die Thür bfnete, ins Zimmer trat? — Es war Biderthal.

Er fuhr zusammen; faßte sich — doch mußt' er die Frage vollenden, in der er stecken geblieben war: Was-Was fehlt Dir, Wolde mar? — „Wie? was mir fehlt? — seht ich übel aus?" Er trat vor den Spiegel: schüttelte den Kopf, und lächelnd: „Man sollte bai.ze werden!"

Damit sing er an von andern Dingen zu reden, welches Biderthal gern geschehen ließ, und so bald wie möglich sich wieder entfernte.

Diesmal hatte Biderthal alle Fassung der. loren. Das Herz wollie ihm.zerspringen. Et lies nach Hause, von dazu Dorenburgen, wo, hin er Luisen gebracht hatte, ehe er zu seinem Bruder gieng.

Bor Dorenburgs Hanse ergriff ihn eine Furcbt — er wollte wieder umkehren. Aber Caroline hatte ihn erblickt; Dorenburg sprang ans Fenster, und Biderthal musite sich entschließen ins Haus zu gehen. Auf die Frage: was ihm begegnet wäre, dag er so verstohrt aussähe? gestand er gerade zu: Cs beträse Woldemarn, und er wäre gekommen, nm ihnen, was ihm schon lange unerträglich auf dem Herzen läge, einmal ganz zu offenbaren.

Hierauf erzählte er feine früheren Sorgen, seine späteren Beobachtungen; was er q,it Henrietten gesprochen; wie diese gegen Woldemarn sich erklärt hätte, und nun in was für einem Austande er beyve vor einer Stunde angetroffen hätte.

Gegenseitige Eröffnungen folgten dieser Erzählung: von Beobachtungen, die jeder gemacht; von Besorgnissen die er geschöpft „ud mir Ge, walt in sich m:tc drückt hätte: aber keinem waren Gedanken, wie die, welche Biderthalcn quälten eingekommen. Sie erschöpften sich in Mulhmassungen, und erreichten wenigstens so viel, dasj Biderthals Schwermnrh besZnftigt, und sein Gemürh etwas ruhiger wurde.

Dorenbnrg war der Meinung, nnd setzte sie durch: daß sie alle sich ganz stille halten, und es Henrietten zutrauen müßten — wie es diese auch mit Recht von Biderthalen schon gefedert hatte — daß sie der Sache einen guten Ausgang verschaffen würde. Sie wäre auf alle Fälle genug gewarnt, nnd bedürfte keinen Rath. Ihre Unruhe zu vergrößern, oder sie auf irgend eine Art zn stöhren, würde gefährlich seyu.

So geschah es, daß Henriette in ihrer festen Erwartung, am folgenden Morgen einen Besuch von Biderthalen zu erhalten, betrogen wnrde. Sie besaun sich, ob sie nicht bcy ihm ansprechen sollte; war aber bald für das Gegentheil entfchieoen. Freywillig wollte sie nichts, was ihren Freund angieng, insgeheim thun oder reden. Und was hatte sie Bioerthalen auch zu sagen?

Acht Tage giengen herum; noch eine Woche lief zu Ende, und Henriettens Seele fing an sich zu empören.

Was nur ein menschliches Herz überwältigen kann, alles war an Woldemarn vergeblich gewesen. So tausendmal gerührt, erschüttert; immer ohne Frucht; immer doch, am E»de, unbeweglich!...

Warum wollte er sie aus seinen, Herzen Verstsssen?— Verstsssen? — Stund das in seiner Gewalt? Sie harte ja nichts verbrochen, war ja Henriette wiemmer OGott!

rief sie aus, ich bin ja unschuldig! Der Stachel, der ihr im Herzen saß und solterndes Pochen in alle seine Fasern brachte — es war als wenn er bey diesem Ausruf auf einmal sich loste.

Uu schuldig! — überall in ihr wars erklungen — Ewig seiner ganzen Freundschaft nerth! — Und kann, was unvergänglich ist, ver« gehen? — Vergängliches mag vergehen-,

Harren will ich in Unschuld. — Harren, und treulich bewahren alle die Liebe in meinem Hetzen — und gen Himmel schauen!

Da Woldemar die stille Heiterkeit erblickte, den siegenden Muth, der über Henrietten gekommen war, wandelte ihn etwas an, wie Schrecken.

Er straubte sich, es daf'ir zu erkennen; wollte, daß es Freude wäre, und suchte es heimlich darin zu verkehren: Aber er fühlte bald, wie vergebens!

Da ergriff ihn ein zwiefaches Schrecken. Was noch von Hofnung in seiner Seele versteckt war, fuhr auf und verschwand. Die entsetzlichste aller Empsindungen: Verachtung dessen was überschwenglich geliebt war, kam den geräumten Platz einzunehmen;-sie hatte lange schon gedrängt. — Er wurde voll Ekel an dem Unbestimmten seiner Lage: lieber volle Verzweiflung, tausendmal lieber! Und er fing an darnach zu ringen.

Aber er ksnnt' es nicht fassen, ksnnt' es nicht glauben!...

Das gekostet zu haben, was eine solche Freundschaft giebt; und es fahren zu lassen, und Fs missen zu kennen, und Muth zu behalten zu leben —Ruhe, Heiterkeit? — Seyn zu können dieß, und jenes gewefen zu seyn? Eben dieselbe? Diese Henriette? diese, diese, diese?!.... Er schwindelte in Wahn« sinn dahin.

Noch maßigte er sich im Aensserlichen; er. zeigte nur Kalte: aber sein Wille, diese Kalte fühlbar zu machen, kam je mehr und mehr zu Tage. Er wich allen Gelegenheiten aus, Dienste von Henrietten anzunehmen; war höchst sorg« faltig, daß sie in seinem Hausc nicht die geringste Bemühung hätte; äussertein Absicht ihrer taufend Bcoenklichkeiten; hatte bestandig ihr erwas aus dem Wcge zu räumen; so dassihr der Aufenthalt neben ihm nicht anders als peinlich styn konnte.

Aber sie hielt Stand; und wenn die Kränkungen, die sie von ööoldemarn erfuhr, auch wohl einmal sie erbitterten, so erholte sie doch bald sich wieder, und bewies sich nur desto liebreicher gegen ihn.

Ein tieferer Gram erzeugte unterdessen sich in ihrer Seele, eine Gchwermuth, die in naher Verwandschaft mit dem Trübsinne ihres Freundes stand.

„Ist die Würde des Menschen, so hörte sie m ihrem Innern flustern; ist Starke, Schön-. heit und Größe der Seele fo zerbrechlich? Kann der Geist von Thorheit zufällig angesteckt werden, wie der Leib von Krankheit — und verder«' den, untergehen wie der Leib?..

„ Was ist Freundschaft, was ist Liebe, wenn auch oie reinste, höchste Liebe vergiftend — wenn sie im Möschen ein böser Geist werden kann, der Veniuiifc und Tugend austreibt und sich an die Stelle setzt?"

Fürchterlich wühlten diese Betrachtungen in Henriettens Gemülh. Aber der Grund ihrer Seele mar rein: ES solgte Stille; es folgte Friede.

Nie vorher in ihrem Leben war sie so ganz verlassen gewesen, daß sie Hülfe allein Key sich selbst, Zuflucht nur in ihren, eignen Herzen hatre suchen müssen. Hier fand sie jetzt ein Zcugniß, welches über ihre Zweifel siegte; ein Licht, welches desto Heller leuchtete, je mehr sich Finsternisse um sie versammelt harten.

Woldemar blieb nicht ohne Ahndung des höheren Schwunges, welchen Henriettens Seele nahm, und die seinige sank davon noch einmal tiefer, und immer tiefer. Die Verwirrung seines Gemüths wurde fürchterlich.

Täglich sah er Henrietten; und wo er sie erblickte, war sie umgeben von der glänzenden Schaar entzückender Angedenken. Dieselbe Maft, ihn glücklich zu machen, wohnte noch i« ihr; sie wußte noch jetzt so manchen Schimmer von Freude in seine sinstere Seele zu däm« niern; brachte unaufhörlich Anwandlung von Glauben, von Vertrauen in sein Herz — Bon Vergebung!' — Ach! die sie aber nicht foderre, nicht zu bedürfen glaubte; ohne Sinn für ftine tiese Leiden — vielleicht ins Geheim sie verachtend — hoch erhaben über den Wahnsinnigen, verrückten Woldemar,

und nur in schmählichem Mitleid sich zu ihm herablassend — Die Edle! — Ha, Elende! Ferne, ferne Du von diesem Herzen, das Du geschändet — und das Du verlassen hast!

Alle seine Beschäftigungen, ausscr denen welche sein Amt ihm. auserlegte, waren unterbrochen. Er, der feiner Stelle so gewachsen war, unterlag jetzt ihren Pflichten. Erfand, mit empsindlicher Demüthigung, sich überall » zerstreut, strengte sich an, vergeblich; stärker, mw immer vergeblicher; wurde müde, bis zum Erliegen; matt, bis zur Verzweiflung. Und da war niemand, dem er sich entdecken, der über seinen Gram mit ihm Eins werden, gemeine Sache mir ihm machen, ihn verbergen, ihn beschirmen, ihm Zuflucht geben konnte. Er mußte sich als einen Verbannten ansehen, dem die Flucht unmöglich gemacht war.

Am argsten folterte ihn der Gedanke an Allwiu a.

Daß er sein Herz von Henrietten abge, rissen hatte: Es war unmöglich, daß sie es. begriffe, es ertrüge... „Arme unglückliche Allwina! Unseliger Wolsemar — Welch ein Fluch bist Du geworden!"

Ohne alle Vorbereitung durfte er das holde Weib nicht lassen. Aber — Wie sie vorbereitet werden müsse? Darüber konnte er zu kei, uem Entschlusse kommen.

Ein Posttag verstrich nach dem andern. Er hatte hundert Entwürfe zu Briefen gemacht, aber bey der Abfertigung ergriff ihn jedesmal ein Schrecken, der ihn das Geschriebene zurückhalten ließ. Mit Angst und Eile wurde nun ein neuer Brief zu Stande gebracht; und die mancherley Gewalt, die er sich dabey anthun mußte, die mancherley und schwere Pein, die er dabey litt, richtete fein Inneres vollends zu Grunde.

Endlich kam der Tag, an welchem zum letztenmal« an Allwina geschrieben werden konn« te; sie war im Begriff ihre Rückreise anzutre« ten.

Was alles in Woldemars Seele damals vorging, läßt sich nicht beschreiben. Sein Brief sollte am Vorabend fertig seyn. Um Mitter« nacht war noch keine Zeile geschrieben. Er wurde ge-

wahr, daß seine Gedanken und Em« pfindungen sich nur immer mehr verwirrten..

Voll Verzweiflung sagte er endlich zu sich selbst: — Ich will schreiben — dürre hinschreiben was ist!

Schrieb—und floh, da er geschrieben hatte, vor den Zügen seiner eigenen Hand.

Hastig begrub er hierauf sich in sein Bette, wo erst nach langem vergeblichen Sehnen ein betäubender schwerer Schlummer ihm die lästige Besinnung nah«.

Diese überfiel ihn, wie ein Todfeind, am Morgen. Er entsetzte sich vor dem Daseyn des Msens, dessen Gefühl sein eigenes Gefühl war. Aweymal gelang es ihm in die Betaubung, die ihn verlassen hatte, wieder zurücke.zu sinken. Jum drittenmal konnte er sein Erwachen nicht übenvältigen. Er hoffte, daß er ausser dem Bette sich müder, betäubter fühlen, eher wieder in Schlummer fallen würde, und siano auf.

Schon so nah dem Wahnsinn, daß er sich selbst nicht mehr suchte, war jetzt dieser Um glückliche; so tief schon gesunken, daß er mit sich selbst nicht mehr haderre, sondern sich für edel hielt und gut, umerlicgenv allein seinem Schicksal, dem er nachgeben müßte, wo mög« lich, ohne Murren!

Ä?it andern Leiden war in Henriets tens Seele unterdessen Heiterung gekommen, und Muth, und neue Kraft, und, mit noch mehr Ergebung, Hoffnung.

, Sie hatte am vorigen Tage Woldemarn früh verlassen, abgerusen durch eine dringende Bot« schaft von ihrer Schwester Luise.

Henriette folgte ungern, denn der äussert« Zeitpunkt, den sie sich gesetzt halte, Woloemarn zu einer vollständigen Erklärung mir Gewalt zu nöthigen, war gekommen: diesen Abend sollte der gefährliche, ihr so fürchterliche Versuch unternommen werden. Alle ihre Kräfte, hatte sie aufgeboten, in der Stille gesammelt, und die nöthige Fassung errungen. Deswegen schrieb sie Luisen um Aufschub, wenn es möglich wäre, bis zum andern Morgen in der Frühe.

Luise antwortete: Henriette müßte

augenblicklich kommen; was sie ihr zu sagen hätte, litte keinen Verzug.

ES war die Beichte ihrer Unvorsichtigkeit, die sie ablegen wollte: wie sie ehmals, von Woldemarn überrascht, ihm das Geheimniß von Henriettens Angelobung an Hornichs Todts bette offenbart hatte.

Luise war erst seit kurzem hierüber unruhig geworden; sie hatte nie vorher daran gedacht, daß zwischen dieser Begebenheit und dem, was jetzt mit Woldemarn vvrgieng, einiger Zusammenhang seyn könnte. Die erste Ahndung hieven durchbohrte ihr das Herz. Sie eilte zu Carolinen / welche sie zu trösten suchte, aber zugleich nachdrücklich ermahnte, Biderthalen die Sache nicht langer zu verheimlichen.

Luise ware lieber in den Tod gegangen, aber sie gehorchte.

Bidetthals Bestürzung war entsetzlich!

Cr lief zu Dorendmgen, der auch heftig erschrack. Veyde entschieden einmüthig, es müßte diese wichtige Nachricht Henrietten nn, verzüglich mitgetheilt wcrden.'

Henriette kam,

Uuten in Biderrhals Hause wurde ihr gesagt, daß auchDorenburg und Caroline oben wären. Dies hemmte ihren Schritt.

Sie hatte genug gemerkt daß Biderthal nicht länger seinen Gram vor Dorenburgen und ih« reu Schwestern hatte verbergen ksnnen, und war anfangs wegen der Folgen dieser vertraulichen Mitteilung angstlich besorgt gewesen. Da aber nichts erfolgte; alle sich ruhig verhielten, nnv Biverthal seitdem gelassener schien; so genoß sie die Erleichterung gern, welche Bi« derthal, nicht sich allein, sondern auch ihrver, schafft hatte..

Nun fürchtete sie, man würde auf einmal desto gewaltsamer in sie dringen wollen. Bebend dfncte sie die Thür. Sie wunderte sich, beym Eintritt ins Zimmer, Luisen nicht bcy den übrigen zn sinden, und wollte eben nach ihr fragen, als diese aus dem Nebenzimmer, w.ineno und schluchzend, aufssc znstn,re, Verzeihung flehte, an ihrem Halse sich verbarg, und in der ausser« sien Verwirrung ihr Bekennrniß ablegte.

Henriette wußte nicht wie ZKr geschah; alles zirrerre an ihr, so daß sie Mühe hatte sich aufrecht zu halten. Von Luisens Vortrag hatte sie so viel als nichcs verstanden. Nach und «ach erhielt sie Erläuterung, und erkundigte sich nun genau nach dem Zeitpunkte der Begebenheit.

Nachdem Luise ihr diesen bedeutet, sie selbst hierauf einige Augenblicke sich besonnen hatte, erheiterte sich ihr Gesicht, und sie rief einmal über das andre aus: Gottlob! Gottlob!

Keine Verwünschung hatte in Biderthals Ohren fürchterlicher klingen können, als aus, Henriettcus Muude ein solches wicderholtcs Gottlob iu diesem Augenblick. Ihm war, als würde seine letzte Hosuung damit wcgge« flucht..

Plötzlich wnrde Henriette seine Blässe gewahr. Sic sprang auf, siel ihm zu Füßen, rief: Viserthal, Sie irren! O, ruhig, Bider, thal! Hören Sie mich!...

Es war ihre letzte Kraft. Sie sank nieder, wie wdt.

Biderthalen schmolz das Herz; und wahrend,r mit den Uebrigen beschäftigt war Henrietten wieder zu sich zu bringen, träufelten dicke Thrä« nen aus seinen Augen.

Da die Ohnmächtige ansing wieder Leben zu zeigen, führte Dorenbnrg ihn aus dem Zimmer. Sie aber hatte kaum die Augen aufgeschlagen, als sie unruhig sich nach Biderthalen umsah, und ihr Verlangen, daß er wieder kommen möchte, bezeigte. Da ihre Schwestern zauderten, wollte sie selbst aufstehen. — Ich bin schon wieder wohl, sagte sie; mir ist nur angst um Biderthalen: laßt mich zu ihm. — Luise gieng und holte die Männer.

Biderthal strengte alle seine Kräfte au um den Aufruhr in seiner Seele zu mäßigen. Er trat zu Henrietten, und sie faßte seine beyden Hände in die ihrigen. „Nur noch einmal, liebster Biderthal, sagte sie, nur dies eine Mal noch so viel Vertrauen, daß Sie mich gc« duldig anhören! Ich schwöre Ihnen, Gott hilft uns, Gott will uns helfen; wir alle sind bald wieder froh.

Bey dem Worte: Vertrauen, flossen Thranen über Biderthals Wangen; bcy den Worten: Gott hilft uns, erblaßte er. Er machte sich los von Henrietten, kehrte sich nm, und gieng nun, die Hände ringend, im Zimmer auf und nieder.

Niemand vermochte ihm zuzureden. Einzelne Worte, die er mir dumpfer Stimme ausbrach, vermehrten die schanerlichc Stille.

Dorenbnrg trat zu seinem Freunde, gieng, ihn umfassend, mit ihm auf und nieder, suchte ihn zu trssten, ihn aufzurichten.

... „O, wie habe ich nicht, sagte Bider, thal, wie habe ich an diefen trüben Tagen mich nicht an allem schon versucht — ohne Hülfe! Alles, alles versagte mir.

'„Ichhabe tief, tief, tief das Elend, daS Nichts der Menschheit empfunden

„ -Ich blickte gen Himmel — Beten?... Wohin deren? Wohin?

„Vor wem ringt der Wurm sich hier im Staube? Ware Eihörung: sie käme meiner Angst zuvor — der Mensch ware anders alz er ist — wahrlich, er wäre anders!..

„Was will der Gott mit dem Wurm im Staube, mit seiner unheilbaren Angst? — Was will der Unbegreifliche so unbegreiflich? — Diese dicke schwere Finsternis;, und dieses mau« nichfaltige, unendllche, gräßliche Unvermsgen: Wozu?

„... O, ich hätte gelästert, wäre nicht der Gedanke mir zu Hülfe gekommen — Aus dem Itmersien der Seele stieg er auf! — Der Gedanke: Wie unser Murren, das eine Vorsehung laugnen will, dennoch für sie zeugt, ilt« dem es, sie vermissend, sie am heftigsten in Anspruch nimmt."

Engel des Himmels umgeben dich! rief Hemiette, inocm sie auf ihn zuflog und ihn fest in ih« Arme schlang.,

„Lieber! Ich habe gemurrt wie du; bin such, wie du, der Lästerung nahe gewesen, und zeuge nun, mit dir, aus vollem Herzen für ein Wesen, daß es besser mit mir meinen muß, als ich es mit m r selbst zu meinen verstehe. Das Geringere kann nicht das Höhere erzeugt haben; uusre sehnsuchtsvolle Gedanken sind Kin«, der eines edleren Vaiers, sind Kinder der Macht und der Verheissung. Iene Vorsehung, die der arme, auf der untersten Stuse der Besinnung stehende

Mensch in Anspruch nehmen kam,, musi Göttlich vorhanden scun, ausser ihm, über ihm, mit ihm! — Auch mir Qir, frommer Biderthal; mit mir; mit uus Mn!"

Ein lindernder Balsam floß mit dieser Rede auf des gllten edeln Mannes zerrissenes bluten, des Herz.

Rede weiter, sagte er mit sanfter liebender Stimme zu Henrietten. Ich fühle, du hast bessere Kunde.'als ich; ich will dir glauben, mit dir hoffen — O, rede!

Verzeiht, sagte Henriette! Euch alle habe ich erschreckt mit meinem Ausruf, den Ihr nicht verstehen konntet. Das bedachte ich nicht. Da ich es bedachte, erschrack ich mehr als ihr Alle.

O, Gott, Ihr Lieben, wo soll ich aufans gen, Euch von mir zu erzählen, zu bedeuten?

Biderthal hat Euch seine gräßlichen Sor, gen entdeckt; er wird Euch auch gesagt haben, welch Entsetzen mich ergriff, da ich sie zuerst erfuhr. Ich war und blieb überzeugt, daß er irrte, sich an Woldemarn betröge. Aber ich selbst konnte dem Geheimnisse nicht auf den Grund kommen. Ich sah, ich erfuhr Dinge, die ich für unmöglich gehalten hatte. Es wurde sehr sinster um mich! Und ich erlebte Stunden des Unmuths, worin das Unmöglichste mir nicht mehr unmöglich schien. — Nur Stunden; nur Angenblicke vielleicht, die mir Stun« den bauchten — Sie waren graßlich!...

Ihr Manner begreift die O.ualen nicht die ein gutgefchassenes weibliches Herz am unerträglichsten foltern.

Luise, sage du es Viderthalen, wie dir seyn würde, wenn nur ein Schatten der Furchr dich anwandlen könnte — Entsetze dich nicht! — Ein Schatten der Furcht! es keime, zun, Beyspiel, in Dorenburgen, oder es entwickle sich in ihm eine leidenschaftliche Neigung zu dir..,

Du erschrickst, und zürnst, wirst roth und bleich — zürne nicht und tadle mich nicht. Ich bedarf deines Zeugnisses darüber, daß in einem solchen Falle das lebhafteste Gefühl deines Unwillens sich wider Dich selbst kehren würde; du würdest dich durch die Wirkung die von dir ausgegangen wäre, wie unschuldig du auch daran gewesen, für verunreinigt halten, und die tiefste Demüchigung empsinden.

Diese Art zu leiden ist den Männern, die überall nur vou sich abzuwälzen suchen, fremd.

Ich wäre vergangen, wenn Biderthals schreckliche Sorge je meine eigene geworden wäre; wenn ich nicht in mir selbst, bcy jeder Anwandlung, über sie gesiegt, und auf Wolde« rnars schone Seele immer von neuem geschworen hatte. — Dennoch habe ich unsäglich gelitten...

Ich hatte mich auf heute gefaßt gemacht Woldemarn zu einer vollständigen Erklärung zu nöthigen, ihm mit Gewalt Licht über sich sclbst zu verschassen. Die Ausführung wurde durch Luisens wiederholte dringende Botschaft verhindert — so glücklich! Denn wie leicht wird mir nun mein Geschäft, da ich Verzeihung zu suchen, ein Bckennrniß abzulegen habe; Woldemar schon so sehr bcy mir entschuldigt ist! Dies ales schwebte mir vor in Emem Nu, ergriff mich; ich mußte ausrufen, Gottlob! Gottlob! — O daß Ihr schon mit mir aus« rufen konntet!... Ihr werdet bald!

Allen klopfte das Herz, und selbst Biber« thal getraute sich nicht Henrietten zu widerspre« chen. Aber er seufzte tief, und es war auf den Gesichtern der übrigen zu lesen, daß sie mehr mit ihm, als mit Henrietten fühlten.

Sie ftihr sort:

Unsie Ansichten sind verschieden; scheut Euch nicht mir zu widersprechen, und mir alles, was ihr auf dem Herzen habt, rein heraus zu sagen. Mein Gemüth ist nun frcy; ich werde ruhig anhören, ruhig auf alles antworten iön, nen. Nichts hält, nichts bindet mich mehr, daß ich Euch nicht dürfte in meiner Seele lesen lassen, wie ich selbst darin lese. Versucht es; der Versuch wird Euch Much machen; wir werden uns verstehen und Eins werden.

Dorenborg erwiderte: Wir haben zuiam« wen Bidcnhalen so lange widersprochen, und seine ärgste Furcht ihm zu benehmen gesucht, sie ihm wirklich auch zum Theil benommen, als Luise mit ihrer Beichte zurück hielt. Wir verstummten nachdem sie gesprochen hatte. Die entgegengesetzt Wirkung dieser Entdeckung auf Sic, licbe Henriette, ist begreiflich. — Wenn Sie nur nicht zu viel hoffen!

Was Sie eben von der Eigensucht der Manner und der entgegengesetzten Tugend gut» geschaffener weiblicher Seelen sagten, ist eine überaus wahre Bemerkung. Euch ist die Liebe des Sittlichen: Billigkeit, Verleugnung, De« muth, gewissermaßen natürlich; so wie uns die heftige Begierde: Stolz, Härrc, Ungerechtigkeit. Dies letztere bedenken Sie vielleicht in diesem Augenblicke nicht genug, wissen es wohl auch noch nicht genug. Sie vertrauen der Ener, gie des Sittlichen, nach der Empsindung davon in ihnen selbst, und haben deswegen immer von neuem auf Woldemars schöne Seele geschworen. Doch gestanden Sie auch schon, daß Sie an ihm erfahren hätten, was Sie ohne diese Erfahrung für unmöglich gehalten haben wurden. Könnte nichr auch diesen Er« fahrungen etwas zum Grunde liegen, was Sie nicht einmal zu ahnden im Stande sind; viel« leicht ein Gewebe von Gemütsbewegungen, dessen geheime tiefe Kunst oder Zauberen über unser aller Begriff ist. Ich denke mir die Sache minder einfach als Bidetthal, und bin deswegen jetzt noch besorgter, vielleicht, als er.

Ich kann Sie nicht widerlegen, antwortete Henriette, denn es ist wahr daß ich mich auf die Energie des Sittlichen bey Woldemarn allein verlasse; und eben so wahr, daß er sich in einem Zustande heftiger Leidenschaft, der gefahrlich genug seyn mag, und gewiß sein In« «eres schon sehr zerrüttet hat, besindet.

Aber ich verlasse nuch auf jene Energie nicht
L
hlos nach der Empfindung, die ich in mir selbst von ihr habe, sondern nach der Anschauung, die mir in Woloemarn von ihr gewor, de« ist. Ich glaube an des Mannes Tugend. Eine solche Zuversicht läßt sich eben so wenig darstellen, als mittheilen — Ich muß s« wenigstens bekennen.,,,

S/i« peinigen mich, gute Henriette! rief Biderchal, mit bewegter Stimme. Sie zwingen mich wider Woldernarn zu rede», Ihren Glauben au seine Tugend zu bestreiten.

Gut g e sch« ffe n ist Wolöemar, wie kein andrer Mann, de« ich kenne; aber nach Tugend hat er vielleicht nicht einmal gestrebt — Ich möchte sagen, er glaube kaum an eigentliche Tugend.

Erwägen Sie seine beständige Lehre: Gerecht, tugendhaft, edel, vortrefflich sey, was der gerechte, tugendhafte, edle, vortrefflich« Mensch, seinem Charakter gemäß, ausübe, verrichte und hervorbringe; eiuen andern Grund hatten diese Begriffe nicht; das edlere GemKth erzeuge sie «,s sich, und erkm« kein höheres

Gesetz, als seinen besseren Trieb, seinen reineren und höheren Geschmack; — Oder: Wie das Kunstgenic, durch den Eindruck seiner Werke, der Kunst Muster und Gesetze gebe; so das sittliche Genie, der Freyheit. Daher seine Verachtung der öffentlichen Meinung, sein stummer Trotz — daher, ich muß es aussprechen — sein Hoch« p,uth; der chn zu Fall brachte.

Mit zurückgehaltenem Weinen, strahlend zugleich von Würde, erwiderte Henriette: Ja er, ist gefallen; aber die Tugend an die Fr wahrlich glau.br, und die ihn nicht verlassen kann, wird ihn höher wieder aufrichten.

Biderthal! Sie fanden vor einiger Zeit ein Wuch ben mir, und zeigten mir eine darin an« gestrichene Stelle. Ich fand auch ein Buch bey Ihnen, und darin eine Stelle, die war nicht angestrichen: sie drang in mein Innerstes.

„Niemand," las ich, „Niemand kann bestandig sexn, es gebe es ihm denn Gstt."

Dies Zeugniß legt Perrarka in seil«n Bekenntnissen ab.

So hat Woldemar noch nicht bekannt, noch nicht gezeugt; noch verläßt er sich auf sein Herz, und ist ein Thor. Er ist wie Bider« thal richtig bemerkte, so glücklich g e sch a ffe n; die Lust am Guten und Schönen ist in ihm so groß, so lebhast, so überwiegend: daß er leicht verführt werden konnte diese Lust für Tugend, und sich, durch diese Tugend, für stark. Kenug zu halten.

Alle Menschen pflegen minder oder mehr sich an Empfindungen zu hangen, von denen sie glauben, daß sie in ihnen selbst, oder in Andern, dauern werden; und finden sich betrogen. Ei« nige, die sich klüger dünken, suchens im Der« stande, und meinen, mir Begriffen ließe das Lebendige sich wohl einbalfamiren, und diese Mumien waren keine Leichen. Aber so wenig sich Gefühl in uns oder Andern nach Gefallen anzünden, auslöschen, minder« und mehren läßt; so wenig und noch viel weniger will es gelingen, des Gefühls mit Hülfe der Begriffe zu entrathen. — Wie entgehen wir also der Vergänglichkeit in unserm Thun und Dichten? Wie retten wir unser Selbst; wie das Selbst derer, womit wir Ein Herz, Eine Seele auszumachen streben?

So hat Wolyemar früh schon gefragt, früh sich müde gesucht nach dem Wege zu jener Freystätte der Weisheit, wo der Mensch immer dasselbe will und dasselbe nicht will, immer nur Linerley suchet und meidet, und jedes' mal halten kann, way er sich selbst und andern versprach.

Keine offene Heerstraße gieng dahin; das erfuhr er bald; obgleich Millionen Stimmen das Gegentheil versichern. Doch waren Zugänge, das wußte er; auch hatte er, vornehmlich aus Fußtritten der Alten, eine Kunde von der Richtung. Er konnte nur verirren, und verirrte.,.

„Auf dem gefährlichsten aller Abwege!" fiel Biderthal ein, — „auf dem Abwege des hartnackigsten und geflissentlichsten Eigendünkels!"

Wahrlich! fuhr Biderthal fort — jene Antwort des Delphischen Orakels auf die Frage: ZVIe man sich den Göttern wohlgefällig machen könne — jene vom Orakel mehrmals wiederholte, und vonSokrates und Mark Aurel gepriesene Antwort: Nach den Gesetzen deiner Stadt! — leidet, fodert eint weitere Anwendung, als nur auf Religions« gebrauche!

Was die allgemeine Stimme unserer Mit« burger als gut und schön empsiehlt, und wovor sie, als etwas Bösem, warnt, das soll man, wenn nicht klare Gesetze der Sittlichkeit dawider sind, dafür gelten lassen; jenes suchen, dieses stielen.

Äichts ist gefährlicher, als eigenes Gut, finden über die allgemeine Stimme zu erhe, ben; nichts heilsamer, als Gehorsam und Unterwerfung. Viel besser, wir bequemen uns nach unschuldigen, wenn auch thörichien Gebräuchen und Vorurtheilen, und glauben jedem andern Menschen, als daß wir nur uns selbst folgen, nur uns selbst anhören und glauben.

Du vertrauest Woldemars schöne.rSeele. Gerade dem, was Du so nennst, mißtraue ich in, höchsten Grade; es verführt ihn, schwäche ihn, treibt ihn herum auf einem grenzenlosen Meere, hat ilm zum Schwärmer — Ach! z einem unseligen, unheilbaren Fantasten gemacht.?

Dn wirst heftig und übertreibst, sagte D v« renburg; übrigens bin ich sehr Deiner Mei« nung. Woldemar ist ein geistiger Wollüstling; und ob er gleich nur höheren Lüsten nachhangt; so sind es doch Lüste: urid wer nur. in Lüsten lebt, verdirbt.

Was ein Mensch von Natur Gutes, Vor, trefflliches, zumal Schönes an sich haben kann, ist Woldemarn in einem nicht gewöhnlichen Maaße zu Theil geworden, und er hat, wahrscheinlich, von Jugend auf, wenig Anlaß gehabt, gegen seine Empfindungen, Gemüths« bewegnngen, Neigungen mißtrauisch zu werden. Deswegen hat er nicht genug sich selbst kennen gelernt, hat die jedem Mensche,n sy uö« thige strenge Zucht entbehrt, nnd —verschmäht sie. — Gehorsam, wie Du scharf und richtig bemerktest, eigentlicher Ge, horsam ist nicht in ihm. Er hat seine ganzx Kraft allein aufdie Ausarbeitung seiner eigen, thümlichen Sinnesart verwendet; und es bedurfte auch weiter nichts als einer solchen Ausarbeitung, damit der Trieb zum Guten und Schönen, als der herrschende in ihm hervor, käme: der Mann ist wirklich schön und gut geworden.

Leider! ist mit Schönheit der Nekz zur Eitelkeit verknüpft; und mit Freyheitsge« nuß, Stolz; ja, was noch weniger seyn sollte, Herrschsucht. Ieder aber, der nur seinem Hange folgen darf, dünkt sich frey, und edel vor seinen Brüdern, über die ein anderes Gesetz waltet, als welches der eigene Trieb ihnen gab.

Ietzt drückt nnd unterdrückt der gute Woldemar sich selbst; sein eigener Wille verwirrt ihn, reibt ihn auf; sein eigenes Recht bringt ihn um.

Ich sinde nicht, sagte Henriette, daß Ihr Beyde mir sonderlich widersprochen habt — Laßt mich ausreden!

Woldemar empsindet lebhaft und tief, und jede Empsindung die er freywillig in seine Seele aufgenommen hat, scheint'Unauslöschlich darin zu haften. Bis auf einen gewissen Grad kann jeder Mensch seine Empsindungen verstarken, und ihnen einen Nachdruck geben, wodurch er sie gewissermaßen neu gebiert, zu Geschöpfen seines Willens macht, und mit seiner Person sie dauerhafter vereinigt. Diese gemeine Gabe erhielt in Woldemarn eine nicht gemeine Anwendung. Die von Natur schon wohl angezogenen Saiten seiner Empsindung, gaben bey der zartesten Berührung einen so hellen reinen Klang von sich, und tönten so lange nach, daß «r unwillkührlich zum Nachsinnen über ihre reinere Stimmung erweckt und hingezogen werden mnßte. Er ergründete diese Stimmung, lernte ihren Gebrauch, und wurde seines Herzens in einem ausserordentlichen Grade mächtig.

Allmählich entwickelte sich in ihm der Gedanke, der Glaube — wie nenne ichs am besten? — Es waren die tmnschkichen Empfindungen, — Neigungen und Affecte, nicht durch ihre eigene Natur so nnzuverläßig und vergänglich, als sie im gemeinen Leben unK erscheinen; sondern sie würden es durch unsere eigene Schuld, durch Nichtachtung und Leichtsinn.

Ihn tauschte seine eigene wahrhast schöne. Kunst; er betrog sich an der F r e y r h ä t i g k e i t wodurch er sie hervorgebracht hatte, und die er nun, durch eben diese Kunst, hinwieder zu ver«, mehren wußte. Lr schloß ans einem mindev vergänglichen, minder Zufälligen in ihm, auf ein mögliches Unvergängliches, wahrh'afe Ewiges, das der Mensch in seinem Gefühl, erzeugen, und rvsran er, wie an einen Gott, in seinem THun und Dichten, Leiden, Streben und Meiden, sich halten könnte.

Recht hat sich diese Idee erst wah-

rend seines Aufenthalts bey uns, durch neue Erfahrungen, Beobachtungen und Versuche in ihm entwickelt. Ihr wißt welche Mißverständnisse sich bald ergaben, und wie Euch Woldemar beschuldigte Ihr übertrieht seine Marimen und gienaet irre. Widerthal scheint dies bey den Vorwürfen, di« «r Woldemarn eben machte, vergessen zu haben z wiewohl sich auch zur Noth behaupten ließe, sie trafen an der Seite die Biderthat «««griff, Woldemarn fo gut, als dieselben Vorwürfe Euch an der damals von-Wol, iemarn angegriffenen Seite trafen.

Iene Irrungen waren unerheblich und bald geschlichtet. Doch hatten sie auf Woldemarn so viel gewirkt, daß er seitdem mehr an sich hielt, geheimer und noch mehr allein mit seiner Mnse lebte. Die Wahrheit ihrer Gc« sänge zu prüfen, war in ihm eine ver« borqene Sehnsucht, deren mannichfaltige Aeus, serungen er selbst noch nicht verstand. Er bedurfte einer gleichgestimmten freundschaftlichen Seele, um gewiß zu werden, seine Weis, heit sey kein Gedicht. Es gelang ihm, sich wenigstens mit einer Erscheinung dieser Art zu tauschen; und nun hienq er sich an diese Erscheinung, wie an den Bürgen seiner Glückseligkeit, seines Werths, seines eigent« lichen Daseyns.

Ich habe ehrlich mit ihm geschwärmt, und muß es darum verzeihlich finden, daß er allmählich jede Zuversicht, mehr ans der Freundinn Seele, als aus seiner eigenen schöpfte. Fürchterlich muß die erste leiseste Anwandlung eincs Zweifels au mir den Mann erschüttert haben! Er empfieng eine Wunde, die von selbst nie wieder heilen konnte; sie mußte unter sich fressen, und in ein tödtliches Geschwür aus« arten.

Und Ihnen, siel Dorenborg ein, ist-we« gen dieser rvdtlichen Krankheit doch nicht bange?

Mir ist nicht bange, erwiderte Henriette, weil ich von Woldemars Uebel mir ergriffen wurde, und nun gewiß bin, ihm auch meine Genesung mirzutheilen. Die Verzweiflung, die ihn martert, wollte auch mich zu Grunde richten. Schon war aus meinem Herzen aller Glaube, alle Zuversicht entflohn.

So fühlte ichs — abersö war es nicht,

Und was nun auch für Verschiedenheiten, allgemeine und besondre, zwischen Woldemarn Und mir statt sinden mögen; denkt sie Such so groß und mannichfaltig als Ihr wollt; lasset, was Euch nur beliebt, in ihm vorgegangen seyn: es soll alles gelten; auch dasAergste — selbst Biderthals gräßlicher Verdacht so» wahr und gegründet seyn: Ich behalte dennoch Muth'.

Denn ich weiß, es ist der Menschheit eine Kraft verliehen, die, in einem Manne wie Woldemar, der selbst schon so oft sie in sich aufgerufen hat, nur darf wieder aufgerufen «erden, und er hat gesiegt.

Henriette! sagte Biederthal, liebe, gut« Henriette! — Du bist sehr hochfliegend l Gram und Betrübniß haben mich gebeugt; ich kann Dir nicht nachfliegen. — O Demurhl Demuth!

Demüthig, antwortete Henriette, ist jeder Aufrichtige. Nur der Heuchler kann lange stolz sehn; und gewiß ist jeder Stolze aua «in Heuchler.

»Iber die Aufrichtigkeit, womit Demnch verknüpft ist, macht uns darum nicht feig, Sie erfode« vielmehr, und gebiert hinwieder den größten Muth. Von diesen, Muthe redete ich; und ich weiß, er ist in Euch Allen...

Schwestern! (sie ergriff mit der einen Hans Carolinen, mit der andern Luisen) — Schwestern! helft mir noch einmal wider diese verstockten Männer zeugen! Sqgt ihnen, daß Etwa» im Menschen ist, was er nicht aufzuopsern vermag, — und noch Etwas, was ihm die Ausopferung verbietet, wenn er sie mich beschließen konnte. — Wir leiden unsaglich, könnten uns von diesem unsaglichen Leiden befreuen; aber eine wunderbare Kraft in uns wis versteht, läßt es uns nicht zu — Wir fühle» daß wir diesem Wesen in uns mehr, als unS selbst, zugehören — und fühlen auch wieder, daß eben dieses Wesen unser eigenstes, in« nerstes Wesen ist. — Treffen uns Vorwürfe aus uud in diesem Innersten, so ist es «in

Schmerz, der a« Empsindlichkeit jeden ander» Sbertrifft — Nicht Schmerz, nicht Furcht— Was ist es dieses Unerträgliche, Wun« Herbare?...

Henriette stockte. Luise senkte sich

Herab an ihrer Seite auf die Kniee, und Caro, Zine rückte näher und schmiegte sich dicht an He. — Erblassend verklarte sich Henriettens Migesicht; helle Thranen rollten ihr über die Wangen, und sie hub an mir bebender, kaum vernehmlicher Stimme: ... Ich habe — seinen Tod wünschen können! —Seinen Tod!...

Und daß ich dieses konnte: davon ist mir «in neuer Tag, eine neue hellere Aussicht ge« worden.

Auch die Männer fühlten sich erschüttert. Dorenburg wendete sich mir Blicken voll Rüh« vung gegen Biderthalen — reichte ihm die Hand! — Mit zartlicher Heftigkeit ergriff Biderchal des Freundes Hand. Beyde sian.
den auf, traten zu Henrietten, umarmten fix, weinten mit ihr.

Es war eine schöne Stille welche aller Herzen in diesem Augenblicke vereinigte; sie mit demselben Trost, Mit denselben Hoffnungen erfüllte, ihren Geist anfrichtete und mit einer neuen unaussprechlichen Zuversicht erquickte.

H e n r i e t t e öffnete zuerst wieder den Mund.

Gewiß, sagte sie, erinnert Ihr Euch noch eines merkwürdigen Gesprächs in eben diesem Zimmer mir Woldemarn, über menschliche Ohnmacht und Größe.

Es entstand die Frage: — Was die Seele stark mache; was für ein Gegenstand das sey, den der Tugendhafte sich vor Avgen halte; überall sich vor Augen halten könne, so, daß er damit alles überwinde und ausrichte; vordringend — Eigentlich zu welchem, zu was für einem Ziele?

Wir grübelten lange — Woldemar, der zuletzt nur einjelne Worte dazwischen geredet harte, war plötzlich verschwunden; kam aber bald mir einem dicken Buche unter dem Ann zurück, und bat um einige Minuten Aufmerk« samkeit. Das Buch war der Griechische Plutarch, und er erzählte, und übersetzte uns Stellenweise das Leben des Agis und Kleo« menes. Wie uns wohl dabey wurde, habt Ihr gewiß noch nicht vergessen.

Wollt Ihr nun; so feyern wir das Andenken jener wohlthätigen Stunde? Biderthal hat ja den Französischen Plutarch, und Ihr sollt sehen ich übersetze Euch daraus, als wenn es der Griechische wäre. Die Stellen weiß ich. Etwas Besseres können wir für heute schwerlich unternehmen; es wird uns noch inniger zu ein« «nder versammeln -O, Ihr Lieben!

Caroline und Luise fuhren auf mit ei« nem freudigen: Ja, Henriette! Ja, Biderthal?

M
Aiderthal war schon auf dem Wege, und das Buch erschien in einem Nu.

Heuriette, indem sie es ausschlug, und darin nachsuchte, hub erzahlend an.

„ Ein großherziger Iungling, Agis, Konig zu Sparta, sah mit tiefem Schmerz das Verderbnis? worin seine Mitbürger gerathen waren, nnv wollte ihnen durch Herstellung der Lykurgi, schen Einrichtungen, Gleichheit, Freyheit und Tugend wiedergeben.

„Die unüberwindlichsten Hmdemiss« legte ihm sein Mirkdnig, Leoni das, in den Mg. Dieser wurde verbannt, und Klesmbrotus, des Leonidas Tochtern,nn,,, an seiner Stelle König.

„ Dennoch konnte Agis nicht durchdringen. Leonidas kehrte zurück, am heftigsten wider seinen Tochtermann ergrimmt. Von seiner Wache umgeben drang er in den Tempel des Neptun, wohin Kleombrotus sich geflüchtet harre, und machte rhm sie bittersten Vorwürfe darüber' daß er, sein Schwiegersohn, sich, wider ihn empört, ihm die Krone geraubt,, und ans seinem Baterlande ihn verbannt hatte.

„Kleombrotns wußte auf diese Vorwürfe nichts zu antworten; er saß beschämt und schweigend da. Seine Gemahlinu Chelonis, des Leonidas Tochter, hatte sich zuvor wider ihn auf die Seite ihres versolgten Vaters ge« schlagen, und von Kleombrorus, sobald er den Thron bestieg, getrennt; ihres Vaters Unglück hingegen suchte sie, wahrend er in Spart» blieb, durch ihre Dienste und Fürbitten zu er« leichtern, uud hieng, als er entfloh, dem Kummer nach, uud dem Unwillen über die. Ungerechtigkeit und Harre ihres Gemahls. Ietzt, da das Glück sich von diesem wandte, nahm sie auf einmal andre Gesinnungen an. Sie wich nicht mehr von des Kleombrotus Seite, vereinigte ihr Flehen mit dem seinigen, und hielt ihre Arme nm ihn und ihre beyden Kinder geschlungen, wovon daö eine auf der rechten, tts andere auf der linken Seite in dem Tenu xel zu ihren Füßen saß.

„Alle Anwesende waren durch die neu« Liebe dieses tugendhaften Weibes in Bewunderung und in Thranen gesetzt; da redete Chelo« nis, auf ihr zerstreutes unordentliches Haar und auf ihren Anzug deutend, ihren Vater mit dielen Worten an:,, Die Zeichen der Trauer, „o Vater, die du hier erblickst, rühren nicht „von meinem jetzigen Mitleid mit Klevmbrotus „her; es sind Ueberbleibsel des Kummers, „womit Dein Unglück und Deine Flucht mich „vertraut gemacht haben. Soll'ich nun in „diesem Zustande der Trauer bleiben, da du « als Sieger und König wieder in Sparta bist; „oder mich mit einem kostbaren königlichen Verwande schmücken, und in diesem Schmucke,«nei»en Gemahl von dir ermorden sehen; — „meu» Gemahl, den du selbst mir in memer «Jugend gabst, und der, wenn er dich nicht „durch seiner Kinder Thranen und durch die „ «einigen erweichen kann, sein Vergehen har, «ter als du wünschest büßen wird, weil er „mich, seine Gelicbreste, alsdann vor ihm „wird sterben sehen. Denn wie konnte ich mich,, entschließen, unter meinen Mitb»rgerinnen „ zn leben, wenn ich, als Weib und Tochter „gleich unglücklich, nieinen Vater und meinen „Gemahl durch mein Flehen nicht mehr rühren, „sie zum Mitleid gegeneinander nicht bewegen „kann? Jeden Borwand zur Vertheidigung, „der meinem Gemalte übrig blieb, labe ich „ ihm benommen, da ich auf deine Seite trat, „und hicdurch wider seine Thciten zeugte. Du „aber rechtfertigest durch dein eigenes Verfah« „ren seiue Ungerechtigkeit, indem du zeigst, „die königliche Würde müsse etwas so großes „und bestrebenswürdiges seyn, daß man, um „ihrcrroillen seine Schwiegersöhne tödte« und „seine'Kiuder nicht mehr achten dürfe."

„Wahrend dieser Klagen hielt Chclonis ihr Gesicht an däS Haupt ihres Mannes gelehnt, und warf einen niedergeschlagenen, von Trau«Tigteit getrübten Blick auf die Umstehenden. Lconwas, nachdem er mit seinen Freunden sich derathschlagt hatte, befahl dem KKornbrorus M z i,uf;nskcl,en i,„v Spaita zu ränmrn; seine Toch, ter aber bat er zu bleiben, und einen Vater, der sie so zärtlich liebte, und ihr jetzt durch die Begnadigung ihres Gemahls einen neuen Be« weis dieser Liebe gäbe, nicht zu verlassen. Aber Chelonis war nicht zu bewegen. Sobald Kleom, brotus aufstand, überreichte sie ihm eines ihrer Kinder, das andere faßte sie selbst bcy der Hand, warf sich vor dem Altare des Neptun nieder, und nach einem Geber zu diesem Gvtte wanderte sie aus mit ihrem Gemahl, welcher, wenn er nicht durch eitle Ehrsucht schon zu tief gesunken war, die Verbannung in der Gesellschaft eines solchen Weibes für ein größeres Glück halten mnsttc, als den Besitz des Königlichen Thron«.

„Agis unterlag den Nachstellungen treu, loser Freunde, die Leomsas gewonnen hatte. Sie lockten ihn aus seiner Frcystätte, dem Tempel der Mmerva, übermannten ihn, und schlepp, teu ihn ins Gcfängnist. Leonidas eilte mit sei« «en Kriegsk,,«hteu schnell herbcy uns umzin« gelte den Orc. Es traten Richter auf, den Gefangenen zu verhören; sie begehrten tückisch, er sollte sich vor ihnen rechtsertigen. Der junge König verlachte ihre Heucheley. Dies bracht« Amphares, einen jener treulosen Freunde, die ihn verrathen harten, und welcher als Ephor unter seinen Richtern war, auf. Er drohte dem unglücklichen König, daß sein Lachen sich bald in Thrancn verwandeln, und er die Folgen seiner Perwcgenl)eit hart genug empsinden sollte. Ein axderer der Ephoren hingegen gab sich den Schein, als ob er, von des Agis Schicksal gerührt, ihm den Weg zur Penheioigung bahnen wollte, und that in dieser Absicht die Frage an ihn: ob er nicht von Lysander und Agesilaus) zu seinem Unternehmen

") Zmey vornehme Spartaner; der letzte dcS Agis Oheim. Beyde waren von dem jungen Ksnige zur Ausführung seines Vorhabens gebraucht morden, und an dem Mißlingen desselben hatte Agesilaus durch Einmischung eigennütziger und niedriger Absichten die meiste Schuld.

wäre gezwungen worden? Agis antwortete: er wäre von niemand gezwungen worden, sondern bloße Verehrung für das Andenken des Lykurg, und die Begierde in die Fußstapfen dieses großen Mannes durch Wiederherstellung seiner Gesetze zu treten, hätten ihn zu diesem Unternehmen vermocht. Daraus fragte ihn derselbe Ephor: ob er denn das Gcthane nicht bereue? Der junge König antwortete: Ein so schönes Unter« nehmen würde er nicht bererun, sollte er auch den Tod vor Augen sehen.

„Agis wurde nmi zum Tode verdammt, und die Ephoren befahlen den Gerichtsdienern ihn in die sogenannte Dekas, den Ort im Gefäugnisft zu führen, wo die zum Tode Ver« uxtheilten erdrosftlt zu werden pflegten. Als sie dahin kamen, bemerkte Agis, daß einer von den Gerichtsdienern über ihn weinte und sein Unglück bejammerte. Weine nicht, mein Freund, sigte Agis zu ihm; ich, der ich wider Gesetze und Recht die Todesstrafe leiden muß. bin weit besser daran, als meine Richter. Nach diesen Worten bot er freywillig seinen Hal« dem Stricke dar. Amphgres war unterdessen vor die Thüre des Gefangnisses gegangen, wo seine Bekannte und vormalige Freundin,,, des Agis Mutter, Agesistrata, ihm zu Fussen fiel und für ihren Sohn um Gnade bat. Amphares hob sie mit der Versicherung auf, daß Agis weder Gewalt noch Mißhandlung zn befürchten hätte; er ermunterte sie sogar, zu ihrem Sohne, wenn sie Lust hätte, in das Ge, fängnist zu gehen. Sie bat um die Erlaubniß, ihre Mutter mit hinein zu nehmen. Anch hierin, sprach er, wird dir Amphares nicht zuwider seyn. Er führte darauf beyde in das Gefäng« niß, schloß die Thüre desselben hinter sich zu, und übergab Archidamia, der Agesistrata Mutter, eine sehr bejahrte und von ihren Mitbürgern allgemein verehrte Matrone, zuerst den Gerichrsdienern. Sobald dicfe ums Leben gebracht war, befahl er auch der Agesistrata, in das Innerste des Gefängnisses zu treten, wo sie ihren Sohn und ihre Mutter Hingerichter, den ersten ans der

Erde liegen, und die andre noch am Stricke hangen sah. Sie selbst nahm mit den EcnchrSdienern den Leichnam ihrer Mutter ab, und nachdem sie ihn neben den Leichnam ihres Sohnes gelegt, ihn bedeckt und verhüllet hatte, warf sie sich über den Leichnam ihres Sohnes, küfixe ihm das Antlitz, und rief aus: deine frommen und meiischenliebenden Gesilmungen, o mein Sohn, und deine allzu große Gute und Milse haben über dich und uns dies Verderben gebracht!

„Amxhares, der an der Thüre stand, uud was vorgieng sah und hörte, trat auf diese Worte der Agesistrats herzu, und sagte voll,, Erbitterung , ihr: Wohlan, da du mir deinem Sohne gleiche Gesinnungen hegst, so bereite dich auch, mit ihm gleiche Strafe zu leiden.— Agcsistrata gieng von selbst dem Strick entgegen: Möge nur mein Tod,. sprach sie., meinem Baterlande nützlich scyn!

„Nach der Hinrichtung des Agis hatte Leonidas zu lange gezögert, desselben Bruder Archidamus gefänglich einzuziehen; ein Um? And., welchen dieser benutzte, mit der Flucht sich zu retten. Des Agis Gemahlmn aber, SIgiatis, liest er mit dem Kinde, das sie kurz zuvor geboren hatte, aus ihrem Hause holen, und zwang sie, seinen Sohn Kleomenes, obgleich er noch nicht mannbar war, zu hcyia« then, damit sie keinem andern zu Theil werden möchte. Denn sie harte von ihrem Varer Gy« iippns ansehnliche Reichrhmner geerbt, war noch,in der Blüthe ihrer Iugend, und über« traf an Schönheit der Gestalt nnd an Adel der Sitten alle Griechinnen ihres Zeitalters. Sie hatte, um der neuen Vermahlung zu entgehen, Bitten und Flehen und alle andre Mittel den Leonidas, zu rühren, vergeblich angewandt. Daher hasZte sie ihn tief nach ihrer Verbindung mit dem Kleomenes; in ihrem Umgange hingegen mir ihrem jungen Gemahl zeigte sie so viel Sanftmut!) und gefällige Güte, daß dieser sie bald im höchsten Grade liebgewann, und ihr zartliches Andenken an den Agis sogar, das sie sortdaurend in der Seele trug, mir ihr zu thcilen suchte. Er befragte He oft um die Geschichte ihres vorigen Gemahls, und hörte ihr voll Aufmerksamkeit zu, wenri sie vou seinen Absichten nnd Entwürfen redete.

„Kleomenes war voll edler Ehrbegier und erhabener Gesinnungen; auch gab er an Einfalt der Sitten und an Mäßigkeit dem Agis nichts nach; doch fehlte ihm die sanfte Güte und Schonung jenes Königs. Die Natur hatte in seine Gemürhsart eine Heftigkeit gemischt, die ihn zu allem was die Gestalt des Guten trug, mir Ungestüm immer sortriß. Er hielt es zwar für vorzüglich schön, über Willige zu herrschen; aber auch für schön, gegen Nicht« Willige das Gute mit Gewalt durchzusetzen. An dem damaligen Zustande von Sparta hatte er ein tiefes Mißfallen. Die Bürger waren in Unthatigkci: und Wollust versmiken; der König überließ sich dem Vergnügen, und brachte, wenn ihn niemand darin störte, seine Äage in üppiger Rulze und in Wohlleben zu. Für das gemeine Beste war im Staat alle Theil« nahme verschwunden; jeder gieng nur seinem eigenen Vvrtheil nach, und an die alte strenge Erziehung der Jugend, an ihre Bildung zm Arbeitsamkeit, Mäßigkeit und Gleichheit, wagte niemand inehr, durch das unglückliche Beyspiel des Agis abgeschreckt, auch nur einmal zu denken.

„eonidas starb, und Aleomenes ge« langte zur Regierung. Er sah jetzt noch deutlicher das Äussersts« Verderbniß des Staats, den Hang der Reichen zum Vergnügen und zur Vermehrung ihrer Schätze, und ihre Gleich, gulcigkeit gegen das gemeine Beste; sah den großen Haufen, durch Dürftigkeit niedergedrückt, snncs alten kriegerischen Mnthes, und des edlen Wetteifers seine Kinder nnt Sorgfalt zn erziehen, beraubt. Er selbst war König blos dem Namen nach; die ganze Herrschaft befand sich in den Händen der Ephoren. Diesen Anstand der Dinge beschloß Klevmencs durch eine ganzliche Staatsumanderung zu verbessern.

„ Er hatte einen Freund, Namens Xena« res, der zuvor sein Geliebrer gewesen war; eine Leidenschaft der Jünglinge für einander, welche man in Sparra eine gottliche Begei« sierung nannte. Die Gesinnungen dieses Seena reo suchte Klevmenes zur, st zu er, gri'niocn. Er legre ihm daher über die verun« glückten Absichten uns Entwürfe oes Agis hau« fig Fragen vor, und verlangte zu wissen, welcher Mittel und Gehülfen dieser König zur Aus« führ ung seines Unternehmens sich bedient hätte. Xenares ermnerte sich anfanglich dieser Dinge nicht ungern, und ließ sich in eine umständliche Erzählung der ganzen Geschickte ein; sobald er aber merkte, daß Äleomencs dadurch für die Neuerungen des Agis in Leidenschaft uui in Feuer gesetzt wurde, und auf diesen Gegen« stand die Unterredung immer von neuem zu len« ken suchte, so verwies er ihm zornig seine Unbesonnenheit und schalt ihn einen Thoren. Er brach sogar zuletzt allen Umgang nur ihm ab; entdeckte aber keinem aus welchem Grunde, sondern begnügte sich dem darnach Fragenden zu antworten: dem Könige selbst wäre der Grund davon am besten bekannt.

„Klevmenes schloß aus diesem fehlge« schlagenen Versuche, daß es ihm mit'Ven übrigen Spartanern nicht besser als mirXenarcs gelingen würde, und nahm sich vor, seine Ans schläge für sich allein auszuführen. Da er glaubte, daß eine Staarsumänderung wahrens eines Kriegs sich weit eher, als im Frieden zu Stande brmgen ließe, so suchte er, seme Vaterstadt gegen die Achaer aufzuwiegeln, wozu gerade eme schickliche Veranlassung gegeben war.

„Auf diesem Wege nun gelang es dem Kleomenes wirklich sein Vorhaben auszuführen. Nach einigen siegreichen Feldzügen übersiel er plötzlich die Ephoren, räumte sie aus dem Wege, und stellte in allen Theilen die alte Laeedamonische Zucht und Sitte wieder her. Diesem glücklichen Unternehmen folgten neue glänzendere Siege und ein solcher Zustand der Macht und des Ansehens für Sparra, als es kaum in irgend einer früheren Periode genossen hatte. Mißtranen, Furcht und Neid erwachten hierüber, vornehmlich bcy dem Achaischeu Ararus, der lieber Griechenland unterjocht, als den Klcomenesso groß sehen wollte. Er verursachte Zwiste, nahrte den Hader und rief zuletzr den Macedonischen Autigonus wider den Herakliden K leomenes zu Hülfe. Dieser mußte der überwiegenden Macht nachgeben. Während er sich zurückzog um Lakonien z« decken, erfuhr er den Tod seiner geliebte» Agiatiö....

„Er hatte den Acgvpti'schen König Ptolern äu s um Bcystand angerufen, worauf die« ser von ihm verlangte, daß er seine Mutter und Kinder als Geißeln schicken sollte. Dem K le o, menes fehlte cs lange Zeit an Much, fenier Mnrter diese Federung zu offenbaren. Zwar lenkte er oft, wann er bey ihr war, die Unter« redung darauf ein; doch wollte es nie niit ihm zum Vortrage seines Anliegens kommen, so daß ihr seine Verlegenheit aufliel, und sie den Grund davon durch seine Freunde zu erfahr« suchre. Endlich wagte es Kleomenes, und erdfnete sich ihr. „ Dies ist also, sagte sie lachend chend zu ihm, was du mir zuzumuthen so lange Bedenken trugst? Schisse uns nur geschwinde ein, lmd senoe uns hin, wo du glaubst, daß dieser Körper Sparta noch nützlich seyn kann, ehe ihn Alterund Unrhätigkcit auflösen! Es wurden Nun die ndthigen Anstalten zu ihrer Abreise gemacht. Nachdem Man danut fertig war, begab sie sich zu Lande, unter der Begleitung des Spartanischen Heeres, nach dem Hafen zu Tanarus, wo sie, vor ihrem Einsteigen in das Schiff, in einem Tempel des Neptun, von ihrem Sohne unter den zärtlichsten Umarmungen und Küßen Abschied nahm. Kleomeneswar äußerst gerührt Und in Thrakien. Sie warnte ihn, als sie es bemerkte: Hüte dich, v König von Sparta, sprach sie, daß niemand, wenn wir aus diesem Tempel kommen, unsere Thränen, noch irgend etwas andres in unserem Betragen sehe, was unseres Vaterlandes unwürdig ist. Dies allein steht in unserer Macht; unser Schicksal aber dcy den Göttern! Nach diesen Worten nahm sie eine gefaßte Miene an, stieg mit ihrem Enkel jn N

Schiff, unh He/Hl hierauf dem Steuermann, yhpe. Verzug nZufahren.

„ Pey ihrer Ankunft m Aegypten hinterbrachte num ihx, dgß Ptolemä,us Gesärcht? von Au,tigonus mit Friede,nsvorschlägen, an? genommen hätte; zugleich erfuhr sie, dem Slevmenes wären ahnliche Vorschläge von Yen Achäern geschehen. Ans, Furcht, ihx

Sohn möchte ihretwegen Bedenke« träger,, sich ehne Vorwisseri, deß,Prolemäus NM, hieseneinzux lqjsen, schrieb sie unverzüglich dem Kleomenes: « möchte thun, Ms füx Sparta gut und schicklsch wäre, mH auf de Ptol«mäuS, um enzer, hjahrteii Frau und um «ine,s Knq? den willen, nicht, ängstlich Rücksicht, nehrney, Sq groß und standhaft betrug sich Ksxasikle« in ihrer mißlichen, Lage.

„Kleomenes, nachdem er VW n«uem alle, seine Kräfte aufgeboten und durch wiederholte grqße Thaten Griechenland mehr nIS je zuvor in Erstaunen gesetzt hatte, mußte, nach ch,eD ungMichy, Treffen, bey Sella.siZj, sich selbst zur Flucht entschließen. Er schiffte sich zu Gythium mit einigen Freunden ein, und war schon nake bey Cvrene, als einer seiner Begleiter, Therykion, ein Mann, der in seinen Thaten immer großen Muth gezeigt, in seinen Worten aber etwas hochfahrendes und ruhmrediges hatte, ihn bcy Seite zog, und zu ihm sagte: „Den schönsten Tod, o König, „haben wir auf dem Schlachtfeld«, wo er sich „ uns anbot, entwischen lassen, obgleich zuvor „uns alle jagen hörten, daß dem Antigonus „der Sieg nicht anders als mit dem Tode des „Königs von Sparta zu Th«l werden sollte. „Jetzt bleibt ein andrer Tod uns übrig, der „au Ruhm und Tapferkeit dem ersten wenig „nachgicbt. Wohin schiffen wir so, ohne ver«,,nünftigen Grund? Warum fliehen wir vor „dem, was uns nahe liegt, um es in weiter „Ferne aufzusuchen? Denn wenn es Herakli, „den keine Schande bringt, den Nachkömmlingen des Philipp und Alexander'sich zu „unterwerfen, so dürfen wir der Schiffahrt „nur entsagen, und uns dem Antigonus erge, „den,welcher eben so weit über dem PtolemanS „ist, als die Maccdonier über den Aegyplern. „ Ist es ader uiiser unwürdig, sogar denen zu „gehorchen, dic mit ihren Waffen nns besiegt „ haben; warum machen wir denn einen Mann „zu unserem Herrn, der diesen Vorthcil nicht „ einmal über nns erhalten hat? Etwa, dam» „wir uns statt Eines Siegers zwcy geben; „ den Äiitgvnus, vor dem wir fliehen, und den,,Ptolemaus, dessen Gunst wir er-schmeicheln „ müssen? Oder gehen wir um der Königinn, „deiner Mutter willen, nach Aegypten? „Wahrlich, dieser bereitest du ein schones und,i erfreuliches Schauspiel, indem du ihr Gele« „genhcir verschaffst, den Weibern des Ptole«„ maus ihren Sohn zu zeigen, wie er aus ei«„ nem Könige ein Flüchtling und Gefangener „ geworden ist. Laß uns vielmehr, da wir uns „ seres Schwerdtes noch machtig sind, und „Sparta noch vor unseren Augen liegt, diesem „unglücklichen Leben ein Ende machen, und „ uns dadurch bey denen rechtfertigen, die ben „ Sellasia für ihr Vaterland gestorben sind! „Oder dünkct cs dir rühmlicher, ii, Aegypten „die Nachricht abzmvarten, w.,5 ffir einen „ Satrapen Autigouus über Sparta bestellet «hat?"

„Anf diese Vorstellungen des Therykion antwortete Klcomenes: „Feigherziger! iu« „dem du zu sterben suchst, welches unter allen „menschlichen Dingen das leichteste und immer „in eines jeden Gewalt ist, willst du dir den „Schein der Tapserkeit geben, und ergreifst „ dadurch eine schandlichere Flucht, als diejenige, die du rügest. Mehr als eimnal la« „ ben, durch das Glück oder durch die Menge „besiegt, Manner die weit besser waren als „wir, vor ihren Feinden fliehen müssen; wer „aber vor Mühseligkeiten und Beschwerden „ flieht, oder von dem Lob und Tadel andrer „Menschen sich bemeistern läßt, ist ein Sklave „ seiner eigenen Schwäche. Der sekbstgewWte „Tod muß eine Handlung, nicht eine Flucht „vor Handlungen seyn, und es ist nichts „ schändlicher, als für sich allein zu leben oder „zu sterben. Zu einer solchen Schande aber „führt dein Rath, nnsern gegenwartigen Ue« „beln durch einen Tod zu entfliehen, der we« „ der Ehrenvolles noch Nützliches stiftet. Mein „Rath hingegen ist, dasS wir beyde, sowvhl „du als ich, die Hoffnung unserem Vater« „ laude nützlich zu seyn, noch nicht aufgeben. „ Verläßt nns dicse Hoffnung ganz, so „wird es lms ein leichtes seyn, unserem Lc« „ben. wenn wir Lust haben, ein Ende zu manchen."

„Therykion erwiderte dem Kleome« nes nichts auf diese Rede. Sobald er aber Gelegenheit fand, sich von ihm zu entfernen, suchte er einen einsamen Ort am Ufer aus, wo er sich entleibte.

„Kleomencs landete in Libyen, und kam, unter einer Königlichen Begleitung, zu Alerandrien an. Bey seiner ersten Erscheinung vor dem Ptolema n s, empfieng ihn dieser mit gemeiner Hoflichkeit und ohne alle Auszeichnung; als aber Klcomenes in der Folge Beweise seiner grosten Einsicht und seines männlichen Verstandes gab, und in seinem täglichen Um« gange mit dem Aegyptischen König, neben der den Spartanern eigenrhümlichen Einfalt und Offenheit, eine edle Liebenswürdigkeit und Frey« heit auf eine seiner Geburt anständige Weise, ungebeugt durch seine Lage, zeigte; fo flößte er bald dem Ptolemaus mehr Zuneigung und Vertrauen ein, als alle seine Hofleure mit ihren ihm blos zum Wohlgefallen ersvnnenen Schmeicheleyen. Es ergriff jetzt Kiefen König Schaam und Neue, dag er einen solchen Mann vernachlässigt, und dadurch dem Antigonus zu einem Siege, der seinen Ruhm und seine Macht so sehr vermehrte, Gelegenheit verschafft hatte. Er beggenete dem Kleomenes mit der größten Achtung uud Freundschaft, und gab ihm die Versicherung, daß er ihn mit Schiffen und Geld nach Griechenland zurückschicken, und auf den Königlichen Thron ihn wieder zn erhc« den suchen wollte. Zugleich wies er ihm eine jahrliche Einnahme von zwanzig Talenten an, wovon Kleomenes einen sparsamen Aufwand für sich und seine Freunde machte; das übrige aber zur Unterstützung derjenigen ver« »endete, welche sich zu ihm ans Griechenland nach Aegypten geflüchtet hatten.

„Ptolemäus starb, ehe er sein Ver« sprechen hatte erfüllen können. Unter seinem elenden Nachsolger kam es zuletzt dahin, daß Kleomenes mit seinen Freunden inderihnen eingeräumten Wohnung eingeschlossen wurde, und man sie, als Gefangene, auf das strengste bewachte.

„ Mit vieler Mühe und List entkamen sie an einem Tage. Sie hosten einen Aufruhr zu er« regen, und sich der Cuadelle zu bemächtigen. Der Anschlag mißlang. Hierauf ermahnte Kleomenes seine Freunde zu einem freywil« ligen Tode. Hippotas, gebrechlich und äusserst ermüdet, empsieng, auf sein Bitten, den Tod von einem der jüngsten der Gesellschaft; alle die andern starben edler durch ihre eigene Hand. Der einzige Panthens blieb noch übrig, welcher die Mauern von Mcgalopol s bey. der Einnahme dieser Stadt zuerst er« stiegen hatte; ein schöner junger Mann, von der Natur mit allen Anlagen zu den trefflichsten Eigenschaften, wodurch in früheren Feiten seine Laudslcute sich hervorthmen, gebildet, und aus diesem Grunde ein Liebling des Klevm e« nes. Er hatte von Kleomencs den Befehl erhal« ten, nicht eher Hand an sich zu legen. als bis er ihn und alle übrigen des Lebens völlig beraubt sähe. Pantheus nahm daher der Reihe nach mit einem jeden der Entleibten die Untersuchung vor, berührte sie mit der Spitze' feines Degens und gab sorgfältig Acht, ob sich irgendwo in ihnen noch eine Spur des Lebens zeigte. Da er in den Gesichtszügen des Kleomenes, als er diesen«in die Ferse stach, noch eine Zuckung bemerkte, so. küßte er ihn, ließ sich neben ihn nieder und wartete sein völliges Hinscheiden ab; darauf raubte er auch sich das Leben, nachdem er den todten Leichnam des Königs noch einmal umarmt hatte.

„So starb Kleomenes, ein großer nnd edler Mann, nach einem sechzehnjahrigen Besitz der Königlichen Würde.

„ Das Grrüchr von seinem Tode verbreitete sich schnell durch die ganze Stadt, und drang zu seiner Mutter Katasiklea. Der Much dieser siandhafttn Frau wurde diesmal von der Große ihres Unglücks überwältigt; sie schloß die Söhne des Kleomenes in ihre Arme und sing laut über sie zu weinen an. Der älteste, nachoem er sich aus ihren Armen losgerissen, und heimlich das Dach erstiegen hatte, stürzte sich von dort auf den Kopf herab. Doch starb er, obgleich hart beschädigt, nicht von die« sem Falle: man hob ihn auf und trug ihn weg, ungeachtet seincs Geschreies und der Aensserun« gen seines Unwillens gegen diejenigen, welche ihm das Leben zu fristen suchten. »

„Auf die Nachricht von dem Vorgegangen nen ließ der König den Leichnam des Kleomenes öffentlich aufhängen; zugleich ertheilte er Besehl, die Kinder desselben nebst seiner Mutter und allen Weibern ihres Gefolges hinzurichten. Unter den letztern war des Pantheus Gemahlinn; eine Frau von der schönsten und edelsten Bildung. Sie und ihr Gemahl waren 'Neuvermahlte, und brannten noch vom eisten Feuer der Liebe, als ihr unglückliches Schicksal sie traf.

„Gleich Anfangs, da ihr Gemahl nach Aegypten reiste, hatte sie ihn dahin begleiten wollen; allein ihre Eltern verhinderten es, und schlossen sie, um ihren Vorsatz desto sicherer zu vereiteln, ein. In der Folge gelang es ihr, M ein Pferd und etwas Geld zu verschaffen; mit diesen entfloh sie bey Nacht, eilte nach Tänarus, und segelte von dort auf einem zur Abfahrt eben fertig liegenden Schiffe, nach Aegypten ab zu ihrem Gemahl, mit welchem sie ruhig und zufrieden sein Loos in einem frem« den Lande theilte.

„Als Katasiklea von den Soldaten zur Richtstätte gcfuhret wurde, reichte ihr die Gc« mahlinn desPantheus mttenrx« ges die Hand, trug die Schleppe ihres Kleides, und sprach ihr Mnth ein, obgleich K a t a s i k l e a selbst den Tod nicht fürchtete, und um nichts als um die Gnade bat, daß man ihr vor ihren Enkeln das Leben nehmen möchte. Ihrer Bitte uns geachtet richtete mau diese zuerst und vor ihren Augen hin. Aber Katasiklea blieb standhaft bey dem schrecklichen Anblick, und unter so großen Leiden ließ sie nur die Worte hören: „Meine Kinder, ach! wo ftvd ihr hingckorn« men?"

„ Des PamlMs Gemahlinn, welche gwß und stark war, schürzte, ohne ein Wort zu reden, rnhig ihr Kleid auf, legte die Gekostete« zurechr, bedeckte und verhüllte sie, so gut es nach den Umständen möglich war. Endlich bereitete sie sich selbst zu ihrer Hinrichtung, zog ihr anfgeschürztcs Kleid herab, und erlaubte »uemanden, sie zu sehen oder zu berufen, als allein dem zur Vollziehung des Unheils bestellte« Henker. Sie starb mit Heldenmut)«; und nach ihrem Tode hatte niemand nöthig, ihren Körper zu bedecken, soZ groß rvar ihre Sorgfalt gewesen, den Anstand der Seele und des Körpers, wodurch sie in ihrem Leben sich ausgezeichnet hatte, auch noch in den letzten Augenblicken zu bewahren.

„Auf solche Weise zeigte Sp«ta, in einer

Äeihe Tranerscenen, worin die Weiber mit den Mannern um den Preis der Sranohafrigkeit und des Muthes wetteiferten, daß die Tugend von dem Glück nicht überwältigt werden kann." langsam machte Henriette rinn das Buch zu, und behielt es vor sich auf dem Schooße in ihren Handen.

Auf alle hatte diese Vorlesung einen desto tieferen Eindruck gemacht, da nicht allein das gegenwartige Gefühl, sondern auch, die Erinnerung des ehmals bey Wvldemars Vorlesung Empfundenen, sie bewegte.

Nach einer kleinen Pause sagte Henriette, indem sie Biderthalen scharfer ins Auge faßte: — Ich besinne mich... ob es nicht nach dieser Vorlesung war da ich zum ersten Mal von Woldemarn hörte: Tugend wäre «ine freye Kunst; und wie das Knnsigenie» durch That, der Kunst Gesetze gäbe; so das sittliche Genie, dem Menschlichen Verhalten — : Gerecht, gut, edel, vortrefflich wäre, was der gerechte, gute, edle, vortreffliche Mensch, seinen, Charakter gemäß ausübte, verrichtete, hervorbrachte; dieser erfände gleichsam die Tugend; er« schaffte der Menschenwürde ihren Ausdruck — gebäre sie?

Etwas erröthend antwortete Biderthal hier, auf: er glaubte daß Henriette recht hätte; auch erinnerte er sich des Bcyfalls, den er dieser Lehre damals gegeben härte.

Nie, erwiderte Henriette, sah ich Sie in einer schöneren Begeisterung! Mir deucht das bloße Andenken daran müßte Ihnen diefe Begeisterung wiedergeben, und sie vollenos aus der Betäubung ziehen, die sie für Nüchternheit halten.

Nüchternheit, wovon? — Wahrlich, von dem reinsten Geiste der Wahrheit; von dem Muthe der Freyheit und des Lebens!

Das ist mir vorzüglich geblieben, wie Sie den hohen Sinn der Alten darin priesen, daß Key ihnen Gutes und Schönes nnz ertrenn« l-ich, in Einem Gefühl, Begriff und Wort verknüpft gewesen ware.

„Schönheit, sagten Sie, bezieht sich mir auf sich selbst; wird, ohne andre Absicht, allein um ihrer selbst willen geliebt; durch Geschmack allein erkannt. Wer nicht eben sv das Gute erkennt, das Gute liebt: der ist nicht gut, und kann nicht weise seyn. Schönheit thut uns wohl, weil sie dem Verstande, der Einbildungskraft und den Sinnen gleichsam die Arbeit vormacht, dem Menschen mit dem Geiste des Gegenstandes, seinem Begriffe, entgegen kommt. Darum nennen wir auch eine Seele schön — und schöner, wenn sie leicht und leichter durch ihre Hülle dringt: überall Seele offenbar macht.

„Und ss empfangen wir — fuhxen Sie fort — von dem besseren Menschen, ohne zu wissen wie, den Saamen seiner Ähnlichkeit; Erstrahlt unssein Bild ins Gemüth; und wir srrrien froh — wie man sich selbst im Ans fchanen eines Andern verliert lernen FreuttdB schaft, Religion» Patriotismus — Jede Tugend; All e Wahrl)eit."

Ja, liebe HenNette! saM Biderthal — Ja! — — Aber Tugenden des Menschen: Was sind sie? Was such wir mit Ihnen? Alle Menschliche Wahrheit: Was haben wir daran? Was haben wir damit an uns selbst? — Ich frage nach einer Tugend, nach einer Wahrheit — ttach Einer — die bcy mir sey und bey mir bleibe wie mein Bewußtseyn, wie der Trieb zum Leben.

Iene große Menschen wovon Sie uns eben vorgelesen haben: Es erhebt die Seele, nur an sie zu denken! — Doch sagt von dem größten unter ihnen, von Kleomenes, derselbe Plmarch an einem andern Ort: Man werft ihm nicht ohne Grund vor, er sey heftig, ui» gerecht, ein wahrer Tyrann gewesen.

Liebe Henriette! — Ach! Wir sind ein erbärmliches Geschlecht, und es war ein toller « Raub

Raub-» jener des Prometheus, der so, peinlich von uns zurück gefedert — so bitter an uns geahndet mird.

Biderthal! — rief Dorenburg aus Ich kann nicht länger mir Dir scyn; ich schlage mich zu Henrietten.

Was sie eben von Woldemarn wieder an« führte, und vorhin so harr von Dir war geradelt worden; eben dieses — Erinnere Dich! — Khrte schon vor zwey tausend Iahren der nKchs lernst,, scharssinnigste, pünktlichste und strengste. unter allen Philosophen, der systemarisch, Aristoteles. Auf ihn berief sich auch da« mals Woldemar ausdrücklich, und lieh mir nachher die Jraliäuische Uebersetzung der Ethik, von Vernards Segni, die ich mit Begierde las, hieraus mir selbst anschaffte, dann wieder las, studierte, und einen solchen Geschmack am Stagiriten fand, daß ich mich, ganz in der Stille, seitdem noch viel tiefer mit ihm eingelassen habe.

Also vor zwey tausend Jahren lehrte schon

Aristoteles: „H«indlnngen der Gerechtigkeit nnd Mäßigkeit wären diejenigen, die so beschaffen „wären, wiedermäßige und gerechte Mensch „sie ausübte."

„Alle Tugenden," lehtte er, „ wären por ihren Begriffen, Borschriften und Eiusetzungen da; sie erzeugten diese erst. Von jenem Klos natürlichen unmittlbaren Daieynder Tugenden gienge die Sittenlel)« aus, und würde sonst nicht verstande« werden können, da dn4 Priucip aller Principien überatl wäre: daß «in Ding sex.:

„ Die einzige Richtsthrmr des Wahren und Guten wäre, denmach, im Urtheiie des gutze« jchaffenm Menschen, wie denn überhaupt d» Mensch an nichts auderem meffeu und prüfen könne, als n«Menschen.

„Und so ließe mit Worten, durch Zergliederungen nnd Vernunftschlüsie, über das Eigentliche der Tugenden und ihre Erste Quelle ßch nichts ausmachen: sie entsprängen, mit ihren Gesetzen, aus sich selbst, und bezögen ßch alle, ahgejendert oder verewigt,. auf einen iem Menschen eigenthümlichen besondern S i nn, und einen ihm eigenrhümlichen besondern, unmittelbaren Trieb,

„ Was aus diesen. Triebe jenem Sinne gemäß verrichtet würde, ware tugendhafr; alles andre nicht; es möchte bcydes von aussen scheinen wie es wollte.

„Nun würde zwar allen Menschen mit jenem Sinn nnd Triebe eine gewisse

Tu» g«ndfertigkeit angeboren; aber nicht 4« gleichem Maaße.

„ Der Glückliche, welcher diese Gabe im hsheren Maaß erhielte, ware allein den Kipsel der Tugend zu erreichen fähig; er besäße oas schönste, köstlichste, edelste und größte was einem Menschen zu Theil werden, und durch Anweisung und?ehre von Niemanden weder empfangen noch gegeben werden könnte; was die Natur eigenmächtig und allein verliehe: gleichsam ein scharferes Geisiescmge, um das Anstandige und wirklich Gute, überall unterscheidend wahrzunehmen, und. den immer gleich regen Trieb, jedesmal das Beste auch zu w « K len, und mit stetem Eifer zu bewirken."

So viel von dem eigentlich Sittlichen in den sittlichen Handlungen verstand Aristoteles, nnd mehr nicht.

.' Dieses zu Woldemars Rechtfertigung!

Eigentlicher habe ichs wegen der Bor? würfe mit Dir zu thun, die Du der menschlichen Natur machst, als sey ihr alles Gute fremd und peinige sie nur.

Lieber! der Mensch kann sich so nicht wegwerfen, ohne zuvor die ganze Natur mit ihrem Urheber weggeworfen zu haben. Denn beyde, Gott und Natur, sofern sie etwas für den Menschen sind, müssen ja im Menschen — müssen sein eigener Begriff, seine eigene Em« pfindung seyn. Woher nimmst Du die Vorstellungen von einer Wahrheit und Weisheit, einem Daseyn und Vermögen, wogegen menschliche

Wahrheit und Weisheit, menschliches Vermögen und Dascyn, Dir so verächtlich scheinen? Wo erblickst Du, wo hast Du, — wo und was sind ihre Gegenstände? Verachtung ist doch nur aus Vergleichung möglich! Also: Wogegen verachtest Du Dich? — Gefühlter Unwerth setzt gefühlten Werrh nothwendig voraus; und mir deucht,, im sich gering zn schätzen müßte man an etwas Höheres schon reichen — Me.hr als, reichen! Man müßte es sich angemessener, natürlicher, na? her, eigenr.hnwlicher finden. — Dies erwäge, lieber Biderthal. Erwäge es tief und tiefer, und Du nimmst zuverlässig deine hösen Verwünschungen reuevoll zurück.

Henriette freute sich über Dorenburgs Bey« mtt, und unterstützte ihn, indem sie Biderthk, len an den Gedanken erinnerte, der ihn bcy dem Glauben an eine göttliche Vorselmng erhalten, und wovon er gesagt hatte: Er wäre aus dem Iunersien.seines Wesens empor gestiegen. Dieser Gedanke, meinte sie, «Zre im Grunde derselbe, auf den auch renburg sich sii'chte. — „Gewiß! setz« sie hinzu, zeugen höhere Begriffe von höheren Wesen, und von unserem Zusammen« hange, unserer Verwandschaft mit fhnen. Dies alles kann nicht blos Geteuft, Wahn, Erdichtung; ich weiß nicht — Was? uns Wovon? seyn."

Noch ein Wort, sagte Dorenburg, das ich vom Herzen haben muß! Es betrifft die von Viderrhalen wider Kleomenes angebrachten Be« jthuldigungen: Er wäre heftig, 'ungerecht, ein wahrer Tyrann; von der sittlichen Seite nichts weniger als bewunonmgswi'irdig gewesen: Auch diese Tugend, also, wäre nur wieder ein Gedicht.

Hierauf ist meine Antwort, daß sich eine Folge von heroischen Handlungen, ein Helden leben, ohne alle Gewaltthätigkeit schwerlich denken lasse, und ich frage: Ob darum dem Hersismus schlechterdings ssll der Stab gebrochen werden

Was wurde aus der Menschheit, wenr» nicht von Zeit zu Zeit Heldengeister aufträten, um ihr einen imien Schwung zu geben, ihr aufzuhelfen, sie zu erfrischen. Gerade durchs. diese Heroen wird das Leben der Sittlichkeit immer wieder neu geboren. „Das Herge« brachte — sagt der Kirchenvater Tertul« lian — hat unsern Herrn ans Kreuz geschlagen." — Menschen, die ein inneres Frey« hcusgefühl Göttlich über ihr Zeitalter erhebt, sind das wahre eigentliche Salz der Erde; und was ihr Beruf von ihnen sodert, halte ich für wohl gcthan wenn auch Zeitgenossen und Nachwelt sie Tyrannen, Schwärmer, Bvse« wichrer schalten. Ohne sie würde die Menschheit ner viscvrl, sagt von Vleomenes: „Bey dem Stolze der Menschen Höne es diesem großen Manne unmöglich geschienen, vielen nützlich zu werden, so lange einige dawider . wären" (psreniloßli per 1'»mbic!«ne 6egl! uomiiii nun porere ssr urile s molti, cnntrs,IIs volis ci, pocKi.) — Dieser ganze ix. Abschnitt verdient nachgelesen zu werden.

stinkend. Selbstbestimmung, Freyheir, ist die Seele der Natur, und auch — Die Erste Quelle aller Gesetze, Einrichtungen, Sitten und Gebräuche.

Hingegen hat in diesen äusserlichen Zsr«. men selbst die Vergänglichkeit ihr Wesen; man könnte sie die Fürstenthümer des Todes — des verborgenen in äusserliches Leben eingekleideten Todes nennen. Denn ste schränken das Lebendige ein, verzehren es, vertilgen es zuletzt, und gehen mit ihm unter.

Sollen wir sie mehr als das Leben ehren. weil wir dieses in seiner Reinheit nicht festhalten, nur im Sakrament — in sichtbarer Gestalt genießen können) So wie die Wildheit, sagt Aristoteles, etwas schlimmeres als das Laster ist, so ist die Heldentugend etwas höheres und erhabneres, als die gewöhnliche moralische Tugend. Diese unterscheidet unö von den Thiecen; jene gesellt uns zu den Göttern, äristor. mor. .Vli. C.i.?. II. x. 6z.

Wo gcräthsi Du hin, mein Lieber? sagte Bidetthal. — Du vergißt, Dn verlierst Dich!

Meine Antwort, übrigens auf alles das ift schon gegeben. Ich sagte cs vorhin zu Hen, netten: — Ihr fliegt mir zu hoch!... Ich traue dem Gesieder nicht womit Ihr Euch der Sonne naht.

We loa« st ltsrs, sncl fallen in tke mnä?

Ich lob: mir den gleichen Boden, und, in Ermanglung eines Besseren, die Vox populi, und in seiner weitesten Ausdehnung den vorhin angeführten Delphischen Lrakelspruch, und alle Arm, von Krücken und hslzerne!, Beinen — dennwir sind ein hinkendes Geschlecht. Ei, gendünkel ist mir einmal über alles fürch: terlich geworden; so fürchterlich und grmilich, daß ich lieber nach der Kette des unbedingtesten Gehorsams, als nach der Hiriwc, sengenden Krone der Selbsiregierung greifen mag.

So gramlich wie Du strichst, antwortete Dorcnbnrg, kannst Du im Grunde des Her, jens, unmöglich scyn; und Du würdest auch so, nicht reden, wenn Du nicht auf unfern Wi« dcispruch rechnetest, den Du gern hören magst und nur recht in Feuer setzen willst.

Du rätbst, der Sicherheit wegen, die Frey« hcit aufzugeben: Ist das nur eine mögliche Sache?

So lange wir selbst handeln, handeln wir nothwendig frey; und es ist unmöglich die Selbstregierung auszuschlagen; unmöglich an die Stelle der Vernunft und des eigenen Gewif« ftns ein andres Wahr? und Gut«finden zu setzen, dessen Ansehen höher, dessen Entscheidung zuverläßiger wäre.,'',

Wie wolltest Du es anfangen, irgend einem Gesetz, irgend einer Autoritär blinden Gehsrsam Knechtschaft anzugeloben, ohne eine Wahl vorhergehen zu lassen, ohne Dich selbst in und nach Dir selbst zu entscheiden?

Und last die Wahl geschehen seyn: Wodtuch vermagst Du bey ihr zu bleiben?

Treu und beständig zu seyn — was die Seeleder Tugend ist! — Sollte der Buch? stabe mehr uizd bessere Rräfte 5«zu ver-, leihen, als Her Geists Mir verschwindet alle Iöee von Sittlichkeit, wenn ich Gesetz, Herr« schende Meinung, irgend eine Buchstabenn rt, als etwas ansehen will, das über Vernunft und Gewissen herrschen, solg« lich sie aufheben, sie zerstören soll.

Siehe! Du willst den Menschen verwahren, daß er nicht von seiner Pflicht weiche — und Nimmst ihm alle W ü r d e. Denn daß wir prüfen, wahlen, beschließen, und aufunsermEnt, fchluß beharren können: darin allein besteht die Würde des Menschen; und allein um diese Würde ist es Dir am Ende doch zu thun!

Beschließen, antwortete Biederthal; das Rechte beschließen, und darauf beharren: das ist allerdings die Sache!

Du hast wohl geredet, Dorenlmrg; und siehe, ich bin bereit Dir zu gestehen — Daß sich der Mensch in einer wunderlichen Memme befindet...,.

An der Einen Seite: Vernunft und Frey, heit, die er nicht aufgeben; an der andern: ihre Formen, Nensserlichkciten, Bestimmungen —. der Sitz der Vergänglichkeit, wie Du sagtest — die er nicht entbehren kann, und deren Gebrauch» Umerwürsigkcir, oft den unbedingtesten Eelorsam sordert.!,.:.,

Beharrlrchkeit und unbedingter Gchorsam sind unzertrennliche« Gefahrten; nuo wenn es keine Vorschrift, und, zu der Vorschrift, aucWwch ein Vermogen des unbedingten Gehorsams giebt: so giebt es auch keilte eigentliche, wahre Tugend.. !?

Zch Ml Euch ohne Uebertreibnikg s. igen was ich meine.

Schone, gute, edle Handlungen zu verrichten, ist dem Menschen natürlich. Aber lau, tcr gure Handlungen zu verrichten, tugendhaft zu seyu; ist gegen die Ratnr des Men« schen: Ohngcfahr eben so, wie es dem Men« schcn natürlich ist die Befriedigung seiner Begierden zu suchen; aber gegen seine Narur, der möglichen Befriedigung aller seiner Begierden, der Glückseligkeit, durch Maaßhalren, Meiden und Leiden, nachzustreben.

Unter allen seinen Neigungen ist keine, die, zur höchsten Gewalt erhoben, den tugendhaften Charakter hervorbrachte. Dies war Wolde«' inars Jrrrhum, wie auch Henriette zuzieht; nämlich: daß wir unter unfern Neigungen Eine wählen, oder aus mehreren zusammensetzen könnten, die, in unserem Eemüthe auf den Thron gefetzt, uns zu unveränderlich guten Menschen, und auch zu den glücklichsten machte.

Giebt es aber keine solche Neigung, und laßt sich keine solche Neigung bilden: woraus soll der tugendhafte Charakter entspringen? ZWoher Wesen und Absicht nehmen?

Daß wir gern EinS mit uns selbst: zufrieden mit uns selbst: das ist — überhaupt zufrieden seyn, meinem behaglichen Zustande uns befinden mögen, begreift sich leicht; aber dies Verlangen ist kein ursprünglicher Trieb, und bloße leere Zu« triedenheit und Selbstzufriedenheit ein Unding.

Es bleibt die Frage: wsmit zufrieden?

Die Vernunft verstummt bey dieser Frage; wie denn überall ihr Forschen eitel ist, wo der Sinn nicht weirer zu ergründen vermag. Da sie keine Tugend »Kraft herbey zu denken fähig ist, so ist.sie auch nicht fähig eine TugendLehre, welche Stich Helte, zu erschaffene Die Kraft muß als Thstsache dargetha«

seyn, und ihr Gegenstand vor Augen lie, gen, ehe eine Theorie ihrer Anwendung möglich ist. Die eigene Kraft der Vernunft vermag nur den Wunsch im Menschen zu erregen, Ans mit sich selbst zu ftvn, ohne weiteres; und dieser Wunsch ist ein schwacher Schild. Ich sage mit Bedacht, ein Schild; denn auch dieser Wunsch ist ohne Nachdruck, weil er ohne Inhalt ist, und im Grunde nur wegwünscht, was das Leben unterbricht. Furcht ist das Wesen dieser Kraft; und wie kann Furcht Tugend gebaren, wenn Tugend etwa? an sich selbst ist; wenn sie ist was man von ihr rühmt: Aeusserung und Quelle deS höchsten Dascyns? Ist sie das, so muß sie aus Liebe entspringen; so muß ich sie umfassen können, wie meinen Freund; sie nicht lasten können, wir meinen Freund; mehr in ihr als in mir selbst leben und wcben, empsinden und genießen, wie im Freunde. Wo ist nun eine solche Liebe im Menschen? und wo sindet sie ihren Gegenstand?

Ich habe vorhin, sagte Dorenburg, den Aristoteles Woldemarn zu Hülfe gerufen; ich will ihn noch einmal zu Hülfe rufen — Nicht um Dich zu überwinden; sondern damit er uns beyde zurecht weise, unser Mittels« m«nu werde.

Auch dem Stagiriten war Tugend vhl« Tugend«Liebe «in Unding.

Ja, es wußte Sokrares, es wußten Xe« nophon und Plato schon nicht besser, als daß Tugend, in einer unüberwindlichen Luft und Kiebe zum Guten bestünde, und daß eine solche beständige Lust nud Liebe in uns erzeugt und zum Herrschen gebracht würde, indem «ir jene Fertigkeiten, die unter dem Na« wen der tugendhaften bekannt sind, er, würben.

Anlage n müssen da seyn, wenn Fertig, leiten entstehen sollen.

Und da findet nun Aristoteles die Anlage des Menschen zu allen Tugenden in seiner Anlage zur 8reundschaft.

„Zugleich mit der Freundschaft, sagt er, erweitern sich die Begriffe dessen was Recht ist, wie wenn es in derselben (das, was Recht ist, in der Freundschaft) verwebt wäre, und auf Eins hinaus liefe; sie (das was Recht ist, und Freundschaft) haben gleiche Beschaf, fenheit

und aussern sich auf gleiche Art. Die Gesetzgeber sind daher mehr um die Freundschaft, als selbst um die Erhaltung der Gerech« rigkeir bemüht; denn Eintracht ist etwas der Freundschaft ahnliches, und auf diese arbeiten sie am mehrsien hin, so wie sie Ausruhr, da er Feindschaft ist, am mehrsten entfernen. Freun« den darf die Gerechtigkeit nicht be« fohlen werden: aber Leute die gegen einander gerecht sehn sollen, bedürfen der Freundschaft."

Höre weiter!

„Die Tugenden," sagt Aristoteles, „kom, men uns weder allein durch die Natur, noch wider dieselbe. Nicht allein durch die Natur, weil sie erworbene Fertigkeiten sind; nicht wider die Natur, weil kein Wesen an, «ehmen kann, was wider seine Natur ist. So wird ein Stein durch noch so oft wiederholtes in die Höhe werfen nie dahin gebracht werden, daß er von selbst in die Höhe steige, sondern er muß immer von neuem, wenn er in die Höhe steigen soll, dazu gezwungen werden: er er« wirbt keine Fertigkeit, weil ihm die Anlage sehlt.

„Tugend also, die eigentliche, vorschliche Tugend, ist eine selbsterworbene Fertig« keil durch innere Seelenthatigkeit aus eigen.er Kraft.,

„Sie Anlage, aus welcher die Fertigkeit hervorgchc und womit sie ihren Ansang nnnmt,

P

M anch selbst'schon eine Fertigkeit,; nur Kme sc lbsterworbene; sondern, kine nnArborn e. Ohne eine dem Menschen von Natur beywohneoe allgemeine Tugendfertigkeit, durch welche er das sittlich«Schöne liebt, das Unsttli« che verabscheut, würde er so wenig bestimmt werden können frevwillig sich zur Tugend — der selbsterworbenen eigentlichen Tugend— anzustrengen, als der Stein bestimmr werden kann aus eigener Bewegung in die Höhe zu steigen. Alle Ermahnungen dazu würden vergeblich an ihm feyn, da er nicht im Stande wäre irgend einen sittlichen Unterricht nur zu verstehen.

„Also, wie Augen und Ohren nicht vom 'Sehen und Hören» sondern dieses von jenem kommt; so die erworbene Fertigkeit und Tugend von'der angedornen. Jene em«. pfängt von dieser Eingebung und Antrieb. Sie, die angeborne Tugend, lehrt den Menschen die Principien.der sittlichen Handlungen„wie ihn der gesunde Menschenverstand die er« isten Derlkgefetze kehrt.

„s hat uns namlich die Natur ein nmm «ibares Wissen und Gewissen eingepflanzt, nach welchem wir in unserm Innersten über Seyn und Nichtseyn, über Thun und ikaßen, ursprünglich, unmittelbar und schlech« terdings, mit Ja und Nein, ohne aii« deren Bewe?s, entscheiden. Und dusc aK Krhdchsten Aussprüche legt sich die Vernunft zum Grunde, da sie, für sich allein, nicht finden kann, weder was Wahr noch was Gut ist. Wissenschaft und vorschliche Tu« gend dringt die Vernunft hervor; aber was ursprünglich wahr ist, bestimmt der Ver« stand; was ursprünglich gut ist, der Wille. Beyde, Verstand und Will„ vereinigen sich im Wahrhe itssinn, dessen Aussprüchen die Vernunft subordinirt ist, wie Mittel dem Zweck. Alles was zwischen dem Ersten und Letzten, zwischen den Prin« cipien und dem Zweck der Zwecke liegt, gehört zum Gebiete der Vernunft, deren «genthümlicbes Vermögen uns Geschaft ist,— Nach erhaltenem Maaße Na aß zu gF« ben. — Sinn, könnte man saSrn, ist der Mann; Ueberlegung', Nachsinnen, das Weib; Weisheit ihre Frucht. Weisheit vereinigt Tugeud und Erkenntnis), und durch sie wird der Mensch mit dem, was besser als er. selbst ist, mit dem Gört, lichen bekannt. Sie bringt nicht — wie die Arzeneykunst, Gesundheit — sonder n wie die Gesundheit, Kraft, Leben, Glückseligkeit hervor,"

Dorenburg hielt einen Allgenblick inne.

Ich dachte mich kürzer zu fassen, sagte er. Der gewaltige Geist des Stagiriten hat mich hingerissen. — Folgt mir nur noch wenige Au, genblicke... „

Tiefer gesammelt hub er von neuem an: „ Alle lebendige Wesen ergötzen sich an dem Gefühl des ihnen beywohnendcn Guten, und den, Mnschcu ist das Daseyn dadurch ange» Nehm, daß er« fühlt, was gut ist: Wir find über nur durch die Aeusserung unserer Thatig« Kit — durch Handeln und Bewußtseyn.

Ein gemeinschaftlicher Strebungspunkt der Kräfte muß sich in jedem Wesen finden, weil die Ärschieoenen Kräfte sonst nicht Ein Leben, Ein Wesen ausmachen, zu Einem Leben und Wesen gehören würden. Dieser gemeinschaft, liche Strebungspunkt bestimmt die.Natur des Wesens, und ihm selbst seinen Zweck. Was zu seinem Zwecke dient, empfindet es als gut: den Zweck selbst, als etwas i»n sich wün« schenswürdiges,alsein höchstes Gut.

„Der Mensch ist sich seiner als eines un« ausgemachten, unvollkommenen, zweydeutigen Wesens bewußt, und ringt nach Emheit und Bollendung: Dieses Ringen ist sein eigentlicher Trieb — der Menschliche.

„ Was vom Menschen seinem eigenthünp lichen Triebe gemaß verrichtet wird, heißt das

Anständige, Ehrbare, Schickliche.
P Z

„Um des Anstandigen, welches der Sweck der Tugend ist; und — um des Angenehmen willen, thut der Mensch alles.

„ Das gemeine Wesen seiner Triebe hat keine arivre nls diese beyden Gegenstande, wegen der es sich in Rotten thcilt. Der Kö, nigliche Wille iM Inneren des Menschen; das, was ihm seinen eigenthümlichen Zweck vorhält, ist wider diese Rotten; es verlangt Eintracht, und verheißt, mit dieser Eintracht, Zufriedenheit, Glückseligkeit.

„Dem Angenehmen nachzurrachten, und was schmerzhaft ist, zu fliehen: dieser Haß und jene Liebe, gehören zu den Grundeigen, schaften empfindender Wesen, und der Mensch hat sie mit den Thieren ge« mein. «

Hingegen unterscheidet das Gefühl und dieLiebe des Ehrbaren, und der Haß ih« res Gegentheils, des Unanstandigen und Schändlichen, den Menschen vom Thiere, unö macht sein eigenthümliches Daftyn auS.

„Die ange öorne Liebe des Anstandigen, ihre Thärigkeit, ist die natürliche Tugend des Menschen, seine besondre eigen, thümliche Lebenskraft, durch welche der Mensch, als Mensch, ist oder nicht ist.

„Und diese natürliche wird zur eigentli, chen Tugend, wenn die Liebe des Anstandigen im Menschen zur unumschränkten Herrschaft, gelangt, unv sich als eine Fertigkeit beweißt, das Angenehme überall dem Anstän, digen freywillig nachzusetzen.

„ Es gehört also zur Natur des Menschen, und ist sein eigentlicher Instinkt die gemeinen Triebe, einem ungemeinen höheren Triebe unterzuordnen; oft, was schmerzhaft ist zu wählen, frcywillig dem Vergnügen zu entfagen, Begierden und Leidenschaften zu unterdrücken, Freyheit und Leben aufzuopsern.

„Aber mir der Ausübung jeder Fertigkeit ist auch Wohlgefühl nothwendig verknüpft. Denn ungehinderte Tätigkeit gewährt allemal Vergnügen, und wo eine Fertigkeit entstanden ist, da sind die Hindernisse d,c sich dem frcyen Spiel der Tätigkeit entgegensetzen, «egge, räumr. Die bessere und höhere Thatigkeit muß folglich auch das bessere »nd höhere Vergnügen gewähren. So lernt der Mensch durch Tugend eine eigene, höhere, unvergleichbare Wons ne kennen, die ihm seine Verwandschaft mit der sich felbst hinlänglichen Gottheit ahnden, und seine Vollendung, daß er sie erringen werde» mir Zuversicht erwarten läßt.

„Die Liebe des Angenehmen erscheint das her, wenn Tugendübung sie gereinigt und de Menschen Sinn und Herz veredelt hat, als der Trieb zum Guten selbst; berge« stall, daß der Grad der Herrschaft, welchen dieser Trieb erreicht hat, an dem Wvhlgefühl «bgenomnren wird, welches die tugendhaften Handlungen begleitet. Denn Niemand wird, z. B. den gerecht nennen, dem nicht Gerechtig« keit angenehm ist. Dasselbe gilt von den an« dein Tugenden. Wer sich körperliche Wollüste versagt, und in diesem Entsagen einen Genuß, ein Vergnügen sinder, der ist enthaltsam. Wer Gefahren besieht, und dies mit Vergnügen od« ohne Widerwillen thut, der ist tapfer: wer es ungern thut ist feig. Denn das ist her Gegenstand und die Vollkommenheit der Tugend, daß sie eine den natürlichen Neigungen ähnliche Fertigkeit zu Stande drisge.

„Summa: Wohlgefühl ist Grundeigenschaft der Seele, denn das Leben ist ein G»r an sich„ und wir sind und leben nur durch die Aeusserun« gen unserer Thärigkeiten. Ohne KrafcausstrunK findet kein Vergnügen statt; jede Kraftaussernug, aber hat eine gewisse eigenthümliche Wollust, welche die Thärigkeit selbst allemal erhöht vollkommener macht, vollendel. Wer eine Sache mit Lust thut bcurtheilt sie auch feiner und bearbeitet sie sorgfältiger. Das Vermehrende aber ist mit dem Vermehrten verwandt; selglich ist das Vergnügen einer gut,cnThätigkeit» selbst gut; das Vergnügen einer tadelhaften« selbst taoelnswetth; und so unzertrennlich uni unmittelbar mit einander verknüpft sind Kraft« nufserung und Wohlgefühl, daß msn die Tha« tigkeit von ihrem Wohlgefühl nur zweifelhaft «nterftheiden, und, zi B., kaum bestimmen Knm: obwir das Vergnügeu deS Lebens wegen, oder das Lebe« wegeir des Vergnügens suchen, „So könnre man von der Tugend sagen„ daß sie die höchste Wollust; von dieser höchsten Wollust, daß sie Tugend, Vollkonnurnhrit — die Seligkeit der Göttr siey"

Aber zu einer solche« Tugend und Vollkommenheit kann der Mensch sich nicht erheben. Er erringt es nicht daß ihm Mein' Sa Schickliche angenehm; das Unschickliche alle!«mw überall zuwider, d« Erfüllung jeder Pflichr eine Lust wäre. Er kann durch Bestimmungen in seinem Innern die Natur der Dinge nicht verandern, und bleibt ein bevürfnißvolleS, e-' nem Heere von äußerlichen Uebel« unv de? schmerzlichsten Zerstörung preis gegebenes Wer sen. Abhängig selbst im Erwerbe, in SnAnr, Wendung und Erweiterung seiner Tugenden; von Vergänglichkeit umgeben und dmchdrun« grn, sieht er sich von Selbstgenugsamkeit ß

Mit entfernt, d«ß er diese auS:md nael sich selbst — sogar als erwas Avernhnpll unmögliches betrachten muß. Darum kann er sich in seiner gegenwärtigen Zusammensetzung — 5en lebendigen Tos eines sslchen Daseins — auch mehr lieben; darum ist es ihm Triumph und höchstes Gut, mir seinen Ahndungen auS Hch selbst heraus zu gelM, sich empor M fchwin« gm — unbegreiM)! — mit überschwenglicher Liebe, zu einem überschwenglichen uxmnschau« baren Gegenstande, der sich ihm aklein ourch die Wirkung dieser Liebe darrhur: einer Hede, die den Menschen fahig mnchr zn l)vffen unv mir Zuversicht zn glauben, was vrr finnlichen Vernunft allein unmöglich schien.

Und darum. Freunde! nennen wir nnch jede Freundschafr, leer, gering nnv seichi, die nich« jener hohen Liebe ähnlich, unv von ihr.mSgegangen ist; jede mit vergänglichen gemci, nen Dingen erzeag«, und darum schon rode bor ne Freungschafr, die alle ihre Grunde weiß, sich g«iA vurchsch«n, und das demlichste Bewußtseyn hat, von ihrem eigene»: Nichts......
...... "

Ich bin wohin ich strebte! Da, wo ich ve« haupten kann: — Daß wer au F r e u n d sch a st glaubt, nothwenoig auch an Tugend, an ein Vermögen derGdttlichkeit im Menschen glauben muß; und daß wer an ein solches Ver« mogen, oder an Tugend nicht glaubt, un« möglich an wahre eigentliche Freundschaft glauben kann. Denn bevde gründen sich auf Eine und Dieselbe Anlage zu uneigennütziger, freyer, unmittelbarer, und darum unveränderlicher Liebe.-...

Und diese Liebe muß allmachtig seyn im Meuchen! Nicht durch Uebergewichr, wie ein« Begierde die andre überwindet, sondern durch ihre besondre Natur, die überirrdisch ist. i Also, Bruder! gebe ich darin Dir vollkommen recht, daß, von Neigungen gleicher Art, keine auf den Thron gesetzt und dadurch ein tu« gsnohafter Charakter hervorgebracht — gleich-. fani durch Anschießen und Crystalliskcrung gebildet werden könne. Auch daß es keine Mischlmg oder Ausarbeitung solch r Neigungen, Begierden n„d Leidenschaften gebe, wodurch der Mensch eine sichere Herrschaft über sich, ein unveränderliches Selbst erhielte. Nicht einmal ein standhaftes bloßes Wohlverhalten kann der sich allein überladene Mensch nach Vorschriften dieser Art zu Stande bringen. Seine Weisheit ist ein Traum, und in demselben Maaße, wie sie von dem, was die allgemeine Stimme für weise, gut und löblich erklärt, sich entfernt, die Eingebung eines bösen Geistes. Gesetze und Lau« dessitte, Angewöhnung und Vorurrheil, sind die nneiNbchrlichen Stützen einer sslchen allein ans gegenseitige Einschränkung der Begierden gegründeten Tugend. Auch enthält die öffentliche Moral in jedem Zustande der Gesellschaft noch so viel Gutes und Wahres, und der Zusammenhang ihrer lebendigen Vorschrif« ren ist so tief gegründet, so weit umfassend, ihr innerster Geist überall so richtig, daß sie, »wenigstens als der Vorhof der Tugend, als der einzige Durchgang zu «Krem Alecheiligsten, und als die sicherste und stärkste Brustwehr wider das Laster, eine fast «uqemcssene Ehrfurcht verdient. Wer seinem persönlichen Hange zu gefallen, «us Stolz, Grille, mit einem Worte «igensüchtig von ihr Hch emsernt, ihr zux wider Handelt, Aergernist« zu geben sich nicht ßcheut: der ist auf dem gerasesten Wege zur UlUuaend, M Elir, und Geroigenlosigkeit.

Also neige ich mich von ganzem Herzen mit Dir vorder vox populi, alseinem heilig«n öckv, preise mit Dir die Weisheit des Del« phischen Orakelhruchs, und will jede Krücke und jedes hölzerne Bein, an seiner Steve, gleich einem beseelten Gliede, in Ehren halten. Ich bleibe auch, was diesen Punkt angehr, de» meinem vorhin geäusserten Tadel an unsexm Woldemari aber nur in dem Maaße wie ich ihn aussprach, und mit billigem Vorbehalt. Ich warf Dir Ucbcttrobungvor, und übertrieb doch auch an meiner Seite. Er ist wohl lange nicht so sündig, als wir beyde im Jon, des Schrecke«?

«ergaben. WaS er gesündigt Hat, wird m« bald abgebüßt seyn. Gereinigt wird er da stechn,, und, nach Henriettens Prophezeynng, »r ich glaube, höher aufgerichtet als er ge« fallen war. Erinnere Dich jener Worte d«s «ehrlichen IVlontgine: „ Wie lasterhafte See«.,len zuweilen durch irgend einen ftemden,«Vkiz gut zu handeln angerieben werden;,,, so Hängt sich manchmal auch an rugend,,, hafre Seelen etwas Böses.
" — Es wäre schrecklich, darum gegen

alle Tugend mißtrauisch M werden, und sich wider ihre eigenthüm« liche Kraft, die 8reyheit der Seele, als Midereinen bösen Geist verwahren zu wollen.

Henriette glühte vor Freude. Eine höhere Begeisternng, die in allen ihren Zögen sicht« Äbar war, öffnete ihre Lippen und gab ihror Mede einen ungewöhnlichen Strom.

:DaS hat ein Gott, sagte sie, oder eist Engel Ihnen eingegeben, Dorenburg! daß Sie Frey« he!t der Seck die eigenthümliche Kraft der Tugend nannten.

Ia Freyheit ist der Tugend Wurzel; und Freyheit ist der Tugend Frucht. Sie, ist die reine Liebe des Guten, unv die Allmacht dieser Liebe. Ein hohes Wesen! wie die Gott, heit verborgen — und zudringlich, wie die Gottheit! Denn allein durch Freyheit fühlt sich der Mensch als Mensch; durch sie allein ist Selbstachtung und Zuversicht, Wort und Glaube, Friede, Freundschaft, feste Treue möglich, worauf unter Menschen alles beruht. Wie man die Gottheit geläugnet hat; so läßt sich auch an Freyheit und an Tugend zweifeln: weil wir nicht ergründen und erklaren können, wie sie sind und wie sie wirken; weil wir sie nicht, sinnlich machen, sie dem Sinnlichen nicht unterwerfen, dem Sinnlichen nicht dienstbar. machen — Freyheit und Tugend nicht in ihr Gegentheil verwandeln, in ihr Nichtfeyn auflösen können.

Besser leuchten allerdings dem E r d e n so hi ne Tpranney und Knechtschaft ein. Der LNst will er dienen, und er will sich scheuen vvr dem Schmerz. So gesinnt entsetzt er sich vor dem Wesen der Freyheir, welches ist zu Herr« sch e n über Begierde uns Abscheu; zu verachten jede Lust und jeden Schmerz, die sie nicht selbst erzeugte; alleinthckigt zu erwecken, hervorzubringen, zu erschaffen m ocs Menschen Brust seinen Haß und seine Liebe, und aus seiner Seele alles zu vertilgen, was nicht unver, gänglich ist.

Traume, Fantasien, ein wesenloses Hirn« gespinnst waren Frcyheit und Tugend — weil sie nicht von Erde, nicht allein aus Eroe, aus reiner Eroe — weil sie mehr als Natur, weil sie Göttlich sind: Anders und mächtiger erfreuen als Wollust, höher begeistern als Ehre, gewaltiger sichern als Gold und Kronen — weil sie die Welt überwinden?...

Iweymal hat Dorenburg, fuhr Henriette fort, den Aristoteles aufgerusen. Wir alle wujzien von dem Manne aus Slagira, und hatten mancherlep von ihm gehört. Unter dem Q

Hft und viel Gehörten hat sich mir am tiefsten «ingeprägt — was Dorenburg zurück behielt.

Indem zog sie aus ihrer Brieftasthc ein von Woldemars Hand geschriebenes Blatt her« vor, und last

',' Alle Dinge haben in ihrer Natur „etwas Göttliches'. — Auch der in Un« „ sittliäckeit versunkene Menfth belM noch er „was natürlich Gutes in sich, das ihn sort« „ daurend antreibt, lmch dem ihm eigenthüm« „ lichen Guten Anzustreben. Vielleicht suchen ,wirnlle, weder was wir walx«n, nvch wa« „wir vorgeben; sondern es suchen alle mit „einander Eins nnd EbenoaMde; Venn, wie „gesagt: alle Dinge haben in ihrer „Natur etwas Göttliches.

„ Was es nnn auch sey das im Menschen „herrscht und gebietet und die Begriffe von „ moralischer Schönheit und göttlichen Dingen in ihm unterhält: sey es selbst etwas Gdtr« , cheoder nm etwas dem Gsttlichen ge« 5,n,ä,ß«6: aljötvenigstens in ihm das Edelste „ und Göttlichste: so ist die Anwendung und „Entwicklung dieser Tätigkeit der eigen, „thümliche Zweck seines Dasevns, sein „höchstes Gut; so ist diese ungehinderte Kraftausserung selbst, „das an sich Wünschenswür„dlge für ihn: das, was wir Glückse« „ligkeit nennen.

„Denn Glückseligkeit ist nicht etwas, was „dem Leben nur angehängt werden kann; „sie muß aus der Natur des Wesens das zn „ihr gelangen soll, hervorgehen. Niemand „ wirs von einem Thiere sagen, daß es Glück, „seligkeir erwerbe; noch von einem Kinde, „daß es sie genieße. Erwerb und Genuß „der Glückseligkeit ist allein durch Tugend „ möglich; ihr Begriff ist der Begriff der «Vollkommenheit des Menschen: sie „ist Vollendung.

„ Da mm der Geist im Menschen eigentlich „allein den Menschen ausmacht, und seine „geistige Natur, in Vergleichung mit der kör« «perlicheu, etwas Göttliches ist; folglich „auch das den geistigen Bedürfnissen gemäß „eingerichtete Leben, in Begleichung des ge« „wöhnlichen Lebens, allein ein göttliches „Leben genannt werden darf: so müssen wir „nicht, wie einige sagen, als Menschen, „menschlich; als Sterbliche, sterblich denken; „sondern im Gegentheil, so viel wir immer „vermögen, gegen das Sterbliche ankämpfen, „und alles thun um dem, was das edelste „in uns ist gemäß zu leben. Denn wenn „ gleich dies edelste unserer Natur nur den „kleinsten Theil derselben auszumachen „scheint, ss übertrifft dieser kleinere Theil „ doch die übrigen alle an würde und an „Kraft."

Mit einem eigenen Nachdruck wiederholte Henriette die Worte: — und an Rrafr! Ihr zuversichtlicher Blick bey dieser Wiederho« lung machte alle weitere Auslegung überflüßig.

Biderthal fühlte den ganzen Inhalt jener Worte und diefts Blicks.

„Genug!" sagte er, „genug! Ich bin lange überwunden, und sündigte, indem ich ss hartnackig wider Deine schöne Zuversicht mich auflehnte, und dem Glauben in meinem eigenen Herzen widersprach. Der ganze Himmel ist auf Deiner Seite, und es wird wahr werden was Du verheißen hast."

Das Gespräch erhielt nun eine neue Wendung. Luise und Caroline nahmen frohen Än» theil daran; die alte Traulichkeir stellte sich ganz wieder her, und jedem wurde durch eigene Empsindung und durch Theiinehmung so wohl, daß sie nicht von einander scheiden konnten, und sich gegenseitig hielten bis tief in die Nacht. Henriette drang endlich darauf, daß man aufbrechen müßte. Da sie nach Hause kam, warf sie sich mit ihren Kleidern auf ihr Ruhebette, wo der gehoffte Schlummer sie auch bald umsieng. Erquickt stand sie früh am Morgen auf, kleidete, sich um, und gieng zu Woldemarn.

Qz 3öie dieser den vorigen Abend und die Nacht zugebracht hatte, ist vorhin erzählt worden.

Er war eben ans seinem Schlafzimmer ge» treten, da Henriette ankam. — Er sah daß sie vor seinem Anblick sich entsetzte!

In demselben Augenblick lag sie auch schon vor ihm auf den Knien, hatte eine seiner Hände ergriffen, bebte, weinte, hatte keine Stimme.

Stehen Sie auf, sagte der Starrsinnige; gleich wird mein Bedienter kommen.

Diese Worte gaben Henrietten eine neue andre Erschütterung. — Sie stand auf.

So geben Sie nun Befehl, sagte sie, daß wir ungestört bleiben, denn ich habe viel mit Ihnen zu reden, und lasse Sie nicht mehr, es komme Was und Wer da wolle — Wir müssen an e,n Ende, Woldemar! Heute, in dieser Stunde!

Müssen erst? antwortete Woldemar. Er reichte ihr den Schlüssel zu seinem Cabi« nette. — Gehen Sie an meinen Schreibtisch und lesen Sie, Ob wir erst müssen.

Henriette gieng, und fand auf bem Schreibtische den Brief, den Woldemar in der Nacht an Allwina geschrieben hatte. Nach Woldemars Rede konnte sie nicht anders glaubet«', als, es ware dies Schreiben an sie selbst gerichtet. Zitternd nahm sie das Blatt in die Hand, und las mit zunehmender Verwirrung.

„Äch habe zwanzig Briefe an Dich g«? schrieben, die Du alle nicht erhalten hast; sie sind zerrissen, verbrannt. — Aber was soll ich Dir es länger verhehlen, daß ich in die tiefste, unheilbarste Schwermulh gerathen bin, Mir schaudert vor dem Gedanken, gute Seele, wie ich Dich erschrecken. Dich betrüben werde! Aber ich muß, ich muß!

„Oder soll ich sort, auf und davon? — O, ich bin tausendmal dazu versucht gewesen! Aber Du sollst nicht elender werden, als das Schicksal Dich macht: Ihm Deinen Fluch, nicht mir!

„Warum hörtest Du mich ehmaks nicht! als ich Dich, als ich Euch alle vor mir warntx, so oft warnte, daß Ihr nicht auf mich bauen, daß Ihr Euch nicht so an mich hangen solltet! — Ihr lachtet! — Ha. nun ist's an mir zu lachen!

„Ich bin nicht im Fieber, Mwina;"— -Allwina? rief Henriette... Sie wankte, das Blatt fiel ihr ans der Hand. — Gort! feufzre sie trostlos, Gott! — so ver« lassen mich dennoch meine Krafte! —

Neuer Much belebte sie. Sie nahm das Blatt auf und las weiter.

„ O, ich bin so wach, bin nur zu gut bey Verstande! — Aber Dir zu entdecken, was ich habe — Es ist unmöglich. Auch Henriette erfahrt es nicht, mein Bruoer nicht, Niemand soll es erfahren! Aber, ja, es ist mir etwas begegnet — Etwas. ... Ich habe entdeckt, daß alle Freundschaft, alle Liebe nur Wahn ist, Narrheit ist — ausgenommen dem Nar« ren... Ich preise sie wohl einmal wieder, so Gott will und ich lebe!

„ Ihr werdet Mitleiden mit mir haben, in mich dringen nm mein Geheimniß zu erfahren und mich zu trösten — Ich bitte, ich beschwöre Euch, thut cs nicht! O, kein Mitleiden! keine Tröstungen! Ihr könntet Meere weinen, und meinem lechzenden Herzen käme nicbt ein Tropfen davon zu gut. — O, thut es nicht! Ich würde rasend werden über Euer Mitleiden, Euren Twst, Euer Weinen —'

„Daß in den Menschen das gelegt werden mußte: jenes Sehnen, jene brennende Be, gierde nach — Menschen « Herz — die am Ende doch nur falsche?ust, kranker Heißhuu« gerist, der allein des Geruchs bedarf, und es solgt Ekel! Aber nein! Nicht falsche Lust, nicht kranker Hunger; sondern daß die Befriedigung nur Blendwerk, der Geruch nur Anstrich war: darin das Elend!

„Woher die Sage unter die Leute gekom? wen seyn mag — das allgemeine Gerücht von Liebe, von Freundschaft? Es ist wie mit den Gespenstern, deren überall fo viele gesehen worden sind. Gerade so!

„ Doch giebt es Beyspiele von beständiger Ergebenheit, von alles überwiegender Treue— Ia: Nur daß man nie sich frage: Wie geht es zu? Was bindet, was halt da, wo es so ist?

„Ach, es ist nicht der Rede werchalles was macht daß Menschen sich an einander hangen; es ist so an tausend Enden zu fasten und zu lassen, von so zweideutigem, betrüg, liehen, zufälligen, unwesentlichen Wesen, daß man nie weiß, was man hat, oder: Ob wan nur was hat. — Schrecklich! Schrecklich! Worauf der Mensch allein einen Werth legen kann, da« ist nicht!

„Bist Du es. Du Holde Du, woran ich dieses schreibe,? — Laß mich, o, laß mich, unglückliche Allwina, und Gott erbarme sich Deiner!"

Schrecken und Unwillen ersllten, zerrissen Henriettens Seele. Todtenblaß, aber nicht mehr bebend, verließ sie das Cabiner, und blieb dor Woldemarn, der sich auf sein Canapce ge? 'fetzt harre, in eiuiger Hnrfernung stehen.

Woldemar! sagre sie, ich sehe kein Ende — und gehe — wie ich nie, wie ich am wenigsten heute von Ihnen zu gehen dachte. Ich kam voll Vertrauen und mir größerer Liebe zu Ihnen im Herzen, als jemals. Ich kam nm ein drückendes Vekenntniß abzulegen, um gewisse Verzeihung zu holen Ich war so voll Hoffnung

Bey den Worten Bekevntniß, Ver« zeihung, Hoffnung verwandelte sich Woldemars ganze Gestalt, als hatten so viele Zauberschläge ihn berührt. Henriette sah und fühlte die mächtige Veränderung, die in ihm vorgieng; und auch ihre ganze Gestalt wurde anders.

Hoffnung.. Verzeihung.. Ve, kennt niß — stammelte Woldemar-».. S, Henriette!

Mit dieser Ausrufung sprang er auf von seinem Sitz, sank wieder zurück, verbarg in. dem Einen Arm sein Gesicht, streckte den an« dern furchtsam aus gegen Henrietten, und fing an zu weinen daß er schluchzte.

Henriette ergriff mit Inbrunst die ihr gebotene Hand.

Woldemar! rief sie; ich habe Dich wie, der! — O, sey wieder Dein, wie Du wie« der mein bist!

Lieber! Du hast mir viel zu verzeihen; ich habe Oich unaussprechlich eleno gemacht; Dich und mich. Aber was Ich litte, mar nur Bus« simg. Ich harre wider die Stimme meines Herzens gehanoelt; hatte ein heiliges Gefühl in meinem Innern — Ienes, wovon sie Tugend ledr, wodurch sie ist — Soll «ch sagen überwunden?

Ich ließ mich überreden zu thun, was ich verheimlichen mußte! »Es war am Sterbebette meines Vaters, und der Ste» bende flehte. Ich kämpfte, Gott weiß mit welchem unsäglichen Schmerz — kämpfte bis zur Todesangst.

Dies entschuldigt; aber es reiniget mich nicht: Venn ich höne noch immer die warnende Stimme in meinem Innern, und folgte dennoch einem andern Juge — fündigre!...

Sündigte?.,. (Thränen erstickten auf ei«nen Augenblick ihre Stimme) — Ich that — das war mzine Sünde — ich that, was ich verheimlichen, was ich Dir verbergen und ver« schweigen mußte —Dir wenigstens ver« borgen und verschwitzen habe.... Daher die schreckliche Verwirrung — sie wa» mein Wnk — in der Du untergehen, verde« den konntest — Du und Allwina, und Aide«thal, der Treue...

Woldemar ertrug es nicht langer. Er Weng dete sich gegen Hcm'ickern, faltete seine Hands gegen sie mit dem Ausdrucke eines unaussprechlichen Flehens, daß sie seiner schonen möchte Er konnte nicht reden, , '..',. 5

Keine Feder beschreibt was in diesem Au« genblick m Woldemarn vorgieng. Der Himmel war ihm aufgelhan in Henriettens Seele; in seiner eigenen, die Hölle. Er sah nicht einen Schatten mehr von Schuldan ihr; alle Sünde nur in sich; alle Sünde, und lauter Verdamm« niß. — Sie stand nun so hoch über ihm, so hoch und herrlich, Sie, die er vor einer Stunde noch ss tief unter sich geachtet hatte!

So hoch und herrlich! — Dies war himn» IWe Wonne!

Er, der Verflossene! — Dies war Hol« lenquaal!

Aber die Wonne überwog.

Henrierrens sanftes Zureden fand allmählich Eingang: Oer arme Zerrütte« überließ sich ihrer Huld; er hörte wieder, sie durfte wieder reden.

Nun erzählte sie ihm, wie sie gestern schon ihn mit Gewalt zu einer Erklärung hütte nö« thigen wollen; wie sie durch wiederholte drin« gende Botschaften von Luisen daran wäre verhindert worden; in welchem Schrecken sie bey Dvrenburgen Alle gesunden; den Cvntrast ihrer Freude über Luisens Bekenurniß; Bidarthals Entsetzen; was sich hierauf weiter zugetragen harte; das Wesentliche der Unterredung; endlich, wie beruhigt und hoffnungsvoll sie auseinander geschieden wären.

Einige Male stockte Henriette in ihrer Er, Zählung, und wurde verlegen, weil sie über Bidetthals angstvollen Zustand nicht ganz deutlich werden mochte, Woloemar aber bat s« wiederholt ihm doch nichts zu verschweigen, Vichts zurück zu behalten, und versprach so treu« herzig, auch von seiner Seite nichts zu ver, schweigen, nichts zurück zubehalten, daß Heu« nette ihre Scheu überwand, nnd nach und nach ihm alles entdeckte: Biderthals ganze Sorge; seine frühere Unterredungen mir ihr; ihr eigenes Verhalten dabey, ihre geheimsten Empfin« dungen und Gedanken; was sie gestärkt, ihr immer wieder aufgeholfen, den Glauben an Woldemarn nie in ihr habe untergehen lassen.

Woldemar wurde im höchsten Grade geführt; er vergaß sich selbst, und fühlte nur Henriettens Schönheit und Größe. Wie in dieser Stunde hatte er noch nie in seinem Leben genvKn.

„Liebe, Henriette," sagte er, „es ist nicht auszusprechen was ich fühle! Laut vor der gan« zen Welt könnte— möchte ichs bekennen, daß ich der schuldigste unter allen Menschen bin; in meiner ganzen Verworfenheit möchte ge« sehen sehen seyn, es offenbar mächen, wie ich ohne alle Rechtfertigung bin vor Dir, Du reines himmlisches Wesen! — Sähest Du mich, wie ich mich selbst sehe — Du könntest mir nicht verzeihen — Aber Du verzeihst mir, und ich nehme Deine Verzeihung an: Du wirst noch himmlischer dadurch!

„Wie ihr alle mich noch so milde beurtheilt habt! — Ich war verderbter als Ihr «s glauben konnet — Tausend Grauel waren in meinem Herzen!"

Henriette erblaßte.

„Fürchte nicht, sagte Woldenmr; höre mich!

„Mein aufgebrachter Sinn konnte nie Deine Unschuld mir ganz aus. den Augen rücken, noch weniger meine gerechte Liebe gegen Dich zerstören. Das Gefühl Deines Werths nahm vielmehr zu mit meinem Groll. Denn die Ur« R fache meiner Erbitterung war nicht in Dir, sie war allein in mir selbst.

„ Gott hat den Menschen aufrichtig gemacht; «r kan sich tauschen, aber nur ausserlich, nur auf der Oberfläche seines Wesens, nicht in der Tiefe seines Herzens: da fühlt er seine Tücke.

„Dich wollte ich hassen, und wurde mir selbst feind.

„ Auch das ist wider die Natur, daß der Mensch sich selbst seind sen. — So entstand in meinem Inwendigen die graulichste Verwirrung. Nichts war mehr von allem Gewesenen. Das allein blieb, daß ich nicht von Dir lassen konnte.

„ Du wirst meinen Zustand ahnden, wie verworren ich mich auch ausdrücke. Höre weiter!

„Ich konnte Dich nicht lassen, konnte Dich «ichr halten. Meine Verzweiflung nahm mit jedem Tage zu: Was mich von nur selbst schied, schied mich auch von Dir: Da war keine Hülfe, kein Rath, keine Zuflucht! Das Vergangene erschien mir wie ein Traum.

„Bidetthal hatte mir einmal geschrieben, da. ich mich auf dem höchsten Gipsel des Glücks fühlte: Wenn dies alles nur ein Traum ware!

„Ich erinnerte mich dieser Worte; erinnerte mich seiner verschmahten früheren Warnungen. In den Finsternissen die mich umgaben standen jene Warnungen vor mir wie ein Gespenst — . ..,,Du schauderst? — Mich schauderte auch! Fürchte nicht; Höre mich zu Ende!

„Ich konnte Dich nicht halten, konnte Dich nicht lassen!

Dich nicht lassen zu können: dies Gefühl war über alle andre. Ich ergrimmte wider dies Gefühl — Wider mich selbst! — Dann zerrann ich wieder in Wehmuth... Meine Seele verschmachtete. — Ich kämpfte um nur immer mehr zu unterliegen.

R s

„Liebe Henriette, es ist unaussprechlich was ich gelitten habe!

„Ich erzählte Dir ehmals von meinem Vormunde, dem ehrwürdigen Ter lud, der irre wurde: wie ich ihn einmal ein Licht vom Tische nehmen und damit ins Nebenzim, wer gehen sah, wo er lange herum suchte; und da ich ihm endlich nachgieng, und ihn fragte: was er suchtet mir mit einem tiefen Seufzer antwortete:... „Ich weiß nicht"... Und sortsuchend mir verstörter Miene, und tiefer seufzend.. „Ich suche mich selbst."

„Dies war mein Zustand: Ich suchte mich selbst; suchte mich, wo ich mich immer gefunden und wieder gefunden hatte: Bey Dir. Du warst nicht mehr! Wo anders sollte ich mich suchen?— Du würdest wiederkommen! hoffte ich. Hoffte, und suchte immek von neuem, immer vergeblich!

„Du haft es genug wahrgenommen wie ich mit meinen Blicken in Deinen Augen wühlte, m allen Deinen Zügen forschte nach meiner Verlorenen...,

„Ich erholte mich wohl auf kurze Zeit, und so süß war mir die Ruhe die ich dann genoß, so erquickend, daß ich mich geheilt glaubte wenigstens genesend.

„'Käme nun Henriette, dachte ich, so sähe sie mich einmal heiter; ich schaute ste wieder an wie ehmals; sie schaute mich so wieder an; ihre mir wiedergegebene Gestalt, behielt ich im Auge; ich wollte sie fest halten im Auge, im Innersten des Auges, daß sie mir nie mehr daraus verschlvande!

„Kamst Du dann, und ich hörte nur von weitem Deinen Fußtritt, so war schon alles wieder anders. Ein Schauer überlief mich, mir klopfte das Herz; mein Auge, das nur hatte anschauen wollen, wurde sehlos. Es konnte nur strahlen, und erblindete wenn es nicht strahlte. Verlegen, gedrückt, angstvoll R Z standest Du vor mir; ein fremdes Wesen — uno dennoch Henriette!

„Dann wünschte ich, Du möchtest nur wieder fern seyn. — Giengst Du, so wollte ich Dich wieder halten. — Du giengsi, und es rann mir kalt durch alle Glieder. — — Die Thüre schloß sich; ich war wieder allein— Gott! In welchem Zustande?...

«Ach! die fürchterlichen Beklemmungen alle; wie sie mich nicht gctbdtcr haben?...

«Staunend habe ich hier oft vor Deinem Bilde gestanden, gesessen, und mich gefragt und es ergründen wollen: Woher die Gewalt über mich in diesen Augen, dieser Bildung? — Was ist das? fragte ich mich selbst; Was ist das? Ein Leben ausser mir drangt sich in dieser Gestalt an die Stelle des eigenen Lebens in mir, und verzehrt es. — Ich kam, mein Dafcyn nicht retten vor diesem fremden Wesen; es überfüllt alle meine Sinne und zerstört sie — entwender mir alle meine Sinne! Ienes Wesen regt mit jedem Nerv, mit jeder Muskel sich fühlbarer' in mir, als in sich selbst. Von seiner Nähe erbebe ich bis ins Schwarze vom Auge — ZOa fühle ichs! Da raubt es mir das Licht! — — Sah ich eine andre Gestalt ehmals, da es nicht so war? Bin ich selbst ein Andrer geworden? — Das Gewesene, was war es? Das Gegenwärtige, was ist es?"

Hier unterbrach Henriette Woldemarn, indem sie mit angstvoller Gebärde aufstand, weinend sich von ihm wendete, und ihm mit der Hand winkte, ihr nicht zu solgen.

„Henriette!" rief mit milder Stimme Woldemar; „O, bleibe; komm zurück; sieh mir ins Auge: Deine Angst wird verschwinden!"

Der Ton seiner Stimme ergriff Henrietten. Sie stand, sie wendete sich — erblickte auf Woloemars Angesicht eine Heiterkeit, eine Iu« versieht und innere Ruhe, wie es der Klang seiner Stimme ihr verheissen hatte: So war sein Auge, so war seine ganze Gebärde.

Henriette wurde innig froh. Sie drückte ihrem Freunde die Hand: — Ich will nicht n,chr fürchten, sagte sie; rede frey, laß mich alles wissen,,

Du sollst. Du mußt, alles wisien, antwortete Woldemar, damit Du ganz und auf immer beruhigt werdest. Den. Schrecken den Du gefühlt hast durfte ich Dir nicht ersparen, Höre nun mich was Dich beruhigen wird.

„Wie sehr es auch nach dcm vvn mir Ge, beichteten das Ansehen hat, dasi meine Freundschaft zu Dir in leidenschaftliche Liebe ausgeartet, oder jene Freundschaft selbst von Ansang an nur eine versteckte Liebe gewesen sey: so kann ich den« noch Dir bethenern, es war nicht so. Mein leidenschaftlicher Zustand gründete sich einzig auf den Zwist, in den ich insgeheim mit Dir gerathen war.

„Ich sagte vorhin: Biderthals verschmähte Warnungen wären mir jetzt schrecklich wieder ins Gedächsniß gekommen.

„Das thacen sie; und ich muß noch hinzu« setzen, daß ich es in Augenblicken schmerzlich bereute, so hartnackig widerstanden zu haben: ich ware so dem tiefen Elende, worin ich mich befand, entgangen.

„Aber dieser Wunsch war nur ein Wunsch der Verzweiflung, der schnell vorübergieng, und die Wahrheit stehen ließ; Daß ich mich nicht über mich selbst getauscht, Biderchalen nicht mit Unrecht widerstanyen hatte. WaS war, ware nicht gewesen, wenn ich ihm hatte glauben, ihm nachgeben können. Also hatte ich nichts zn bereuen.

„Nach allen Prüfungen, unter allen An, fechtungen, kam das Gefühl meiner reinen unschuldigen Liebe zn Dir immer glänzender wieder hervor. Ich hatte selige Stunden, wo ich Mich in diesem Bewußtseyn wie verklärt fühlte!

„Aber eine tiese Unart war in meinem Herzen und zerbrach es!. ,,

„Ihr saht diese Unart nicht, nnd kränktet mich an einer Seite wo ich nnschuldig war. Dadurch gelang es mir, mich selbst zu tauschen.

„Dich! — jene Henriettte! — in meinem Gewissen so beschämt zu sehen! Darauf bezog icb alle meine Leiden, und verbarg mir den großen Antheil, den Häßlicher Stolz und wüste Eigenliebe daran hatten.

„Doch erhob sich die Stimme des Gewis« sens mehrmals wider den Heuchler....

„Siehe — Da wurde der Heuchler tückisch; Erbitterte sich; verstockte sich — wollte lieber mit der Gottheit «nd der Menschheit brc« chen, als mit seinem Satanisch gewordenen Selbst —"

Nicht weiter, lieber ZVsldemar! rief Henriette, indem sie ihrem Freunde um den Hals fiel; nicht weiter, lieber wsldemar! — „Höre, Lieber! Wir vergessen Deinen Bruder, die edle treue Seele! Willst Du ihm nicht eine Zeile schreiben, daß er komme." — Woldemar sprang auf und schrieb:

„Die Himmlische, die Reine hat ge« fiegr. Komm und siehe!"

Da Woldemar dem Bedienten dies Billiet zum Wegtragen gereicht halte, sing er unmittelbar an mit Henrietten von Allwina zu reden, und legte die pünktlichste Rechenschaft ab von dem, was in Absicht ihrer in seinem Gemüthe diese Zeit über vorgegangen war.

Er versicherte: Was ihn dem Wahnsinne so nahe gebracht hatte, ware das innre steigende Gefühl des Contrastes zwischen Mwinens reiner Seele und seinen, verwüsteten Gemüth gewesen.

«Ich mnßte," sagte er, „ entweder alles Gute hassen lernen, oder mich selbst bis zur Raserey verwirren.

„ Mit Dir, mit Euch allen konnte ich zürnen; konnte in der Bosheit meines Herzens Lästerungen wider Euch ersinnen: Aber Allwina! — Wie hätte ich mit Allwinen zürnen — Gott wie hätte ich sie lästern können? — „Es ist über allen Ausdruck, über alle fremöe Ahndung: wie ihr Anblick, oder der Gedanke an sie, auch in den wildesten Mo, menten, mich ergriff, mich zurück brachte Z Durch kein anderes Wcfen ist je eine solche Em« pfinsung von Ehrfurcht in mich gekommen; durch kein andres Wesen eine solche Empfindung von Liebe — die mir gegeben wurde ohne alle? Verdienst, und die ich eben so rein, unbegreiflicy, wieder geben konnte. — Ich mußte, anbeten; ich mußte aufschauen zu Gott... Ich konnte, so lange noch ein Funken von Vernunft in mir blieb, neben Allwmen nicht ganz verderben."

Hingerissen von innigstem Wonnegefühl, stürzte Henrielte vor Woldemarn sich anf di» Kniee, umfaßte ihn mit aufgehobenen Händen und aufgerichtetem Angesicht;

Woldemar! sagte sie mit einem Tone, M dem ihre ganze Seele erklang— Wolde» mar! —Ich bin wieder ganz glücklich!

Sey glücklich, antwortete Woldemar, ins dem er Henrietten aufrichtete und sie fest in seine Arme schloß; seyd Alle glücklich; abet stdn meme Reue nicht; seyd billig.

Biderthal flog in diesem Augenblick die Treppe heraus, war in der Thüre, und schnell wie der Blitz, auch schon in den Armen seines Bruders.

Verzeihung, Lieber! sagte Biderthal — Verzeihung! — Henriette hat mir verziehen; Du wirst mir auch verzeihen — Ja, Du wirst!

Woldemar fuhr, wie vor Schrecken, zusammen bey diesen Worten. Auffallend veränderte sich seine Gebarde.

Was widerfahrt Dir? fragte voll Verw!» rung und betroffen Biderthal. — Hast Du mich nicht gefoderr? — „Ich sollte kommen und sehen" — Wie sinde ich Dich? — — O, Heber, sprich! Mit gebrochener Stimme antwortete Wo!« demar: — Ich soll Dir verzeihen! — Wie ein Donnerschlag hat es mich getroffen, mich zerschnmm r, dieses Wort. — Ich Dir verzeihen? Ach, ich verdiente nicht un, ter Euch zu leben.. . Ihr schätztet an mir, was nicht mein, was eine sreye Gabe des Schicksals war. Mein Eigenes ist böse... Ich bin ein nichtswürdiger Mensch. Mir selbst. Euch allen habe ich geheuchelt. Ich sehe das nun so klar — Ich bin mir ein Abscheu!

Er sprang mit Heftigkeit auf. Seine Stimme hob sich — „Es trifft mich," sagte er, hin und her gehend — „es trifft mich.

Schlag auf Schlag immer tiefer. Ia, es war eine Luge was ich Biderthalen schrieb —: Henriette hätte gesiegt. — .Ich habe gesiegt; nicht Henriette. Sie sprach von einem Bekenntnisse das sie ablegen, von Ver« zeih ung die sie bey mir suchen wollte: Da frohlockte mein Hochmuth, legte sich meine Wuth. Darum allein hatte ich ja gewücher. daß meinem Eigenwillen, meiner Selbstsucht dies Opfer gebracht würde..."

Angstvoll blickte Bidetthal auf Henrietten— Sie bebte.

Schnell wendete sich Woldemar gegen Biderthalen — Bruder! sagte er mit verstörtem Gesicht — Ich vergaß! Du mußt es auch le« sen was ich für Allwina in dieser Nacht geschrieben habe. — Der Brief liegt noch un« gesiegelt auf meinem Schreibtische. Ich begrüßte Henrietten heute früh mir dieser Mir« theilung.—Du verdienst gleichen Empfang! — Gehe in mein Cabinet!

Henriette widersetzte sich; aber Woldemar bestand auf seinem Sinn.

Da Bidetthal gieng, sprang auch Henriette auf, und warf sich, mit abgewendetem Gesicht in einen Sessel an der andern Seite des Zimmers. — Ach, es ist wahr, sagte sie, mit erstickter Stinnne

— Es ist wahr!-« Nein, ich habe nicht gesiegt!

Woldemar rief Biderrhalen zurück, und gieng ihm entgcgen an die Thi'ire des Cabinets.

Da ergriff ihu eine neue heftigere Bekletm mung.

Er wankte, stutzte sich mit dem Kopf an den Thürpfosten. — Biderrhal umfaßte ihn und brachte ihn auf das Canapee zurück, wo er sich neben ihn, verstummend, niederließ, und voll Rührung sich an ihn schmiegte.

„Ich kann das nicht von Euch wenden, sagte Woldemar, daß Ihr mich verachten müßt.

... „ Hätte ich mich aufgerieben in meinern Wahnsinn, hatte ich den Untergang um den ich buhlte, gefunden...

Siehe! (er deutete auf ein bey dem noch unangerührten Frühstücke liegendes Messer) —. Bon ungefähr fühlte ich einmal in der bren« nenden Hand daß der Stahl sie kühlte. Es erquickte mich. Ich genoß die KüKlung, und erfrischte, wechselweise, bald die eine, bald die andre Hand. Mein Auge wurde wacker.

„ Auf der entblößten Brust diese Labung!" — Ha, mir schauderte vor Lust! — „Tiefer! Tiefer!" kam ein Sehnen. — Mein Herz entbrannte, loderte von verzehrendem Durst, hob sich anzusaugen, in sich zu schlürfen diese

Kühlung. — Gott! Wie entkam ich!"

Woldemar stürzte sich in des Bruders Arme —

„Ja es verdiente zu bluten, sagteer, dies veråchtliche Herz — das von jeher mich nur weich gemacht hat gegen mich selbst, nachgiebig nur gegen mich selbst — das mich alle Tilgenden zu umgehen, meinen Eigendünkel über alles zu erheben lehrte — das um alle Vernunft, um allen Seelenadel mich bringen wollte, mich darum brachte.'" I' . Henriette weinte laut, — Schluchzend» 5te Hände ringend, gen Himmel flehend wiederHolte sie: Allwina! — O, Allwirea! All« mrna!

Es ergriff VZoldemarn. Er blickte auf, todtenblaß; blickte auf Henrietten. — Sie stürzte nach ihm hin. —

Wvldemar! stammelte sie, mit durchdringender Wehmuth — O, sieh mich an!... Du warst ehmals ein so gurer

Mann!-» ein so edler Mann! — Das warst Du...

Die Stimme verließ sie.

Woldemar reichte Henrietten die Hand, Das Herz schmolz, zerrann ihm im Busen.

... „ Ich will Demuth lernen," sagte er. — «Du erinnerst wich! — Was jetzt in mir so tobt wider mich selbst... Auch das ist Stolz t Immer noch derselbe harte, unbiegsame Stolz

„Ich war nicht gut, Henriette!-» Ich will es werden — ich will Demuth lernen; ich will Euer seyn... O, nehmt mich an!"

Wer schildert diesen Augenblick — Biber« thalV, Woldemars, Henriettens Seele? — Wer öffnet die Himmel?

Die Fromme hatte wahrhaft gesiegt, nnd der Sieg blieb ihr..

Da Biderthal seinen Bruder beruhigt, heiter gelassen sah, eilte er zu Luisen, hierauf zu Dorenburgen, um seine Freude allen mitzu« theilen. Er kam zurück zum Mittagsessen, mit Luisen. Henriette hatte schon ausgemacht, daß auf den Abend auch löorenburg und C« roline kommen sollten.,

Um die Zeit I wo man diese erwartete sagte Woldemar, daß er hingehen wollte sie abzuholen, 'Seine unvermuthete Erscheinung wachte «uf Mann und Weib einen gleich lebhaften, durchgreifenden Eindruck. Wie Sonnenaufgang strahlte hinter ihren Augen mnige helle Freude. Woldemar drückte beyde an sein Herz, wurde von beyden umschlungen, sestgehalten: Keiner brauchte dem Andren zu sagen, daß was er fühlte nicht auszusprechen wäre.

Es war eine neue Rührung da die Ge« fthrvister, in Woldemars Hause nun alle ver« sammelt, sich die Hände drückten, sich uniarm ten, — Aber es fehlte Allwina!.

Ach, Allwina.' vief, sehnsuchtsvoll, He»s tiette aus; und alle wiederholten: Ia, Allwi« na! Allwina?'

N«r von ihr wurde geredet — es half kein Abbrechen — geredet und wieder geredet' h lange der Abend datierte.

,... Was? sagte Woldemar... Wird schon aufgetragen? sah nach der Uhr und lauschte.

Unmöglich! antwortete Henriette — — Aber sie hörte das Gerausch.

Alle hörten es! — zitterten — schwiegen — — /

Das Gerausch wurde leiser und kam naher.

Woldemar sprang auf, öffnete die Thür-» Allwina war in seinen Armen!

O, des Mannes und semer Gefühle!

Alle erfuhren eine Erschütterung; eine Wonne und Wchmuth; eine frohe und tiefe Andacht, wie noch nie in ihrem Leben.

Gott! sagte Allwina, so bald sie reden konnte — Ich sinde Dich gesund! Ihr alle S Z ftyd es! Seyd alle da? — Wohl und heiter!... Ach! mir ist so bange gewesen! — Wolde« mars; noch mehr, Henriettens Briefe — ich weiß nicht was darin mich so beklemmte« so unerträglich ängstigte? Ich konnte nicht blei« Ken. Die gute Tante begriff nicht was ich hatte. Endlich sagte ichs; wir brachen auf; reisten mit der schrecklichsten Eile — Und nun finde ich Euch alle versammelt, als hattet Ihr gewußt von meinem Kommen, und zu meinem Empfang ein Fest angestellet!.., O, Ihr guten köstlichen Gesichter miteinander! — Du, und Henriette, und Alle — Alle, wie ich Euch verließ!

Froher und glücklicher als da Du uns ver/ ließest! sagte Woldemar, indem er Allwinen fester an sich herzte. Es stand eine finstre Wolke über mir. Du erblicktest vor Monaten den Nebel, aus dem sie sich zusammen zog, und ich verhieß Dir, der Nebel wurde fallen. Nun ist er gefallen... Morgen, Du Gute. Liebe, Herrliche! Morgen erzähle ich Dir alles.

Ungeduldig sein Herz vor Allwinen auszuschütten, konnce Woldewar am andren. Tage kaum es erwarten, daß sie ruhig sich zu ihm setzte, um ihn anzuhören.

Er sing bey der unglücklichen Entdeckung die Luise ihy, gemacht hatte an; erzählte, in welche heftige Gemürhsbewegung er dadurch gerathen war; wie ihm aber eine bessere Besinnung, nach wenigen Stunden, wieder aufgeholfen, er vor sich selbst sich geschamt, und nun auch bald alles Mißvergnügen über diese Sache so ganz in sich zu unterdrücken gewußt hatte, daß ohne einen neuen Anlaß derselben Art, gewiß nie wieder etwas davon in ihm aufgekommen wäre.

Hierauf setzte er diesen neuen Anlaß ins Licht, nnd entwickelte die ganze Geschichte sei«. nes Herzens bis auf den gestrigen Tag, mit einer Klarheit und mit einem Leben, daß All? wina durch und durch davon gerührt wurde, alles, mit ihm fühlte, und ihm nur da nicht folgen konnte, wo er, voll Erbitterung, feine eigene.Schuld recht böse zu machen suchte. Ev that ihr weh mit seinem Eisern wider sich selbst 5 ihre Liebe zu ihm empörte sich dawider — schalt ihn, zürnte mit ihm.

Aber es hatte Woldemarn ein neuer Schrei cken, wahrend er noch redete, ergriffen.

Er hatte nichts verheimlichen wollen; wußte nicht anders, als daß er sein ganzes Inneres darlegte; und doch war einiges von dem wnK in ihm vorgegangen war, und er gestern Hen« netten mit einem Feuer dargestellt hatte, daß sie vor ihm zurück bebte, jetzt, vor seinem edeltr Weibe, ausgeblieben — Nicht aus Ueberle« gyng! Nicht mir Vorbedacht! Es hatte ihn diese Zurückhaltung gleichsam überrascht. Darum erschrack er in seinem Innern; entsetzte sich vor den, sonderbaren Geheimnisse das in ihm waltete.

Er durchsorschte jede Falte seines Wesens, und entdeckte bald, mit zerknirschender Besch«« mung, daß er auch an der Stelle, wo er sich ganz rein geachtet hatte, nicht mehr sich rein achten durfte. Ihm schauderte vor dem Abgrunde— an dem er noch stand: vor den Tiefen seines Herzens!

In dieser Angst beschloß er, wasIhm bey All« winen begegnet war, und er, hierauf, in sich noch entdeckt hatte, unverzüglich Henrietten zu offenbaren. Aber sein guter Geist trat zu ihm, lehrte ihn anders; richtete ihn auf.

Nur Biderthalen vertraute er sein In« «erstes ganz, und beyde wurden Ein Herz und Eine Seele, wie sie es vorher nie gewesen waren.

Wey jeder Gelegenheit wiederholte nachher Woldemar: es stünde mit strahlender Schrift, obgleich ihm nur sichtbar, an allen feinen Wanden geschrieben: wer sich auf fein Herz ver« » läßt, ist ein Thor — Richtet nicht!

Henriette sagte dagegen: sie läse auf ihren Wänden, auch mit Strahlen geschrieben, jenen Spruch des Fenelon:

Vertrauet der Liebe. Sie nimmt alles; aber sie giebt alles.» unter den Lesern dieser Schrift welche seyn könnten, die zu untersuchen wünschten, ob das, was Seire 210 dieses zwemen Theils, und nachher bis Seite 24z, als Lehre des Aristoteles vorgetragen wird, auch wirklich die« ses großen Mannes Lehre sey; so will ich hier, Seite vor Seite, die Belege nachweisen. Es gehört allerdings mehr dazu, als das Vergleichen mit der Urkunde durch Nachschlagen angewiesener einzelner, zerstreuter Stellen, um einen Auszug, der das Ganze einer Lehre, und vornehmlich den Zusammenhang der Begriffe, durch welchen sie besteht, darstellen so«, zu beurtheilen. Und darum hoffe ich, man werde über dem Nachschlagen — wenn man gerade diejenigen Stellen des Auszugs, welche die mehrsten Zweifel erregten, auf das deutlich, sie und wiederholteste in der Urkunde bestattigt filchet — die erste Absicht des Nachschlagens unvermerkt vergessen, und sich ganz und allein an den großen Meister hangen.. Ein Kuppler dieser Art zu werden ist die höchste Beförde« rung, die ich mir als den Lohn meiner Arbeit wünschte.

Ich bemerke nur noch daß ich nach der be, kannten Hasaubonscheu Ausgabe des Aristoteles citiere, und alle hier angeführten Stellen sich im zweyten Bande dieser Ausgabe sinden, auf welchen die Seitenzahlen zurück weisen.

Man schlage also daselbst nach

Ueber Seite 210: De IVIorib. I.. II. 0. lll.P.!ü c. — Ibicl. I« VII. c. IX.p.70. L. -IKicl. I.. I. C II. p. 4. U. — Ibicl. l.. I. c. VII. p. 8. v. — Idlck. I.. I.. II. c. III. P. l6. c 6c v. — Ibicl. I.. II. c. I s II. p. IZ. 15. — Ibicl. I.. III. c. IV. p. 2Z. r. « Ibicl. I.. III. c. VII. p. 26. u. — Ibicl. I.. X. X. p. 105. L 6 c. — Ibicl. I.. I. c. VII.?. 8. v. — Idiö.1,. III. c. VI.?.25. x. y. 0 — Idicl. I.. I. c. X. p. iO. — Ibicl. I..X. c. VII. p. iO2.. «. — Ibid. I« IX. c. IV. P.88. tt.— lbicl, I..X. c.VII.

Da die meisten der angeführten Stellen aus der Ethik sind, und vor kurzem eine deutsche Uebersetzung derselben, v o n H e r r n I e n i s c h, erschienen ist; so ergreife ich gern die gegen, marcige Gelegenheit, diese Ucbersctzung — nicht, als Uebersetzung eines Products alter Griechi« scher Weltweisheir, kritisch zn würdigen, wozu ich nicht im Stande bin; sondern nur als Deusches Buch überhaupt, in sofem aber auch zuversichtlich, als eins der besten die gelesen werden können — zu empsehlen.

Vorrede, Anmerkmigen und Zugabe enthalten man, uichfaltige Beweise, daß der Uebersetzer jenes Sinnes theilhaftig ist, ohne welchen man mit den größten Geistesg.wen doch nur Tafchenspie, lerküusie hervorbringt.

Vielleicht kommt die wenig empfehle!» deutsche Ethik in einige Hände mehr, wenn ich auch, nach ihr, Seite gegen Seite, hier noch besonders nachweise. Herr Ienisch hat nach der Wilkinsonschen Ausgabe übersetzt, welche andre Abtheilnngen als die Ca sau b o lisch e hat. Das Nachweisen auf die Seitenzahl ist aber hier auch darum vorzuzielM, weil in der deutschen Uebersetznng weser Abschnitte noch Buch oben auf den Seiten angczcigt wor« den sind, welches das Nachschlagen beschwerlich macht. Ausserdem würde man die kleineren Abtheilungen mit Buchstaben doch nicht anders als durch die Sei renzahl der Uebersetzung andeuten können.

Die Beweisstellen finden sich also von Seite 21 s dieses Bandes, bey Herrn Jenisch: Seite 5z. 261. 11. 25.52. 44«49. 76. 89. zyz. 25. 82. 226. Z29. 378. z8«. 261.

I98. 2«iZ. 22Z. 217. 228 « 2ZO. ZYZ.

von Seite 211: bcy demselben Seite 226. SS. 5z. 87 u. 88.

Lightning Source UK Ltd.
Milton Keynes UK
UKOW02f2310170314

228322UK00010B/486/P